DIE HOHE KUNST DES BACKENS

RODOLPHE LANDEMAINE
« CUISINE ET PÉDAGOGIE »

DIE HOHE KUNST DES BACKENS

SCHRITT FÜR SCHRITT ZU PERFEKTEM BROT UND GEBÄCK

FOTOS VON JOERG LEHMANN
ILLUSTRATIONEN VON YANNIS VAROUTSIKOS
WISSENSCHAFTLICHE ERLÄUTERUNGEN VON ANNE CAZOR

AUS DEM FRANZÖSISCHEN VON
HELMUT ERTL

CHRISTIAN

MAISON LANDEMAINE

Rodolphe Landemaine stammt aus dem Département Mayenne, seine Ausbildung zum Bäcker und Konditor absolvierte er bei der Handwerkerzunft *Les Compagnons du Devoir et du Tour de France*. Anschließend wirkte er in einer Reihe renommierter Häuser, darunter im Ladurée an der Seite von Pierre Hermé, bei Paul Bocuse in Lyon, im Gourmetrestaurant von Lucas Carton und im Hôtel Bristol, um sein Handwerk zu perfektionieren. Im Jahre 2007 eröffnete er gemeinsam mit seiner Frau Yoshimi im 9. Pariser Arrondissement seine erste Boulangerie – das Maison Landemaine –, später kamen weitere Filialen in der Hauptstadt hinzu.

Der Erfolg des Maison Landemaine beruht auf drei festen Grundsätzen – Arbeit, Qualität und Freude. Die Verwendung hochwertiger Zutaten (Mehle mit Label-Rouge-Gütesiegel oder Bio-Mehle, AOP-Butter, frisches saisonales Obst und Gemüse), natürliche Sauerteige, langsame Teigführung, hausgemachte Produkte und handwerkliches Können – all das sind Werte, die den Geist des Maison Landemaine atmen und seine Mitarbeiter Tag für Tag aufs Neue inspirieren. Mit der Eröffnung einer Bäckereischule und einer ersten Filiale im Herzen von Tokio wird das Abenteuer seit Kurzem auch in Japan fortgeschrieben.

Dieses Buch ist das Ergebnis von zehn Jahren Arbeit, getragen von dem kontinuierlichen Streben nach Verbesserung und Perfektion, um Tag für Tag Produkte von höchster Qualität anzubieten. Das Maison Landemaine verrät Ihnen seine Geheimnisse, seine Rezepte und die nötigen Handgriffe, um sie zu realisieren. Jetzt sind Sie dran: Viel Spaß dabei!

INHALT

KAPITEL 1

DIE GRUNDLAGEN

KAPITEL 2

DIE REZEPTE

KAPITEL 3

DAS GLOSSAR

ZUM GEBRAUCH DIESES BUCHES

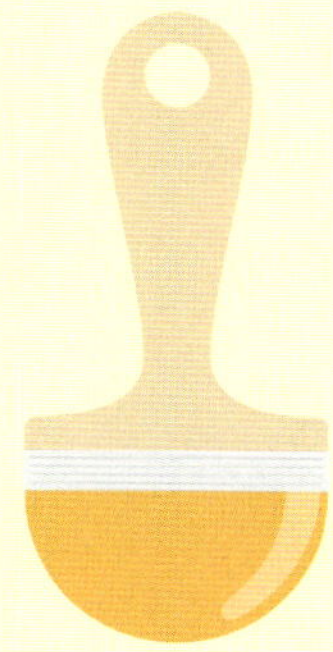

DIE GRUNDLAGEN

In diesem Kapitel lernen Sie die wichtigsten Zutaten, Techniken und Grundrezepte der französischen Backkunst kennen – vom Weizen zum Mehl, vom Kneten zum Backen, vom Brotteig zum Blätterteig. Jeder Abschnitt wird durch eine Infografik sowie durch Erläuterungen zu spezifischen Besonderheiten der Zutaten, Verfahrensweisen und Zubereitungen ergänzt.

DIE REZEPTE

Hier zeigen wir Ihnen, wie Sie diese Grundkenntnisse in der Praxis anwenden und mit ihrer Hilfe klassische französische Brotsorten, Brioches, vielerlei Kuchen und Tartes sowie Klein- und Feingebäck realisieren können. Jedes Rezept ist mit Verweisen auf seine Grundlagen und mit einer Infografik zum besseren Verständnis der Methode versehen. Eine bebilderte Anleitung illustriert Schritt für Schritt die Umsetzung des Rezepts.

DAS GLOSSAR

Ein bebildertes Glossar gibt ergänzende Hinweise zur Verwendung von Zutaten und erläutert wichtige Handgriffe und Techniken.

KAPITEL 1

DIE GRUNDLAGEN

GRUNDZUTATEN

WEITERE ZUTATEN

PHASEN DER TEIGFÜHRUNG

GRUNDTEIGE

GRUNDCREMES

WEIZENMEHL

Schon gewusst?

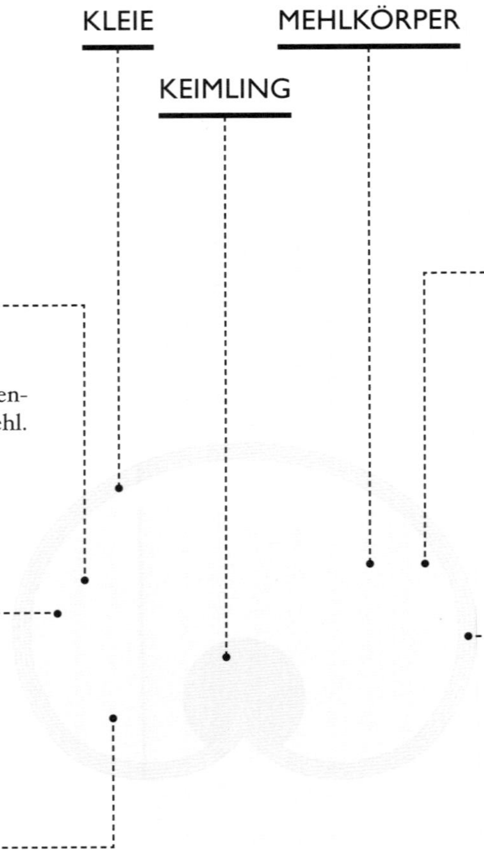

KURZ UND KNAPP ERKLÄRT

Durch Mahlen von Weizenkörnern hergestelltes Mehl.

AUFBAU EINES WEIZENKORNS

Kleie (Frucht- und Samenschale): 20–25 % des Korns; reich an Mineralien. Mehlkörper: 70–75 % des Korns. Er besteht zu 70 % aus Stärke und zu etwa 12 % aus Gluten (Klebereiweiß). Keimling: 3 % des Korns; enthält Vitamine. Je heller ein Mehl, desto geringer der Anteil an Kleie und umso höher der Glutengehalt.

VOM KORN ZUM MEHL

Der Weizen wird gemahlen, gesiebt, gesichtet und erneut gemahlen, bis ein je nach gewünschter Qualität bzw. Mehltype (Weißmehl, Halbweißmehl, Vollkornmehl ...) mehr oder weniger feines Pulver entstanden ist.

STEINMÜHLENMEHL

Zwischen zwei Mühlsteinen (nicht in einem zylindrischen Mahlwerk aus Metall) gemahlenes Mehl. Bei diesem traditionellen Verfahren bleiben der Keimling und ein Teil oder sämtliche Bestandteile der Kleie (Frucht- und Samenschale, Aleuronschicht) und damit ein Großteil der Nährstoffe erhalten.

MEHLE MIT HOHEM KLEIE-ANTEIL

Die Kleie besteht hauptsächlich aus den Randschichten des Getreidekorns und bleibt nach dem Mahlen und Absieben des Mehles zurück. Je nach gewünschtem Mehl wird anschließend ein Teil der Kleie wieder zugesetzt. Je höher der Anteil an Kleie im Mehl, desto weniger entwickelt sich der Brotteig (das Mehl ist gröber, was die Bildung der Glutenstränge für das Teiggerüst erschwert), und umso fester wird die Krume des Brotes. Mehle mit hohem Kleie-Anteil sind reich an Ballaststoffen, Proteinen, Vitaminen und Mineralstoffen und verleihen dem Brot einen ländlich-rustikalen Geschmack.

WAS BEDEUTET DIE TYPENZAHL?

Die französischen Mehle werden ähnlich den deutschen typisiert. Dabei gibt die Type den Mineralstoffgehalt des Mehles pro 100 g an. Je feiner das Mehl, desto heller ist es, und umso geringer ist der Anteil an Kleie und folglich an Mineralstoffen. Der Mineralstoffgehalt reicht von 0,45 % bei dem französischen Weizenmehl T45 bis zu 1,5 % bei der Type T150. Bei den entsprechenden deutschen Weizenmehlen reicht er von bis zu 0,5 % bei der Type 405 und 1,2–1,8 % bei der Type 1600.

Mehl mit niedriger Typenzahl

Äußere Merkmale: weiß, feinkörnig
Mineralstoffgehalt: gering
Glutengehalt: hoch bis sehr hoch
Verwendung: helle Brote, Brioches, Feingebäck
Backeigenschaften: schnell gehende, elastische Teige für Backwaren mit luftiger Krume von zartem Biss und dünner Kruste; zurückhaltend im Geschmack.

Mehl mit hoher Typenzahl

Äußere Merkmale: hellgrau bis grau, körnig
Mineralstoffgehalt: hoch
Glutengehalt: niedrig
Verwendung: kräftige, rustikale Brote
Backeigenschaften: empfindlichere, weniger elastische Teige, bedingt durch ein schwächer ausgeprägtes Klebergerüst, daher wird die Krume dichter und feinporiger. Brote aus diesen Mehltypen sind dank des höheren Kleie-Anteils kräftiger im Geschmack.

WAS IST GLUTEN?

Gluten (auch Kleber genannt) ist ein im Mehl enthaltenes Protein. Beim Kneten des Teiges verketten sich diese Proteine zu einem dichten Netz, dem sogenannten Klebergerüst. Wird der Teig zu ausgiebig (oder nicht genügend) geknetet, gerät dieses Netz zu grob, sodass es die für die Entwicklung des Teiges nötigen Gärgase nicht in ausreichendem Maße speichern kann. Das Gluten ist also ein für die Volumenbildung des Teiges maßgebliches Element. Je mehr Gluten im Mehl enthalten ist, desto besser geht der Teig auf. Aus einem Mehl ganz ohne Gluten ließe sich kein Brot backen.

Französische Mehltypen und ihre deutschen Entsprechungen

1

3

4

5

6

7

T45: HAUSHALTSMEHL (WEISSMEHL)

Äußere Merkmale: weiß, feinkörnig
Mineralstoffgehalt: 0,45 %
Glutengehalt: hoch
Verwendung: Vielzweckmehl, vor allem für Feingebäck, Konditorwaren
Entspricht der deutschen Mehltype 405 mit bis zu 0,5 % Mineralstoffgehalt.

1 T45: »FARINE DE GRUAU«

Besonders glutenreiches Weizenmehl
Hergestellt aus der Vermahlung von hochwertigem, sehr proteinreichem Weizen
Enthält mehr Gluten als das Standardmehl; äußere Merkmale: weiß, feinkörnig
Mineralstoffgehalt: 0,45 %
Glutengehalt: sehr hoch
Verwendung: Brioches und anderes Hefegebäck

2 T55: BACKSTARKES VIELZWECKMEHL

Äußere Merkmale: weiß, feinkörnig
Mineralstoffgehalt: 0,55 %
Glutengehalt: hoch
Verwendung: helle Brote, Tarteteig, Pizzateig, Feingebäck und Konditorwaren
Entspricht der deutschen Mehltype 550, deren Mineralstoffgehalt zwischen 0,51–0,63 % liegt.

3 T65: HELLES WEIZENMEHL

Äußere Merkmale: weiß, mittelfeine Körnung
Mineralstoffgehalt: 0,65 %
Glutengehalt: mittel
Verwendung: rustikale helle Brote, Tarteteig, Pizzateig, Feingebäck
Entspricht der deutschen Mehltype 550, deren Mineralstoffgehalt zwischen 0,51–0,63 % liegt, oder der Type 812 mit 0,64–0,90 %.

4 T65 »TRADITION«

Nach der französischen Brotverordnung von 1993 (*décret pain*) garantiert ohne Zusatzstoffe
Äußere Merkmale: weiß, mittlere Körnung
Mineralstoffgehalt: 0,65 %
Glutengehalt: mittel
Verwendung: Brote traditioneller Machart

5 T80: HALBWEISSMEHL

Äußere Merkmale: hellgrau, mittlere Körnung
Mineralstoffgehalt: 0,80 %
Glutengehalt: mittel
Verwendung: dunkle Weizen- und helle Mischbrote, verschiedene andere Backwaren
Entspricht der deutschen Mehltype 812 mit einem Mineralstoffgehalt von 0,64–0,90 %.

6 T110: DUNKLES WEIZENMEHL

Äußere Merkmale: grau, grobkörnig
Mineralstoffgehalt: 1,10 %
Glutengehalt: gering
Verwendung: dunkle Weizen- und Mischbrote
Entspricht der deutschen Mehltype 1050 mit einem Mineralstoffgehalt von 0,91–1,2 %.

7 T150: DUNKLES WEIZENMEHL

Äußere Merkmale: grau, grobkörnig
Mineralstoffgehalt: 1,50 %
Glutengehalt: gering
Verwendung: rustikale dunkle Misch- und Vollkornbrote
Entspricht der deutschen Mehltype 1600 mit einem Mineralstoffgehalt von 1,21–1,8 %.

WEITERE
MEHLSORTEN

Schon gewusst?

ROGGEN EINKORN KHORASAN-WEIZEN (KAMUT) DINKEL

WARUM MÜSSEN DIESE MEHLSORTEN ZUM BROTBACKEN MIT WEIZENMEHL GEMISCHT WERDEN?

Weil ihr Anteil an dem zur hinreichenden Ausbildung des Teiggerüsts nötigen Gluten zu gering ist. Durch die Kombination mit (glutenreichem) Weizenmehl entwickelt der Teig mehr Volumen und eine luftigere Krume.

1 ROGGENMEHL

Hergestellt durch Vermahlen von Roggenkörnern. Vornehmlich in Nord- und Mitteleuropa häufig verwendetes Mehl.
Besondere Merkmale: Enthält ein für die Brotherstellung gut geeignetes Gluten von geringer Qualität, das empfindlich und weniger elastisch ist als das in Weizenmehl enthaltene Gluten und nur ein schwaches Klebergerüst ausbildet.
Verwendung: Roggenmehl wird in der Brotbäckerei eingesetzt, lässt sich aber leichter, mit Weizenmehl gemischt, verarbeiten (bei einem Anteil von 20–50 % Roggenmehl).
Backeigenschaften: feinporige, dichte Krume, dunkle Farbe, fest im Biss, kräftiger Geschmack.

Weitere Mehlsorten

1

2

3

4

2 EINKORNMEHL

Hergestellt durch Vermahlen von Körnern des Einkorns (auch Kleiner Spelz genannt), einer alten Getreideart, die ausschließlich im ökologischen Landbau kultiviert wird.
Besondere Merkmale: 7 % Gluten, für den Organismus sehr gut verwertbar.
Gut geeignet für Personen, die empfindlich auf Gluten reagieren.
Verwendung: Einkornmehl lässt sich in der Brotbäckerei einsetzen, wird jedoch meist mit Weizenmehl gemischt – der Anteil an Einkornmehl liegt dabei zwischen 50 und 70 %.
Backeigenschaften: dichte, gelbliche Krume, feiner, leicht süßlicher Geschmack.

3 KAMUTMEHL

Hergestellt durch Vermahlen von Körnern des Khorasan-Weizens (Vorläufer des Sommerweizens). Stammt ursprünglich aus Ägypten, wird ausschließlich im ökologischen Landbau kultiviert. Das eingetragene Markenzeichen Kamut® leitet sich vom ägyptischen Wort für »Weizen« ab.
Besondere Merkmale: 10–12 % Gluten, für den Organismus gut verwertbar. Geeignet für Personen, die empfindlich auf Gluten reagieren.
Verwendung: Kamutmehl lässt sich in der Brotbäckerei verwenden, wird jedoch meist mit Weizenmehl kombiniert (bei einem Anteil von 50–70 % Kamutmehl).
Backeigenschaften: feinporige Krume, delikater Geschmack, kräftiger als Weizen. Anklänge von Trockenfrüchten.

4 DINKELMEHL

Hergestellt durch Vermahlen von Dinkelkörnern (auch Spelz genannt), einer Unterart und Vorläufer des heutigen Weichweizens.
Besondere Merkmale: 12 % Gluten, hoher Anteil an äußeren Schalenschichten, reich an Nährstoffen.
Verwendung: Dinkelmehl liegt backtechnisch zwischen Weizen und Einkorn und wird vornehmlich in der Brotbäckerei verwendet.
Backeigenschaften: feinere Porung der Krume als bei Weizenteigen, dunklere Farbe (hellbraun), relativ kräftiger Geschmack.

GLUTENFREIE MEHLE

Schon gewusst?

WELCHE MEHLE SIND IN IHRER REINEN FORM NICHT ALS BROTMEHLE GEEIGNET?

Mehle, die gar kein Gluten enthalten. Ohne Gluten kann sich kein Kleber- bzw. Teiggerüst ausbilden, jenes feinmaschige Netz, das die Gärgase zurückhält, sodass der Teig aufgeht und Volumen bildet. Bleibt diese Phase des Gehens aus, lässt sich aus dem Teig zwar eine Art Brot backen, doch dieses wird sehr fest und kompakt.

1 KASTANIENMEHL

Hergestellt durch Vermahlen von Kastanien.
Besondere Merkmale: 0 % Glutenanteil
Verwendung: als Brotmehl nur in Kombination mit Weizenmehl geeignet, bei einem Anteil von 5–20 % Kastanienmehl.
Backeigenschaften: feinporige Krume, beigebraune Farbe, süßlicher und kräftiger Geschmack.

Glutenfreie Mehle

1

2

3

4

2 MAISMEHL

Hergestellt durch Vermahlen von Maiskörnern.
Besondere Merkmale: 0 % Glutenanteil, körnige Beschaffenheit.
Verwendung: kein Brotmehl; nur in Kombination mit Weizenmehl verwendbar, bei einem Anteil von 5–20 % Maismehl.
Backeigenschaften: gelbe Krume, süßlicher Geschmack.

3 BUCHWEIZENMEHL

Hergestellt durch Vermahlen von Buchweizenkörnern, einem in Nordostasien beheimateten Pseudogetreide von graubrauner Farbe.
Besondere Merkmale: 0 % Glutenanteil.
Verwendung: als Brotmehl nur in Kombination mit Weizenmehl geeignet, bei einem Anteil von 5–20 % Buchweizenmehl.
Backeigenschaften: graue, feinporige Krume, leicht säuerlicher Geschmack.

4 REISMEHL

Hergestellt durch Vermahlen von Reiskörnern.
Besondere Merkmale: 0 % Glutenanteil, reich an Stärke.
Verwendung: als Brotmehl nur in Kombination mit Weizenmehl geeignet, bei einem Anteil von 5–10 % Reismehl.
Backeigenschaften: körnige Krume, leicht süßlicher Geschmack.

FRISCHE BACKHEFE

Schon gewusst?

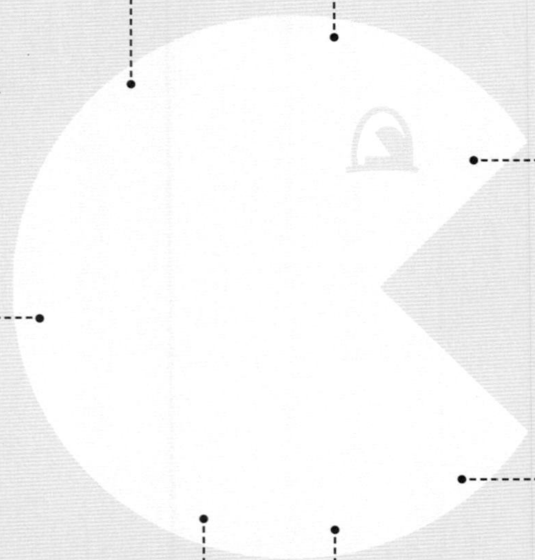

KURZ UND KNAPP ERKLÄRT

Backtriebmittel, das aus mikroskopisch kleinen einzelligen Pilzen besteht und neben Mehl und Wasser zu den grundlegenden Zutaten in der Bäckerei zählt.

FUNKTION

Hefe löst einen Gärprozess aus, in dessen Folge der Teig aufgeht und sein Volumen vergrößert.

PRINZIP

Unter dem Einfluss des in der Knetphase eingearbeiteten Sauerstoffs werden die Hefezellen aktiv und vermehren sich. Im sauerstoffarmen Milieu (Teigruhe) bauen die Hefen die im Mehl vorhandenen Zuckerstoffe ab, wobei Kohlendioxid (CO_2) und Alkohol entstehen. Bei dieser Art von Fermentation spricht man von alkoholischer Gärung.

ERGEBNIS

Backwaren mit sehr luftiger, grobporiger Krume und feiner Kruste von eher neutralem Geschmack.

ACHTUNG

Hefezellen sterben beim Kontakt mit Salz ab. Das Kneten des Teiges sollte daher unverzüglich nach Zugabe der Hefe erfolgen.

HALTBARKEIT

Im Kühlschrank bis zu 2 Wochen.

BEZUGSQUELLEN

Bäckereien, Bio-Läden, Supermärkte (im Kühlregal).

WELCHE VORZÜGE HAT FRISCHE BACKHEFE GEGENÜBER SAUERTEIG ALS TRIEBMITTEL?

Hefe sorgt für einen schnelleren und gleichmäßigeren Gärvorgang. Sie ist sofort einsetzbar und lässt sich leicht zerkrümeln. Zudem wird sie durch ihre kleine Würfelform vor Oxidation geschützt.

KANN MAN AUCH TROCKENHEFE VERWENDEN?

Trockenhefe besteht aus den gleichen Bestandteilen wie frische Hefe. Sie wird in gemahlener Form, in Tütchen verpackt, angeboten. Allerdings ist Trockenhefe konzentrierter und daher schwieriger zu dosieren; d. h. bei gleicher Mehlmenge wird weniger Trockenhefe benötigt. Dafür ist Trockenhefe deutlich länger haltbar als frische Backhefe.

SAUERTEIG

Schon gewusst?

KURZ UND KNAPP ERKLÄRT

Natürliches Backtriebmittel, hergestellt aus einem Wasser-Mehl-Gemisch unter Mitwirkung wilder Hefen und Milchsäurebakterien. Neben Wasser und Mehl eines der grundlegenden Elemente in der Brotherstellung.

ERGEBNIS

Brote mit dichter, feinporiger Krume, rustikalem, leicht säuerlichem Geschmack und dicker Kruste.

FUNKTION

Löst den Gärprozess aus, in dessen Folge der Teig aufgeht und Volumen bildet.

ZWEI ARTEN VON SAUERTEIG

Flüssigsauerteig: Hier ist der Wasseranteil beim Anfrischen größer, der Teig durchläuft eine Milchsäuregärung.
Trockensauerteig: Hier ist der Mehlanteil beim Anfrischen größer, der Teig durchläuft eine Essigsäuregärung.

PRINZIP

Es beginnt mit einem Gemisch aus Wasser und Mehl zu gleichen Teilen. Die von Natur aus darin vorhandenen Hefen und Bakterien bauen die im Mehl enthaltenen Zuckerstoffe um und lösen so den Gärprozess aus. Es entsteht die erste Starterkultur (Anstellgut) für den Sauerteig. Um eine Übersäuerung des Starters zu vermeiden, wird dieser nun durch regelmäßige Zugabe von Mehl und Wasser angefrischt (gefüttert). Nach mehreren Tagen des wiederholten Anfrischens mit anschließenden Ruhephasen an einem warmen Ort ist der Sauerteig einsatzbereit.

FLÜSSIG- ODER TROCKENSAUERTEIG – WAS IST DIE RICHTIGE WAHL?

Geschmack: mild und milchsäuerlich bei Flüssigsauerteig; kräftig und essigsauer bei Trockensauerteig.
Kruste: knusprig, bei Trockensauerteig fällt sie dicker aus.
Krume: grobporig und locker bei Flüssigsauerteig, feinporig und dicht bei Trockensauerteig (aufgrund des höheren Säureanteils, der die Krume straff und weniger dehnbar macht).
Haltbarkeit: Brote aus Trockensauerteig sind länger haltbar.

WAS SIND DIE VORZÜGE GEGENÜBER BACKHEFE?

Gesäuerte Brote entwickeln einen kräftigeren, herzhaft-säuerlichen Geschmack, dazu enthalten sie mehr wertvolle Nährstoffe und sind länger haltbar.

WARUM SCHMECKT DER TEIG SÄUERLICH?

Die besondere Zusammensetzung des Sauerteigs (Bakterien und wilde Hefen) begünstigt die Säuregärung, in deren Folge eben jene typische säuerliche Note entsteht.

UND WIE VERHÄLT ES SICH MIT BACKFERMENT?

Es wird als Granulat in Bio-Läden angeboten und ist weniger gäraktiv als auf natürliche Weise hergestellter Sauerteig. Darum entwickelt das Backwerk eine weniger ausgeprägte Sauernote, der Geschmack fällt insgesamt milder aus. Allerdings ist Backferment sehr praktisch in der Anwendung und lange haltbar.

FLÜSSIGSAUERTEIG

Schon gewusst?

KURZ UND KNAPP ERKLÄRT

Vorstufe eines Teiges, die aus einem Wasser-Mehl-Gemisch zu gleichen Teilen besteht und eine Milchsäuregärung durchläuft; sie dient als Triebmittel zu Volumenbildung und Lockerung des eigentlichen Teiges.

VORZÜGE GEGENÜBER FRISCHER BACKHEFE

Säuerlicher Geschmack
Breitere Palette an Aromen
Knusprigere Kruste
Längere Haltbarkeit

DAUER DER HERSTELLUNG

Teigbereitung: 10 Minuten
Fermentation: 8–9 Tage

KLASSISCHE VERWENDUNG

Traditionelle Sauerteigbrote

WEITERE VERWENDUNGEN

Wiener Baguette
Panettone
Ciabatta

ABWANDLUNG

Trockensauerteig

HALTBARKEIT

In einem fest verschlossenen Gefäß im Kühlschrank unbegrenzt haltbar, vorausgesetzt, der Teig wird alle 2–3 Tage angefrischt, damit er aktiv bleibt.

GESCHAFFT

Wenn der Teig nach 8–9 Tagen sein Volumen innerhalb von 8 Stunden verdoppelt, ist er einsatzbereit. Er dient auch als »Stammkultur« für jede weitere Sauerteigbereitung. Äußere Merkmale: beigefarbene Creme von joghurtartiger Beschaffenheit.

WARUM MUSS SAUERTEIG REGELMÄSSIG »ANGEFRISCHT« (GEFÜTTERT) WERDEN?

Während des Gärvorgangs verarbeiten die Hefen und Bakterien den im Mehl enthaltenen Zucker. Sobald der Zucker aufgebraucht ist, kommt die Gärung zum Erliegen. Wird nun nicht weitere »Nahrung« zugeführt, übersäuert der Teig, und auch das Brot wird zu sauer.

WARUM GIBT MAN HONIG HINZU?

Um die Vermehrung der Mikroorganismen zu beschleunigen und damit die Volumenbildung des Teiges anzukurbeln.

WARUM MUSS DER TEIG AN EINEM WARMEN ORT STEHEN?

Damit sich die für den Gärprozess verantwortlichen Mikroorganismen in ausreichender Menge vermehren und effizient »arbeiten« können. Andernfalls übersäuert der Teig und das Brot entwickelt einen aufdringlich säuerlichen Geschmack.

SCHWIERIGKEIT

Die Lagerung während der Teigführung. Wenn das Anfrischen in zu enger Folge erfolgt und die Umgebungstemperatur zu niedrig ist, verläuft die Gärung langsamer, der Teig entwickelt weniger Säure und Aromen. Gärt er zwischen den Fütterungen hingegen zu stark oder ist die Temperatur zu hoch, produziert der Teig zu viel Säure, das Brot entwickelt einen unangenehm sauren Geschmack.

TIPP

Sauerteig benötigt Zeit, um seine Aktivität zu entfalten und sich zu entwickeln, darum sollte man lieber etwas länger warten, als nicht lange genug.

Schritt für Schritt

ERGIBT 300 G FLÜSSIGSAUERTEIG

FÜR DIE STARTERKULTUR (1. PHASE)

100 g Bio-Weizenmehl T65 (Type 550 oder 812)
100 g Wasser (50 °C)
10 g Bio-Honig

PRO ANFRISCHEN (ALLE 36 ODER 48 STUNDEN)

100 g Wasser
100 g Bio-Weizenmehl T65 (Type 550 oder 812)

TAG 1

In einer Schüssel Mehl, warmes Wasser und Honig verrühren. In ein fest verschließbares Gefäß füllen und an einem warmen Ort (mindestens 25 °C – z. B. auf den Kühlrippen des Kühlschranks oder auf einem Heizkörper) 48 Stunden stehen lassen.

TAG 3

Wenn sich kleine Bläschen an der Oberfläche gebildet haben, 100 g der Mischung abnehmen und in eine Schüssel schöpfen, den Rest wegwerfen. Den Teig mit 100 g Wasser und 100 g Mehl anfrischen. Die Zutaten mit einem Rührlöffel einarbeiten und den Teig in dem fest verschlossenen Gefäß weitere etwa 36 Stunden stehen lassen.

TAG 5

Den Vorgang wiederholen und den Teig erneut für 36 Stunden an einen warmen Ort stellen.

TAG 6 ODER 7

Das Anfrischen ein letztes Mal wiederholen und den Teig wie zuvor fest verschlossen an einem warmen Ort 36 Stunden ruhen lassen.

Nach 8 oder 9 Tagen ist der Sauerteig einsatzbereit.

TROCKENSAUERTEIG

Schon gewusst?

KURZ UND KNAPP ERKLÄRT

Mit Steinmühlenmehl und Wasser angereicherter Flüssigsauerteig.

DAUER DER HERSTELLUNG

Teigbereitung: 10 Minuten
Fermentation: 10 Tage

KLASSISCHE VERWENDUNG

Französisches Landbrot (*pain de campagne*)

SCHWIERIGKEIT

Die Aufbewahrung des Sauerteigs.

GESCHAFFT

Sobald der Teig einem graubraunen Brotteig von relativ trockener Beschaffenheit gleicht.

LAGERN & ANFRISCHEN

Der Sauerteig muss alle 2–3 Tage angefrischt werden, damit er aktiv bleibt. Dazu jeweils 200 g Steinmühlenmehl und 100 g Wasser (50 °C) dazugeben und den Teig 24 Stunden stehen lassen.

VORZÜGE GEGENÜBER FLÜSSIGSAUERTEIG

Dicke, sehr knusprige Kruste
Kräftiger, markanter Geschmack
Längere Haltbarkeit der Brote

WIE ERKLÄREN SICH DIE UNTERSCHIEDE?

Trockensauerteig ist von festerer, kompakterer Struktur, darum begünstigt er eine feine Porung der Krume und die Bildung einer dicken Kruste; sein kräftiger Geschmack resultiert aus dem höheren Säureanteil.

ERGIBT 400 G TROCKENSAUERTEIG

FÜR DEN STARTER (1. PHASE)

100 g Bio-Weizenmehl T65 (Type 550 oder 812)
100 g Wasser (50 °C)
10 g Bio-Honig

PRO ANFRISCHEN (ALLE 36 ODER 48 STUNDEN)

100 g Wasser
100 g Bio-Weizenmehl T65 (Type 550 oder 812)

Schritt für Schritt

FLÜSSIGSAUERTEIG IN EINEN TROCKENSAUERTEIG VERWANDELN

200 g Steinmühlenmehl T80 oder
T110 (Type 812 oder 1050)
50 g Wasser (50 °C)

TAG 1

In einer Schüssel Mehl, warmes Wasser und Honig verrühren. In ein fest verschließbares Gefäß umfüllen und an einem warmen Ort (mindestens 25 °C – z. B. auf den Kühlrippen des Kühlschranks oder auf einem Heizkörper) 48 Stunden stehen lassen.

TAG 3

Wenn sich auf der Oberfläche kleine Bläschen gebildet haben, 100 g der Mischung in eine Schüssel schöpfen, den Rest wegwerfen. Zum Anfrischen je 100 g Wasser und Mehl dazugeben und mit einem Rührlöffel einarbeiten. Direkt auf der Oberfläche mit Frischhaltefolie bedecken und weitere etwa 36 Stunden stehen lassen.

TAG 5

Den Vorgang wiederholen und den Teig erneut bei 25 °C etwa 36 Stunden stehen lassen.

TAG 6 ODER 7

Das Anfrischen ein letztes Mal wiederholen und den Teig noch einmal 36 Stunden an einem warmen Ort stehen lassen.

TAG 8 ODER 9

Von dem Flüssigsauerteig 100 g abnehmen und in die Schüssel der Küchenmaschine geben. Das Steinmühlenmehl und das warme Wasser hinzufügen und mit dem Knethaken 5 Minuten bei geringer Geschwindigkeit einarbeiten. Den Teig vor der Verarbeitung in einem fest verschlossenen Gefäß 24 Stunden im Kühlschrank ruhen lassen.

POOLISH

Schon gewusst?

KURZ UND KNAPP ERKLÄRT

Ein Vorteig aus Mehl und Wasser zu gleichen Teilen sowie frischer Hefe. Eine Art »Turbo«-Sauerteig, der lediglich 10 Stunden statt der üblichen 8 Tage benötigt.

DAUER DER HERSTELLUNG

Teigbereitung: 5 Minuten
Fermentation: 10 Stunden

ERGEBNIS

Poolish verleiht Backwaren einen kräftigen Geschmack, der gefälliger ist als bei Backhefe, jedoch weniger säuerlich als mit Sauerteig.
Die Krume entwickelt eine wilde (unregelmäßige) Porung (wie bei Sauerteigbrot), die Kruste ist eher dünn (wie bei Hefeteigen).

FUNKTION

Wie Sauerteig und Hefe ist Poolish ein Backtriebmittel, das der Volumenbildung des Teiges dient.

KLASSISCHE VERWENDUNG

Weißbrot
Feingebäck

VORZÜGE GEGENÜBER SAUERTEIG

Leicht zu realisieren.
Erfordert keine Stammkultur.
Lässt sich zeitnah vor der eigentlichen Teigbereitung ansetzen.

VORZÜGE GEGENÜBER FRISCHER HEFE

Der Teig entwickelt mehr Geschmack.
Die Gare (Gehzeit) dauert länger, dadurch haben die Aromen mehr Zeit, sich zu entwickeln. Das Gluten wird geschmeidiger, sodass sich die Dehnbarkeit des Teiges verbessert.
Längere Haltbarkeit des Gebäcks.

SCHWIERIGKEIT

Der Poolish muss im ausgereiften Zustand verarbeitet werden; er ist einsatzbereit, wenn er sich wieder zu senken beginnt (auf der Teigoberfläche bildet sich in der Mitte eine Furche). Verwendet man den Poolish zu früh, bevor der Gärvorgang abgeschlossen ist, mangelt es ihm an Geschmack; ist man zu spät dran, wird er sauer.

TIPP

Mit leicht erwärmtem Wasser lässt sich der Gärvorgang beschleunigen.

Schritt für Schritt

ERGIBT 200 G POOLISH

1 Prise frische Backhefe
100 g kaltes Wasser
100 g Weizenmehl T65 »Tradition«
(frei von Zusätzen; Type 550 oder 812)

1 Die zerkrümelte Hefe in dem Wasser auflösen.

2 Das Mehl hineingeben und mit dem Schneebesen glatt rühren.

3 Die Schüssel mit Frischhaltefolie oder einem Tuch bedecken.

4 Den Poolish bei Raumtemperatur etwa 10 Stunden stehen lassen.

5 Den Poolish gleich zu Beginn der Teigbereitung mit den anderen Zutaten vermengen.

WASSER

Schon gewusst?

KURZ UND KNAPP ERKLÄRT

Neben Mehl und dem Backtriebmittel unverzichtbarer Bestandteil für die Brotherstellung.

DIE RICHTIGE TEMPERATUR

Die Temperatur des Wassers ist ein wesentlicher Faktor und eine gute Stellschraube zur Regulierung der optimalen Teigtemperatur während der Gare (sie liegt zwischen 23 und 24 °C).

FUNKTIONEN

Hydratisieren des Mehles (damit sich die Zutaten überhaupt erst zu einem Teig verbinden können). Man rechnet 600 bis 700 g Wasser pro Kilogramm Mehl.
Salz und Hefe auflösen.
Die Bildung des Klebergerüsts unterstützen.
Das Gluten geschmeidig machen, sodass der Teig dehn- und formbar wird.
Das für die Aktivität der Hefen unverzichtbare feuchte Milieu herstellen.

WARUM IST DIE TEMPERATUR DES TEIGES SO WICHTIG?

Die Hefen im Teig benötigen eine bestimmte Temperatur, um ausreichende Aktivität zu entwickeln und den Zucker in Kohlendioxid umzuwandeln (23–24 °C). Ist der Teig zu warm oder zu kalt, verläuft der Gärvorgang nicht optimal, was die Qualität des Backwerks beeinträchtigt.

WIE BERECHNET MAN DIE RICHTIGE TEMPERATUR DES WASSERS?

Der Richtwert (T°) muss zwischen 55 und 60 °C liegen. Er errechnet sich aus Wassertemperatur + Raumtemperatur + Mehltemperatur. Raum- und Mehltemperatur sind in der Regel identisch. Man braucht sie also nur zu addieren und dann folgende Subtraktion vorzunehmen: T° – (Mehltemperatur + Raumtemperatur) = Wassertemperatur.

WAS GESCHIEHT, WENN DAS WASSER ZU KALT IST?

Der Richtwert T° ist zu niedrig. Folge: Die Fermentation (Gärung) verläuft nicht optimal, der Teig entfaltet nicht genügend Triebkraft, die Krume entwickelt keine ausreichende Porung, die Kruste wird unregelmäßig.

WAS GESCHIEHT, WENN DAS WASSER ZU WARM IST?

Der Richtwert T° ist zu hoch. Folge: Der Teig entfaltet zu viel Triebkraft und wird klebrig. Das Brot entwickelt eine körnige Konsistenz, die Kruste ist glanzlos.

WAS IST DER HYDRATATIONSGRAD?

Er bezeichnet den Wassergehalt eines Teiges, also die beim Mischen des Teiges zugegebene Menge Flüssigkeit. Sie liegt pro 100 g Mehl zwischen 55 und 75 g Wasser. Der Wassergehalt hat Einfluss auf die Beschaffenheit der Krume und die Krustenbildung. Je weniger Wasser im Teig, desto schneller trocknet die Oberfläche während des Backens aus, und umso so länger hält die Krustenbildung an, die Kruste wird entsprechend dicker.

SALZ

Schon gewusst?

KURZ UND KNAPP ERKLÄRT

Neben dem Mehl, dem Backtriebmittel (Hefe, Sauerteig etc.) und dem Wasser der letzte unverzichtbare Bestandteil bei der Brotherstellung.

WELCHES SALZ NEHMEN?

Feines oder grobes Meersalz
Anteil: 18–20 g Salz pro Kilogramm Mehl

FUNKTION IM TEIG

Salz festigt die Teigstruktur, indem es die Proteine miteinander verbindet und das Klebergerüst stabilisiert.
Es wirkt regulierend auf den Gärprozess, indem es die Aktivität der Hefen eindämmt. Ohne Salzzugabe würde der Teig deutlich schneller gehen.

FUNKTION IM BROT

Salz fungiert als Geschmacksverstärker und trägt zur Bräunung der Kruste bei. Dank seiner hygroskopischen Eigenschaften bindet es Feuchtigkeit, so bleibt die Krume beim und nach dem Backen weich und saftig.

ACHTUNG

Die Hefen sterben beim Kontakt mit Salz ab, darum sollte das Mischen und Kneten des Teiges unverzüglich erfolgen.

WARUM STERBEN HEFEN BEIM KONTAKT MIT SALZ AB?

Das Salz entzieht den Hefezellen das lebenswichtige Wasser, in der Folge werden sie inaktiv und gehen schließlich ein.

FETT & MILCH

Schon gewusst?

FETT

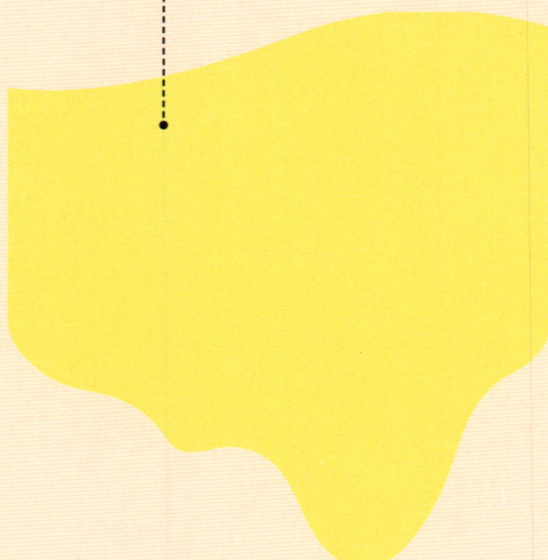

KURZ UND KNAPP ERKLÄRT

Fettsäuren tierischen oder pflanzlichen Ursprungs.

FUNKTION

Fett hemmt die Ausbildung des Klebergerüsts, was sich auf die Beschaffenheit von Kruste und Krume des Backwerks auswirkt. Es fördert eine seidige, zartschmelzende Krume und eine dünne Kruste.

VERWENDUNG

Feingebäck
Brioches
Italienische Brote

TIPP

Verwenden Sie Butter oder Margarine raumtemperiert, dann lässt sich das Fett leichter einarbeiten.

ZIEHBUTTER

Butter, deren Fettgehalt höher und Wasseranteil niedriger ist als bei herkömmlicher Butter; sie wird für Blätterteig verwendet. Ihr Vorteil: Dank des geringeren Wassergehalts schmilzt Ziehbutter langsamer und lässt sich schon darum leichter verarbeiten. Außerdem dringt sie während des Backvorgangs nicht in die Teigschichten ein, was der blättrigen Struktur des Gebäcks zugutekommt.

ÖL

Pflanzliches Fett, das dem Teig bei gleichem Mengenanteil eine saftigere Beschaffenheit verleiht als Butter und das Backwerk weniger füllig erscheinen lässt. Es kommt häufiger bei salzigen Backwaren zum Einsatz.

MILCH

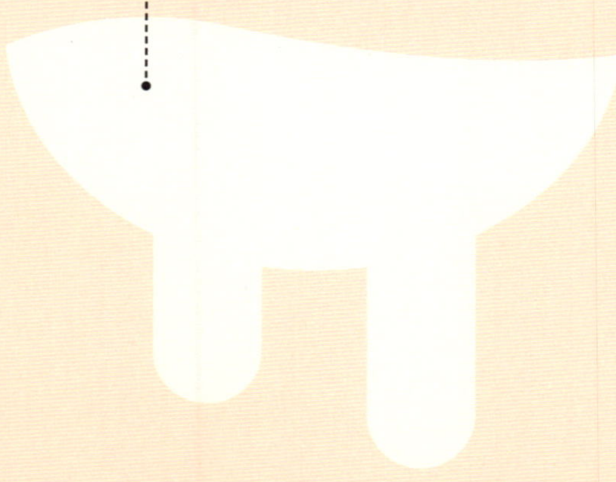

KURZ UND KNAPP ERKLÄRT

Wenn nicht anders angegeben, handelt es sich um Kuhmilch, die 87 % Wasser und 4 % Lipide enthält.

FUNKTIONEN

Mit ihrem hohen Wasseranteil trägt Milch zur Hydratation des Teiges bei. Dank der enthaltenen Lipide verleiht sie dem Gebäck einen zarten Schmelz. Außerdem hat sie Einfluss auf Farbgebung und Geschmack des Backwerks.

KLASSISCHE VERWENDUNG

Wiener Baguette
Feingebäck
Brioches und anderes Hefegebäck

PFLANZLICHE MILCH

Sie kann, in gleicher Menge zugegeben, als Ersatz für Kuhmilch dienen. Für ein geschmacksneutrales Ergebnis bieten sich Soja-, Reis- und Hafermilch an. Wer ein kräftigeres Aroma sucht, greift zu Haselnuss-, Mandel- oder Dinkelmilch.

ZUCKER & EIER

Schon gewusst?

ZUCKER

KURZ UND KNAPP ERKLÄRT

Aus Zuckerrohr oder Zuckerrüben gewonnenes Süßungsmittel.

FUNKTIONEN

Zucker verleiht Teigen eine gute mechanische und physikalische Toleranz. Er hemmt die Bildung des Klebergerüsts, darum sind zuckerhaltige Teige leichter zu bearbeiten. Förderung des Gärprozesses: Zucker ist vergärbar, das heißt, von den Hefen direkt assimilierbar. Außerdem verfeinert Zucker die Aromen, verbessert den Geschmack und fördert infolge der Maillard-Reaktion (Seite 285) die Farbgebung.

WELCHEN ZUCKER NEHMEN?

Weißer Kristallzucker: der Standardzucker in der Bäckerei.
Rohrzucker: sorgt für einen kräftigeren Geschmack.
Puderzucker: sehr fein pulverisierter Kristallzucker, der gern für Feingebäck verwendet wird, weil er sich gut mischen lässt.

EIER

KURZ UND KNAPP ERKLÄRT

In der Bäckerei werden ausschließlich Hühnereier verwendet.
1 mittelgroßes Ei = 50 g
32 g Eiweiß: reich an Wasser
18 g Eigelb: reich an Proteinen

FUNKTIONEN

Farbgebung des Gebäcks.
Abglänzen (Abstreichen) vor dem Backen.
Fixierung der Aromen im Zusammenspiel mit Zucker und Fett.
Gute Bindefähigkeit.
Verbessert die Porung des Gebäcks.

KLASSISCHE VERWENDUNG

Brioches
Eistreiche
Feingebäck

WARUM BEGÜNSTIGEN EIER DIE PORENBILDUNG?

Die in Eiern enthaltenen Proteine haben oberflächenaktive Eigenschaften, die die Einlagerung von Luft im Teig fördern. Tatsächlich können sie Wasser und Luft zugleich binden.

MANUELLES
MISCHEN & KNETEN

Schon gewusst?

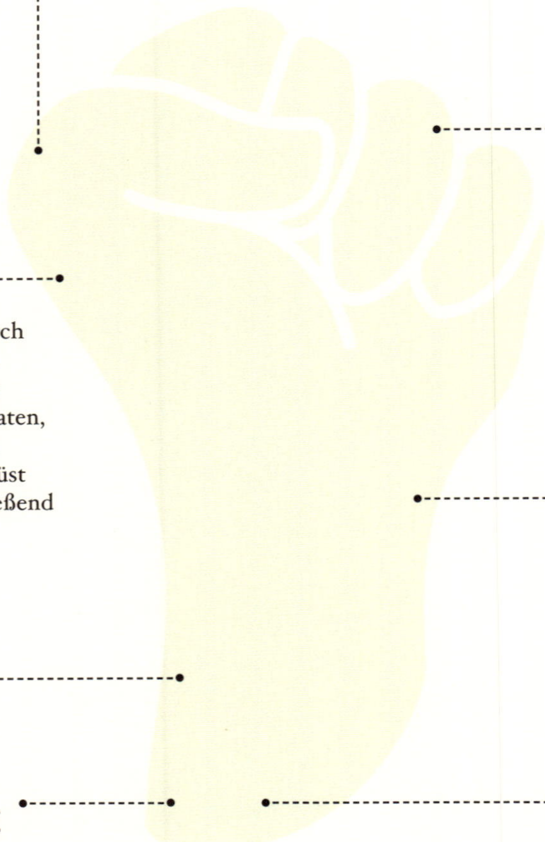

KURZ UND KNAPP ERKLÄRT

Das Mischen und Durchwirken sämtlicher Teigzutaten von Hand.

FUNKTION

Aktivierung und Entwicklung der Hefen durch Einarbeiten von Sauerstoff (»aerobe« Phase). Ausbildung des Klebergerüsts: Nicht zuletzt durch die Knetbewegung verquellen die Zutaten, sodass sich das Gluten zu langen, dehnbaren Strängen verkettet. Diese bilden das Teiggerüst und sorgen für Stand und Stabilität. Anschließend ist der Teig bereit für die Gärphase.

DAUER DES ARBEITSSCHRITTS

15 Minuten

ARBEITSMATERIAL

Thermometer

SCHWIERIGKEITEN

Die Temperatur des Teiges sollte konstant bei 23 bis 24 °C liegen. Ausreichendes Kneten: Das Gluten muss gut dehnbar sein, damit der Teig genügend Elastizität entwickelt, sonst drohen die Gärgase wieder zu entweichen und der Teig bildet kein Volumen.

TIPP

Nach Beendigung der Knetphase ein Stückchen Teig in die Länge ziehen. Reißt er nicht (die Glutenstränge halten stand), ist der Teig bereit für die Gärphase, »Gare« genannt.

GESCHAFFT

Wenn der Teig homogen, glatt und elastisch ist und nicht mehr klebt.

WAS GESCHIEHT, WENN MAN ZU LANGE KNETET?

Zu ausgiebiges Kneten schwächt das Klebergerüst, der Teig verliert an Stand und wird klebrig.

WAS GESCHIEHT, WENN MAN NICHT GENÜGEND KNETET?

Das Klebergerüst bildet sich nicht in dem erforderlichen Umfang aus, sodass die Gärgase während der Gare und beim Backen leichter entweichen können; das Brot entwickelt weniger Volumen.

WARUM MUSS DIE TEMPERATUR DES TEIGES ZWISCHEN 23 UND 24 °C LIEGEN?

Im Teig vorhandene Bakterien und Hefen sind lebende Organismen, die sich von den im Mehl enthaltenen Zuckerstoffen ernähren und diese während des Gärvorgangs in Kohlendioxid umwandeln. Bei einer Temperatur von 23 bis 24 °C erledigen sie diese Arbeit am effektivsten.

Schritt für Schritt

ZUTATEN

Backtriebmittel
Salz
Wasser
Mehl

1 In einer Schüssel das Backtriebmittel und das Salz in dem Wasser auflösen.

2 Das Mehl auf die Arbeitsfläche häufen und in der Mitte eine Mulde bilden. Die Flüssigkeit in die Mulde gießen und nach und nach das Mehl einarbeiten. Dies ist die Mischphase.

3 Den Teig zu einem dicken Rechteck ausbreiten und am linken Rand ein Viertel des Teiges abschneiden.

4 Das Teigviertel an der rechten Seite wieder anheften und kneten. Diesen Vorgang mehrmals wiederholen, etwa 3 Minuten lang. Er dient dem Dehnen und Strecken der Glutenstränge, damit der Teig die nötige Elastizität entwickelt.

5 Schließlich den Teig energisch auf die Arbeitsfläche schleudern und so zusammenlegen, dass möglichst viel Luft eingeschlossen wird. Diesen Vorgang nennt man »Falten«.

6 Mit einem Thermometer die Temperatur des Teiges kontrollieren, sie sollte zwischen 23 und 24 °C liegen.

MASCHINELLES
MISCHEN & KNETEN

Schon gewusst?

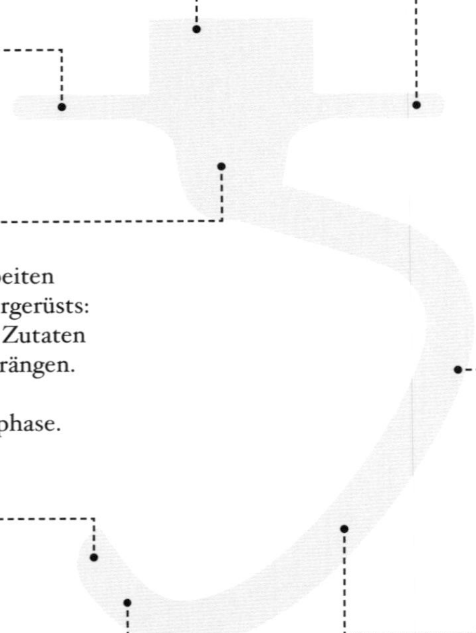

KURZ UND KNAPP ERKLÄRT

Mischen und Kneten der Teigzutaten in der Küchenmaschine.

VORZÜGE DER KÜCHENMASCHINE

Sie erledigt die Arbeit im Vergleich zur Handarbeit schneller, effizienter und weniger mühsam.

FUNKTION

Aktivierung und Entwicklung der Hefen durch Einarbeiten von Sauerstoff (»aerobe« Phase). Ausbildung des Klebergerüsts: Nicht zuletzt durch die Knetbewegung verquellen die Zutaten und das Gluten verkettet sich zu langen, dehnbaren Strängen. Diese bilden das Teiggerüst und sorgen für Stand und Stabilität. Anschließend ist der Teig bereit für die Gärphase.

DAUER DES ARBEITSSCHRITTS

10 Minuten

ARBEITSMATERIAL

Küchenmaschine mit Flachrührer und Knethaken
Thermometer

DIE PHASEN

Mischphase: Vermengen der Zutaten bei geringer Geschwindigkeit.
Knetphase: Einarbeiten von Luft bei mittlerer Geschwindigkeit.
Zuguss (frz. *bassinage*; optional): zusätzliche Wasserzugabe in der Endphase des Knetens.

SCHWIERIGKEIT

Die Teigtemperatur sollte konstant zwischen 23 und 24 °C liegen.

GESCHAFFT

Wenn sich der Teig vom Schüsselrand löst; er sollte jetzt geschmeidig, homogen und dehnbar sein und nicht mehr kleben.

MANUELLES ODER MASCHINELLES MISCHEN UND KNETEN – IST DAS ERGEBNIS IDENTISCH?

In der Phase des Mischens und Knetens wird der Teig fortlaufend gedehnt und komprimiert. Diese Kräfte wirken beim maschinellen Bearbeiten stärker als beim Kneten von Hand. Der Teig wird elastischer und entwickelt während des Gärvorgangs mehr Stand und Stabilität, da sich das Klebergerüst stärker ausbildet.

WARUM IST DIE DAUER DES MISCHENS UND KNETENS VON BEDEUTUNG?

Sie richtet sich nach dem gewünschten Resultat. Eine kurze Knetphase schont die Aromen des Mehles, hemmt jedoch eine optimale Entwicklung des Klebergerüsts (dies wird durch eine lange Gare ausgeglichen sowie durch Falten des Teiges, um ihn zu straffen und neu zu aktivieren). In dieser Weise wird bei herzhaften Broten verfahren, bei denen ein kräftiger Geschmack erwünscht ist. Eine lange Knetphase verleiht Teigen guten Stand und Stabilität, geht jedoch zulasten des Geschmacks. Die Gärphase ist kurz, da das Teiggerüst bereits ausreichend Struktur und Stabilität besitzt. Dies ist typisch für Baguette, bei dem ein zurückhaltender Geschmack und eine gute Porung erwünscht sind.

WAS IST EIN ZUGUSS (FRZ. BASSINAGE)?

Es bezeichnet das zusätzliche Einarbeiten von Wasser nach der Knetphase und dient dazu, einen zu festen Teig geschmeidiger zu machen. Außerdem begünstigt der Zuguss die Bildung einer feinen Kruste (je mehr Wasser im Teig, desto langsamer trocknet die Oberfläche aus und umso weniger Zeit bleibt für die Krustenbildung).

WARUM ZUNÄCHST BEI GERINGER GESCHWINDIGKEIT MISCHEN UND DANN BEI MITTLERER GESCHWINDIGKEIT KNETEN?

In der Mischphase geht es darum, die Zutaten gleichmäßig und homogen zu vermengen; das gelingt am besten bei langsamer Geschwindigkeit. In der Knetphase soll sich das Klebergerüst entwickeln und Luft eingearbeitet werden; das geschieht am effektivsten bei mittlerer Geschwindigkeit.

Schritt für Schritt

ZUTATEN

Mehl
Wasser
Backtriebmittel
Salz

1 Sämtliche Zutaten in die Schüssel der Küchenmaschine geben und mit dem Flachrührer auf Geschwindigkeitsstufe 1 etwa 4 Minuten sorgfältig verrühren. Dies ist die Mischphase.

2 Den Flachrührer durch den Knethaken ersetzen und den Teig bei mittlerer Geschwindigkeit kneten, bis er glatt und homogen ist und nicht mehr am Schüsselrand klebt – das dauert etwa 6 Minuten. Dies ist die Knetphase.

3 Mit einem Thermometer die Temperatur des Teiges kontrollieren, sie sollte konstant zwischen 23 und 24 °C liegen.

FERMENTATION
(GÄRUNG)

Schon gewusst?

KURZ UND KNAPP ERKLÄRT

Umwandlung der im Mehl vorhandenen Zuckerstoffe in Kohlendioxid (CO_2) und Alkohol durch die im Backtriebmittel (Sauerteig oder Hefe) lebenden Mikroorganismen. Die dabei entstehenden Gärgase lassen den Teig aufgehen und verleihen ihm Volumen.

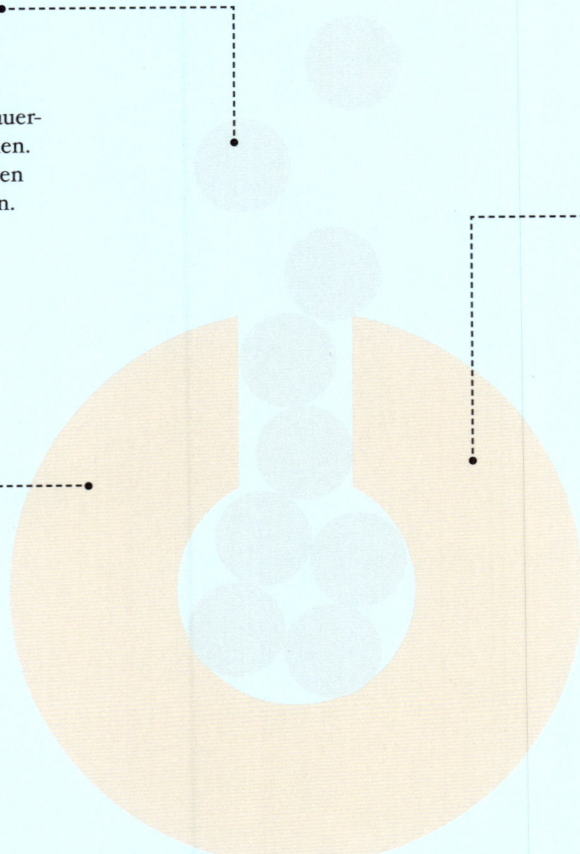

TEMPERATUR WÄHREND DER FERMENTATION

Die Temperatur des Teiges muss zwischen 23 und 24 °C liegen, damit sich Hefen und Bakterien entwickeln können. Auch die Bildung von Geschmacks- und Aromastoffen vollzieht sich bei dieser Temperatur am besten.

FUNKTIONEN

Ausbildung der optimalen Teigstruktur. Entwicklung von Geschmacks- und Aromastoffen.

WELCHES TRIEBMITTEL FÜR WELCHE ART DER FERMENTATION?

- *Fermentation mit Backhefe:*
  Gute und schnelle Triebkraft und Volumenbildung, da Hefe viel Kohlendioxid produziert (neben Alkohol, der jedoch verdunstet); es handelt sich um eine alkoholische Gärung. Die Krume wird luftig, der Geschmack ist zurückhaltend.
- *Fermentation mit Flüssigsauerteig:*
  Die Volumenbildung gestaltet sich schwieriger und langsamer (daher wird zur Unterstützung oft etwas Backhefe dazugegeben), sie erfordert Wärme und Feuchtigkeit. Der Teig durchläuft eine Milchsäuregärung (es entsteht Milchsäure), die besonders kräftige Aromen hervorbringt.
- *Fermentation mit Trockensauerteig:*
  Die Volumenbildung dauert noch länger und vollzieht sich in einem kalten Umfeld. Hier handelt es sich um eine Essigsäuregärung. Das Ergebnis ist von kräftigem, rustikalem und säuerlichem Geschmack.

Schritt für Schritt

1

2

3

4

5

8

6

7

1 MISCHEN UND KNETEN

Aktivierung der Hefen durch Einarbeiten von Sauerstoff.

2 STOCKGARE (ERSTE PHASE)

»Anaerobe« Phase: Die Hefen wandeln im sauerstoffarmen Milieu die Zuckerstoffe im Mehl in Kohlendioxid und Alkohol um. Die Gärgase vergrößern das Teigvolumen.

3 FALTEN

Reaktivierung der Hefen durch Einarbeiten von Sauerstoff in den Teig.

4 STOCKGARE (ZWEITE PHASE)

»Anaerobe« Phase: Unter Ausschluss von Sauerstoff beginnen die Hefen erneut Zucker abzubauen. Die Zunahme des Teigvolumens setzt sich fort.

5 PORTIONIEREN UND VORFORMEN

Der Teig wird in der gewünschten Größe portioniert und vorgeformt (gewirkt), sofern die Gärphase in der endgültigen Form der Teiglinge abgeschlossen wird.

6 KURZE TEIGRUHE (ZWISCHENGARE)

Vor der endgültigen Formgebung nötige Ruhephase, damit sich der Teig entspannen kann und nicht reißt.

7 ABSCHLIESSENDE FORMGEBUNG

8 STÜCKGARE BZW. ENDGARE (ABSCHLIESSENDE GÄRPHASE)

Wie die Stockgare dient auch diese letzte Reifephase der Volumenbildung der Teiglinge in ihrer endgültigen Form, bevor sie gebacken werden.

FERMENTATION
STOCKGARE

Schon gewusst?

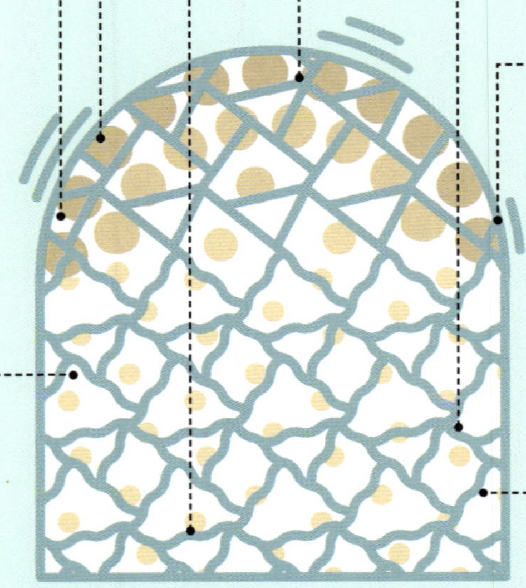

KURZ UND KNAPP ERKLÄRT

Mit der ersten Phase der Stockgare, die auf die Knetphase folgt, beginnt die Volumenbildung des Brotteigs. Diese wird mit der zweiten Phase der Stockgare nach dem Falten des Teiges fortgesetzt. Die Stockgare ist die »anaerobe« Gärphase, in der die Mikroorganismen unter Ausschluss von Sauerstoff beginnen, den Zucker zu verarbeiten und in Kohlendioxid umzuwandeln. Sie endet mit der abschließenden Formgebung.

FUNKTION

Zunahme des Teigvolumens: Die durch Fermentation entstehenden Gärgase können in dem dichten Netz des Klebergerüsts nicht entweichen und blähen den Teig auf. Entwicklung von Geschmacksstoffen und Säure. Den Teig in den zur Formgebung idealen Zustand bringen: Sind Straffheit und Elastizität in der optimalen Balance, lässt sich der Teig dehnen und formen, ohne zu reißen.

DAUER DER STOCKGARE

Bei Raumtemperatur zwischen 30 Minuten und 3 Stunden.
Bei kalter Teigführung 12–48 Stunden.

GESCHAFFT

Sobald der Teig ...
- an Volumen leicht zugenommen hat;
- sich etwas zusammenzieht (er wird fester und gewinnt an Stand);
- glatter ist;
- elastischer und dehnbarer geworden ist.

SONDERFALL: STOCKGARE IM KALTEN UMFELD (KALTE TEIGFÜHRUNG). WAS SIND DIE VORZÜGE?

Entwicklung der Aromen: Die Gärung verläuft langsamer und nachhaltiger, das Triebmittel hat mehr Zeit, sein volles Potenzial zu entfalten. Entwicklung des Klebergerüsts: Die Kälte strafft die »Netzmaschen« der Glutenstränge. Erhöht den Wassergehalt des Brotes, führt zur Verbesserung der Porung und begünstigt die Bildung einer feinen Kruste. Die Kälte sorgt für eine Straffung des Teiggerüsts und für mehr Stand beim Backen. Ist weniger abhängig vom Aufgehen des Teiges: Der Zeitpunkt des Einschiebens in den Ofen lässt sich flexibler gestalten.

WARUM VARIIERT DIE DAUER DER STOCKGARE VON TEIG ZU TEIG?

Sie hängt vom Wassergehalt und von der Menge des zugesetzten Triebmittels ab. Je weniger Triebmittel in dem Teig enthalten ist, desto länger dauert die Gärphase (da die Hefen länger brauchen, um den vorhandenen Zucker abzubauen, der Teig also mehr Zeit für die Volumenbildung beansprucht). Zudem hat ein Teig mit hohem Wassergehalt weniger Stand, eine lange Gärphase verleiht ihm die nötige Stabilität.

WO UND UNTER WELCHEN BEDINGUNGEN?

Direkt in der Küchenmaschine oder in einer großen Schüssel. Mit Frischhaltefolie oder einem Tuch bedeckt und so vor Luftkontakt und Austrocknung der Oberfläche sowie Beeinträchtigungen des Gärvorgangs geschützt. Bei Raumtemperatur.

FERMENTATION
FALTEN

Schon gewusst?

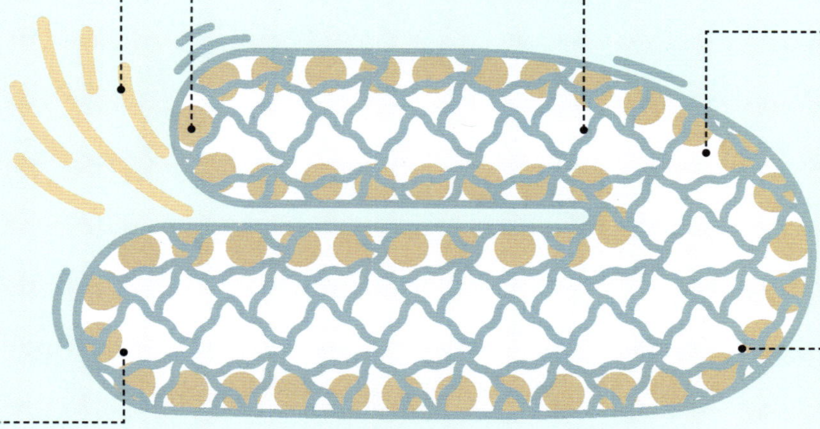

FUNKTION

Durch die Aktivierung des Gärprozesses entfaltet der Teig neue Triebkraft.

PRINZIP

Die vier Ränder des Teiglings werden auf der bemehlten Arbeitsfläche zur Mitte gefaltet, anschließend dreht man den Teigling um, sodass der Schluss (die Naht) unten liegt. Dieser Vorgang wird im Verlaufe der Gärphase ein- oder zweimal vorgenommen.

KURZ UND KNAPP ERKLÄRT

Durch das Falten des Teiges wird der Gärvorgang neu aktiviert.

WARUM LÄSST SICH DIE GÄRUNG DURCH FALTEN DES TEIGES NEU ANREGEN?

Im Laufe des Gärprozesses verlangsamt sich die Aktivität der Hefen allmählich. Durch Falten des Teiges wird …

- *überschüssiges Kohlendioxid (CO_2) ausgestoßen, wodurch die Hefezellen wieder näher zusammenrücken, sich (durch Teilung) vermehren und auf diese Weise den Gärvorgang reaktivieren;*
- *das Klebergerüst gestrafft: Der Teig ist in dieser Phase äußerst dehnbar, das Falten verleiht ihm mehr Festigkeit und größere Elastizität. Der Teig entwickelt Stand und neue Triebkraft, der Gärprozess kann von Neuem beginnen.*

FERMENTATION
VORFORMEN (WIRKEN) & RUHEN

Schon gewusst?

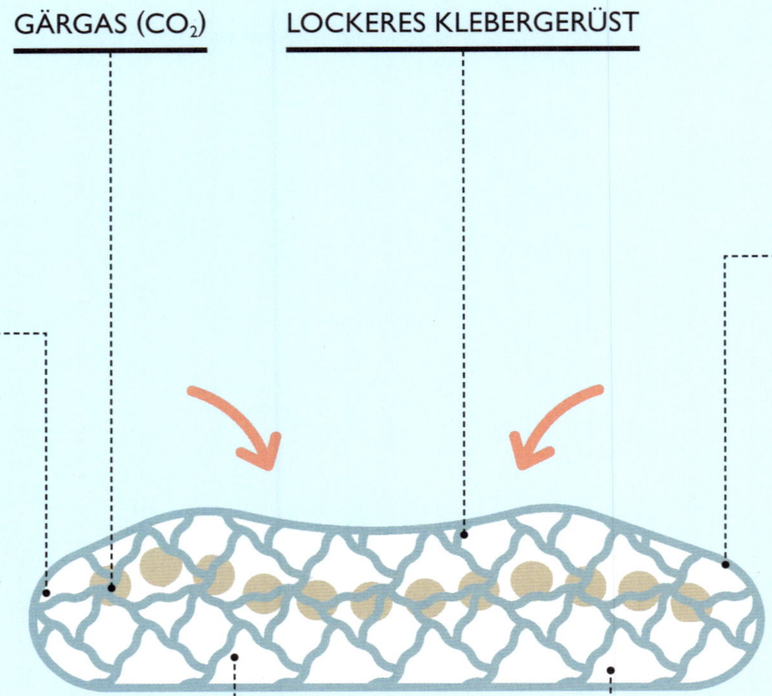

DAUER DER TEIGRUHE

Relativ kurz – 15 bis 40 Minuten.

KURZ UND KNAPP ERKLÄRT

Portionieren (gegebenenfalls Abwiegen) und Vorformen der Teiglinge; kurze Teigruhe nach Beendigung der Stockgare und vor der endgültigen Formgebung.

FUNKTION

Lockerung und Entspannung des Klebergerüsts, um das Formen der Teiglinge zu erleichtern, ohne dass der Teig reißt.

GESCHAFFT

Wenn der Teig zur endgültigen Formgebung ausreichend dehnbar ist (keinen Widerstand leistet), jedoch nicht reißt.

RUNDWIRKEN

Für runde oder ovale Brote muss der Teig nach der Stockgare kugelrund vorgeformt werden, bevor die kurze Teigruhe beginnt. Dazu faltet man die Teigränder zur Mitte, dreht den Teigkloß um und schiebt mit den Händen rundherum den Rand unter den Teig, sodass sich die Oberfläche spannt.

LANGWIRKEN

Für Baguettes und andere Stangenbrote wird der Teigling vor der Entspannungsphase in eine leicht längliche Form gebracht. Dazu formt man ihn zunächst zu einer Kugel und rollt diese anschließend mit den Händen auf der Arbeitsfläche in eine längliche Form.

WARUM DARF DER TEIG AUF KEINEN FALL REISSEN?

Reißt der Teig, entweichen die Gärgase, er verliert an Volumen und das Brot wird zu fest und kompakt.

WO UND UNTER WELCHEN BEDINGUNGEN?

Die Teigruhe erfolgt bei Raumtemperatur mit dem Schluss nach unten unter einem Tuch auf der bemehlten Arbeitsfläche oder in einer Schüssel mit Frischhaltefolie bedeckt.

FERMENTATION

STÜCKGARE (ENDGARE)

Schon gewusst?

GÄRGAS (CO_2)

STRAFF GESPANNTES KLEBERGERÜST

ZUCKER

KURZ UND KNAPP ERKLÄRT

Die dritte Phase des Gärprozesses von Brotteigen, die nach der endgültigen Formgebung der Teiglinge vor dem Backen erfolgt. Komplexe Zucker werden weiter von Hefen und Bakterien abgebaut, wobei CO_2 entsteht, das dem Teig ein letztes Mal vor dem Backen Volumen verleiht.

DAUER DER FERMENTATION

Zwischen 30 Minuten und 4 Stunden an einem warmen Ort und bis zu 24 Stunden im Kühlschrank.

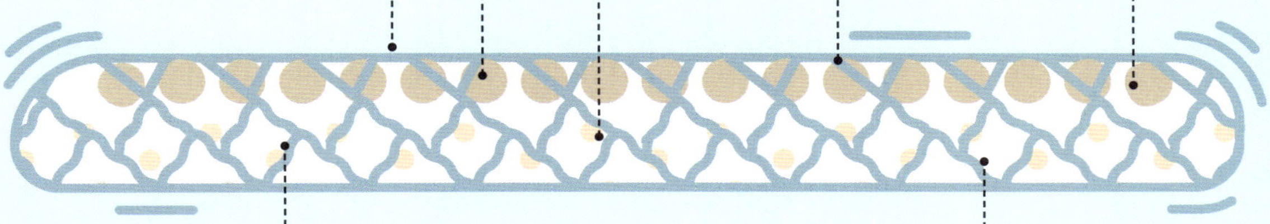

FUNKTION

Erneutes Aktivieren der Gasentwicklung, bis die für das Einschieben optimale Teigreife erreicht ist. Diese ist letztlich entscheidend für das Volumen des gebackenen Brotes.

GESCHAFFT

Wenn der Teig auf sanften Druck mit dem Finger zurückfedert und keine Delle verbleibt.

WARUM SOLLTE DIE STÜCKGARE AN EINEM WARMEN ORT ERFOLGEN?

Während der Stückgare wird ein Teil der Stärke in Einfachzucker umgewandelt, die von den Bakterien (Enzymen) in Alkohol und Kohlendioxid abgebaut wird. Sie erledigen diese Arbeit am besten bei einer Temperatur von 25–28 °C.

STÜCKGARE (ENDGARE): WO UND UNTER WELCHEN BEDINGUNGEN?

An einem warmen Ort (25–28 °C), beispielsweise auf den Kühlrippen des Kühlschranks oder auf einer Heizquelle, mit einem Tuch bedeckt, damit sich keine trockene Haut bildet.

FORMEN

Schon gewusst?

KURZ UND KNAPP ERKLÄRT

Abschließende Formgebung des Teiges vor dem Backen. Sie erfolgt nach der Ruhephase des vorgeformten Teiges und vor der finalen Stückgare.

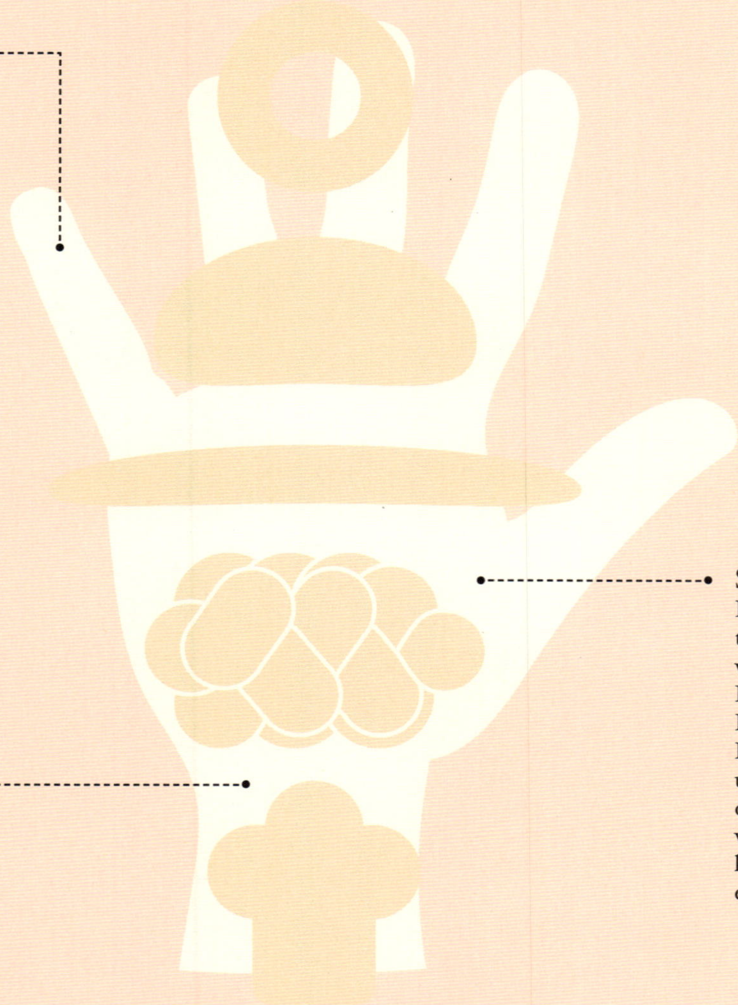

SCHWIERIGKEITEN

Der Teig muss schonend verarbeitet und geformt werden, sodass er weder zerdrückt wird noch reißt. Eine möglichst gleichmäßige Formgebung.
Das Straffen des Teiges: Die Art und Intensität des Straffens muss der Konsistenz des Teiges angepasst werden – weiche Teige erfordern kräftiges Straffen, feste Teige eine weniger straffe Spannung.

DAUER DES ARBEITSSCHRITTS

Je nach Schwierigkeit der Formgebung 5–15 Minuten.

WAS IST DER TEIGSCHLUSS?

Als Teigschluss bezeichnet man die Naht, die beim Wirken oder endgültigen Formen des Teiglings entsteht. Während der Gärphase wird der Teigling bis auf wenige Ausnahmen so platziert, dass der Schluss unten liegt. Auch gebacken wird in der Regel mit dem Teigschluss nach unten, es sei denn, er dient als Ausbund und soll während des Backvorgangs aufreißen. In diesem Fall entfällt das Einschneiden.

Schritt für Schritt

1

2

3

Das Formen des Teiglings besteht aus drei Phasen (bei runden Broten sind es nur zwei). Bei jeder Art der Formgebung wird der Teig zunächst abgeflacht und anschließend gefaltet. Für längliche Brote (Baguette, Bâtard etc.) wird der Teigling danach langgewirkt. Die Formen im Einzelnen siehe Seite 42–47.

1 ABFLACHEN

Nach dem Vorformen und einer kurzen Ruhephase der Teiglinge diese mit dem Schluss nach oben legen und behutsam zu einem runden Fladen abflachen, um die Oberfläche zu glätten und überschüssiges Gas auszustoßen.

2 FALTEN

Die vier Ränder des Fladens nacheinander nach innen falten, sodass die Form des Teiglings erhalten und der Teig straff bleibt (die Teigoberfläche muss auf Spannung gebracht werden, damit sie sich beim Backen entwickeln kann). Die Nahtstellen der Teigfalten bilden den Teigschluss.

3 LANGWIRKEN (ENTFÄLLT BEI RUNDEN BROTEN)

Den Teigling auf der Arbeitsfläche mit den Handflächen von innen nach außen rollen, bis er die gewünschte Länge hat.

Teig rundwirken

1

2

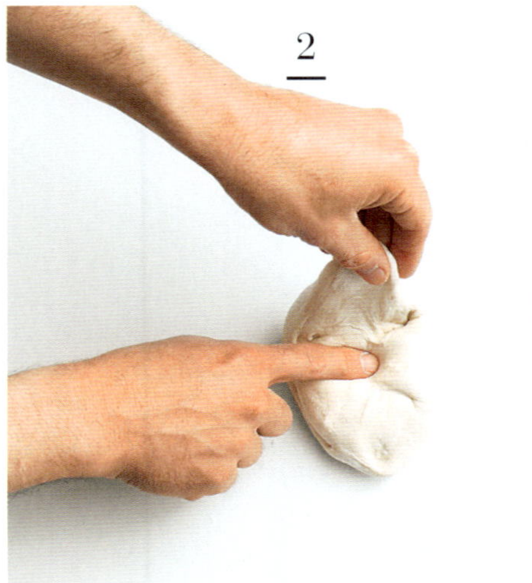

3

4

5

1 Den Teigling mit dem Schluss nach unten auf die leicht bemehlte Arbeitsfläche legen.

2 Den Zeigefinger der rechten Hand ohne Druck auf die Mitte des Teiglings platzieren. Die vier Teigränder mit der linken Hand zur Mitte falten.

3 Die nach innen gefalteten Ränder durch leichten Druck mit dem Zeigfinger fixieren.

4 Die Teigkugel umdrehen, mit den Händen rundherum den Rand unter den Teig schieben und dabei jeweils um eine Vierteldrehung drehen. Dies dient der Straffung der Teigoberfläche.

5 Diesen Vorgang (Schritt 4) dreimal wiederholen.

Baguette formen

1

2

3

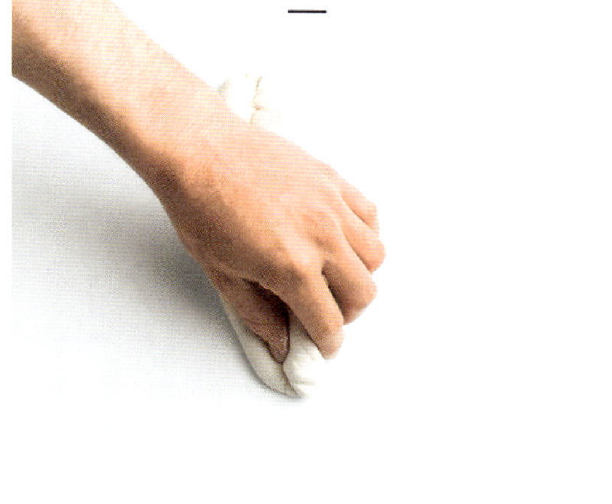

4

5

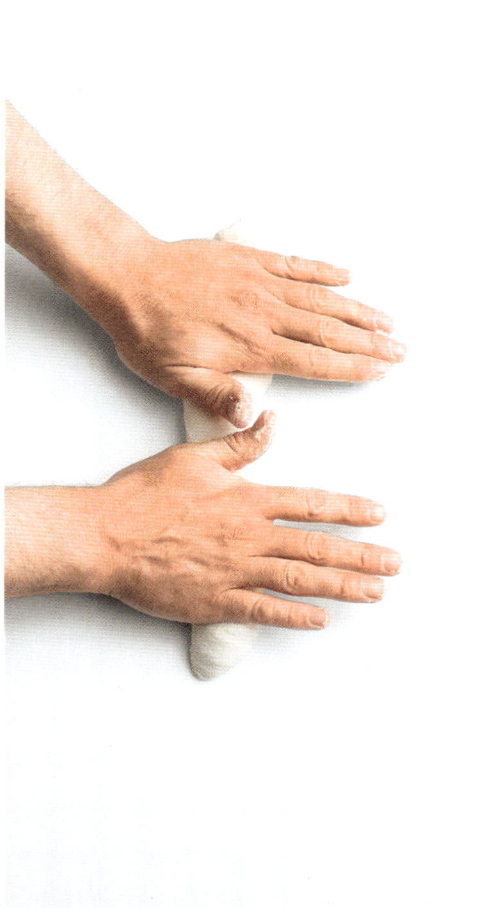

6

1 Den Teigling mit der glatten Seite nach oben (Schluss nach unten) auf die leicht bemehlte Arbeitsfläche legen und grob in eine rechteckige Form bringen.

2 Das Teigrechteck der Länge nach dreifach zusammenfalten (wie einen Brief).

3 Den Daumen der linken Hand am rechten Ende des Teiglings mittig ansetzen und den Teig sanft eindrücken. Den oberen Teigrand mit drei Fingern derselben Hand hochschlagen, sodass er den Daumen umschließt.

4 In dieser Weise den Teigling mit dem Daumen nach und nach über die gesamte Länge eindrücken, den oberen Rand darüberfalten und den Saum mit der anderen Hand verschließen.

5 Den Teigling mit den Handflächen, in der Mitte beginnend, in die Länge rollen. Dabei stets von innen nach außen arbeiten.

6 Das Baguette so lange rollen, bis es die gewünschte Länge erreicht hat.

Ficelle (Fadenbrot) formen

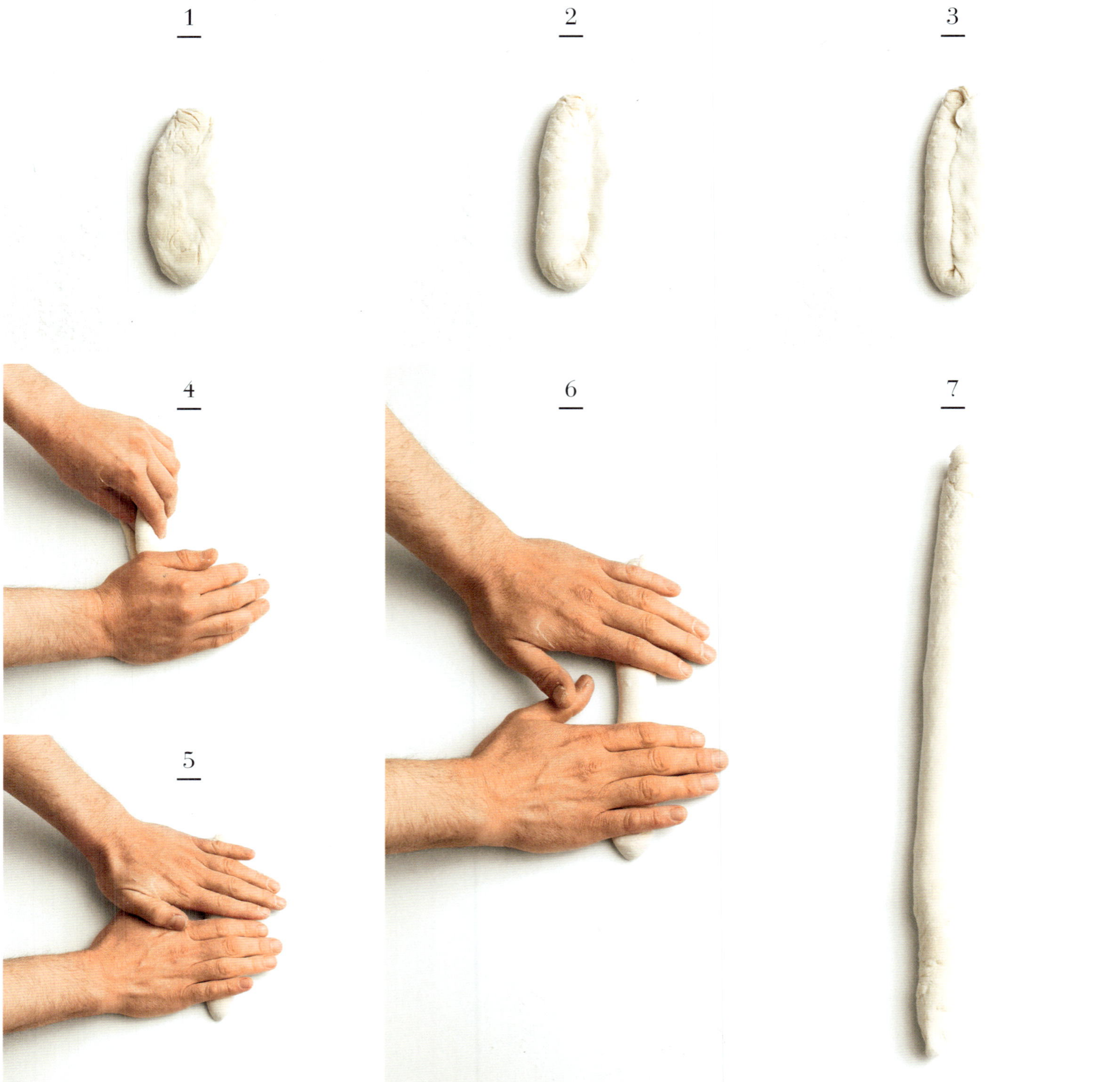

1 Den Teigling mit der glatten Seite nach oben (Schluss nach unten) auf die leicht bemehlte Arbeitsfläche legen und grob in eine rechteckige Form bringen.

2 Eine Längsseite des Teiglings zur Mitte falten.

3 Nun die andere Längsseite so darüberschlagen, dass sie die untere teilweise überlappt.

4 Den Daumen der linken Hand am rechten Ende des Teiglings mittig ansetzen und den Teig sanft eindrücken. Den oberen Teigrand mit drei Fingern derselben Hand hochschlagen, sodass er den Daumen umschließt. In dieser Weise den Teigling nach und nach mit dem Daumen über die gesamte Länge eindrücken und mit der anderen Hand den Saum verschließen.

5 Diesen Vorgang wiederholen, um dem Teig Spannkraft zu verleihen. Dann die Handflächen in der Mitte des Teiglings platzieren.

6 Den Teigling durch Rollen von innen nach außen in eine längliche Form bringen.

7 Die Ficelle so lange rollen, bis sie die gewünschte Länge erreicht hat.

Bâtard (längliches Brot) formen

1

2

3

4

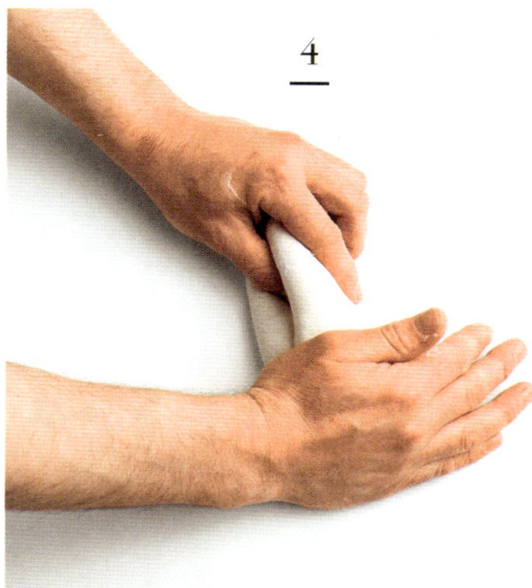

5

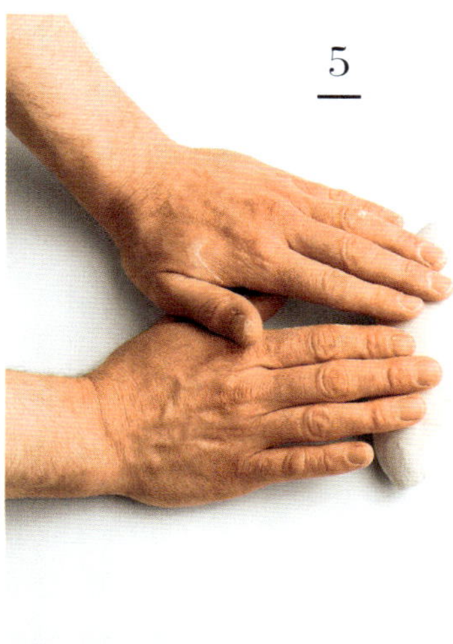

6

1 Den Teig zunächst zu einer Kugel formen (Seite 42) und mit dem Schluss nach oben auf die leicht bemehlte Arbeitsfläche legen.

2 Den linken Rand zur Mitte des Teiglings falten.

3 Den Teigling um eine halbe Drehung drehen und den Vorgang wiederholen.

4 Den Teigling nach und nach mit dem Daumen über die gesamte Länge eindrücken, den oberen Teigrand darüberschlagen und die Naht mit der anderen Hand versiegeln.

5 Den Teigling mit den Händen, in der Mitte beginnend, in die Länge rollen. Dabei stets von innen nach außen arbeiten.

6 Den Teigling so lange rollen, bis er die gewünschte Länge erreicht hat.

Einen Kranz formen

1

2

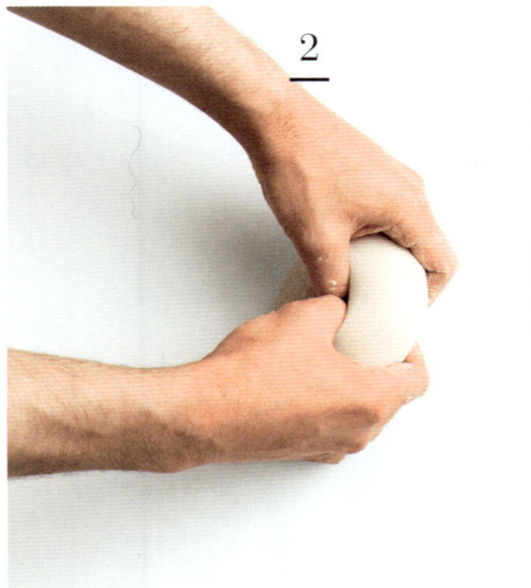

3

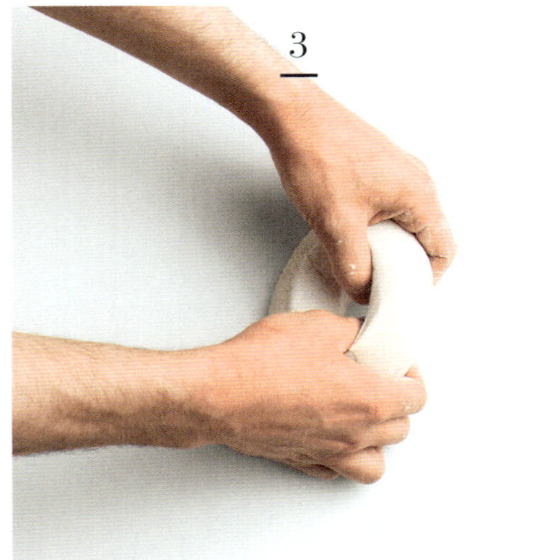

4

5

1 Den Teigling zunächst zu einer Kugel formen (Seite 42) und mit dem Schluss nach unten auf die leicht bemehlte Arbeitsfläche legen. Den Teigling in der Mitte leicht mit Mehl bestauben und mit dem Zeigefinger komplett durchbohren, bis Sie auf die Arbeitsfläche stoßen.

2 Die Finger mit Mehl bestauben und den Teigling durch das Loch mit Daumen und Zeigefinger beider Hände aufnehmen.

3 Nun das Loch nach und nach erweitern und dabei gleichzeitig den Durchmesser des Teigstrangs verringern. Lässt er sich nicht weiter dehnen, den Kranz 5 Minuten ruhen lassen.

4 Den Kranz so lange erweitern und vergrößern, bis sein innerer Durchmesser etwa 10 cm beträgt.

5 Das Loch im Kranz sollte ausreichend groß sein, damit es sich beim letzten Gehen und anschließenden Backen nicht wieder verschließt.

Einen Zopf formen

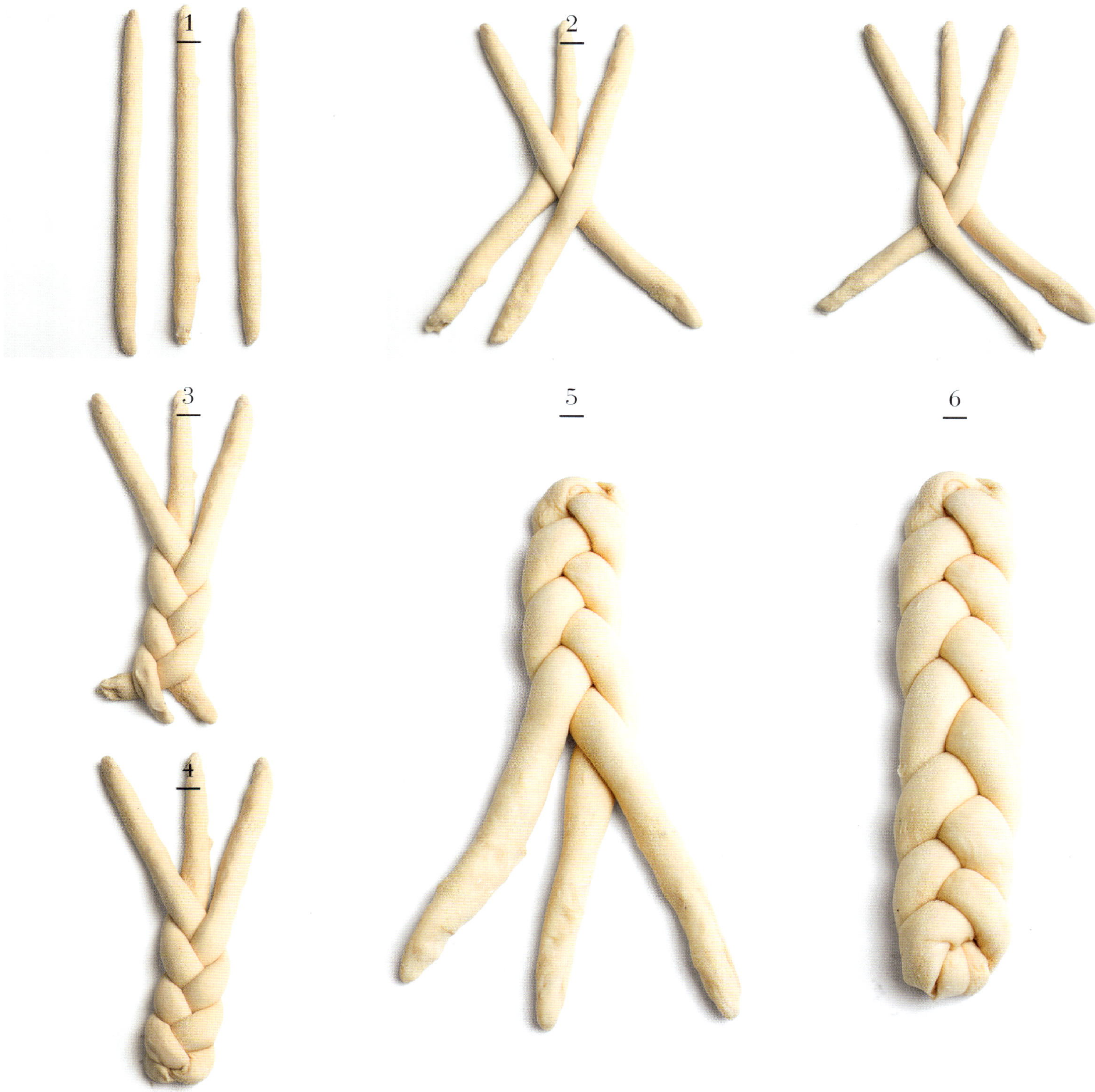

1 Drei Teigstränge von derselben Länge formen und parallel so auf die Arbeitsfläche legen, dass sie auf Sie gerichtet sind. Der linke Strang ist die Nr. 1, der mittlere die Nr. 2 und der rechte die Nr. 3.

2 Das Flechten beginnt in der Mitte mit Strang 2. Diesen nach links unter Strang 1 hindurch auf die Position 1 legen; Strang 1 wird auf die Position 3 platziert, und Strang 3 wechselt in die Mitte, also auf Position 2.

3 In dieser Weise fortfahren, bis das untere Ende erreicht ist.

4 Die drei Stränge am Ende des Zopfes verknoten.

5 Den Zopf um 180 Grad drehen und die Teigstränge von der anderen Seite in gleicher Weise flechten. Der Zopf sollte jedoch nicht zu straff geflochten werden, damit der Teig beim abschließenden Gehen nicht reißt.

6 Das andere Ende des Zopfes ebenfalls verknoten.

ABGLÄNZEN

Schon gewusst?

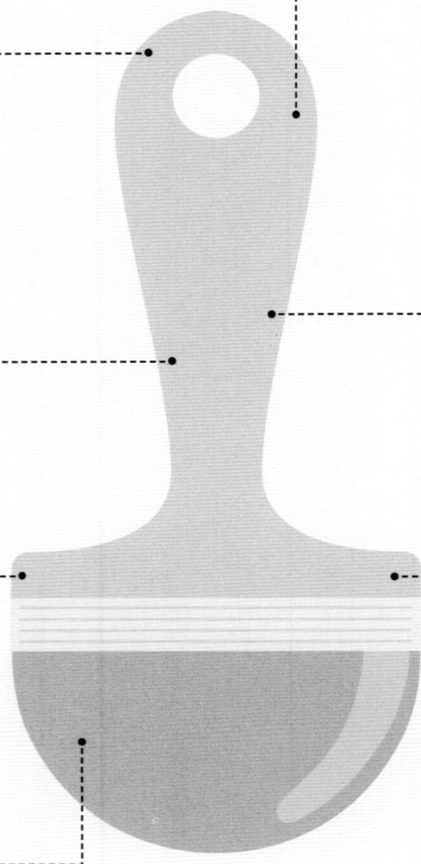

KURZ UND KNAPP ERKLÄRT

Teiglinge vor dem Backen mit einer Mischung aus Ei, Milch und Salz bestreichen, um der Kruste eine goldbraune Farbe und Glanz zu verleihen.

HALTBARKEIT

Zur sofortigen Verarbeitung.

DAUER DES ARBEITSSCHRITTS

5 Minuten

KLASSISCHE VERWENDUNG

Feingebäck
Brioches und anderes Hefegebäck
Dreikönigskuchen (*galette des rois*)

ARBEITSMATERIAL

Sieb
Küchenpinsel

TIPPS

Meiden Sie Silikonpinsel, da mit ihnen das Abglänzen nicht gleichmäßig wird.
Wiederholen Sie das Bestreichen mehrmals, damit der Teig eine appetitliche Färbung annimmt.

TECHNIK

Durch ein Sieb passieren
(Seite 285)

WOZU DIENT DAS ABGLÄNZEN?

Es dient vor allem ästhetischen Zwecken und soll dem Gebäck Glanz und eine schöne goldbraune Farbe verleihen. Außerdem trägt es zu einem knusprigen Biss bei.

WARUM IST DIE ZUGABE VON MILCH ERFORDERLICH?

Während des Backvorgangs reagieren die Proteine im Ei mit dem Milchzucker (Maillard-Reaktion), was die erwünschte Bräunung des Gebäcks bewirkt.

WARUM ERFOLGT DAS ABGLÄNZEN VOR UND NOCH EINMAL NACH DER STÜCKGARE?

Um auch die Bereiche zu bestreichen, die beim letzten Gehen des Teiges neu entstehen, und so eine gleichmäßige Färbung zu gewährleisten.

Schritt für Schritt

REICHT FÜR 1 BRIOCHE ODER 6 CROISSANTS

1 Ei (50 g)
3 g Milch (½ TL)
1 Prise Salz

1 In einer Schale das Ei, die Milch und das Salz mit einer Gabel verschlagen, bis die Mischung homogen ist.

2 Die Mischung durch ein Sieb passieren, damit sie frei von Rückständen und ganz glatt ist.

3 Die Eistreiche mit einem Pinsel gleichmäßig auftragen, dabei nicht zu fest drücken, damit sich das Gebäck nicht verformt.

EINSCHNEIDEN

Schon gewusst?

KURZ UND KNAPP ERKLÄRT

Den fertig geformten Teigling vor dem Backen mit Einschnitten versehen, die beim Backen aufreißen und den sogenannten Ausbund bilden.

DAUER DES ARBEITSSCHRITTS

5–10 Minuten

ARBEITSMATERIAL

Bäckermesser (*lame de boulanger*), Cutter oder Sägemesser

FUNKTION

Beim Backen kann an den Einschnitten Dampf entweichen, was die Volumenbildung des Brotes fördert, ohne dass die Kruste reißt. Die Rissbildung ist gewissermaßen auch ein visuelles Markenzeichen des fertigen Produkts.

SCHWIERIGKEIT

Der Schnitt muss dem Zustand des Teiges entsprechend angepasst werden: tiefer Einschnitt bei Teigen, denen es an Volumen mangelt, flacher Einschnitt bei solchen, die überreif sind (Übergare).

TIPPS

Bei Broten: Leichtes Bemehlen der Teigoberfläche vor dem Einschneiden führt zu einem ansprechenderen Ergebnis. Gerade Schnittführung: Um den Schnitt möglichst gerade und gleichmäßig zu führen, fixiert man das gegenüberliegende Ende des Teiglings.

WAS PASSIERT, WENN DER EINSCHNITT ZU TIEF ERFOLGT?

Der Teig gibt nach, das Brot verliert beim Backen an Volumen. Der Ausbund öffnet sich zu weit, das Brot altert schneller.

WAS PASSIERT, WENN DER SCHNITT NICHT TIEF GENUG GEFÜHRT WIRD?

Unter dem Druck der entweichenden Gärgase und des Wasserdampfs springt die Kruste auf und verformt sich. Die Ausbundrisse können sich wieder schließen, verlieren an Volumen und sehen weniger ansprechend aus.

1 BAGUETTESCHNITT

Die Klinge leicht geneigt (30 Grad) ansetzen und schräg einen 5 cm langen Schnitt führen. Die Klinge um ein Drittel des Schnittes zurückziehen und den nächsten Schnitt anbringen. In dieser Weise das Baguette über die gesamte Länge fünf- bis siebenmal einschneiden.

2 TRADITIONELLER LÄNGSSCHNITT

Die Klinge um 30 Grad geneigt am Ende des Teiglings mittig ansetzen und mit einer gleichmäßigen steten Handbewegung den Teig über die gesamte Länge einschneiden.

Schnittformen für den Ausbund

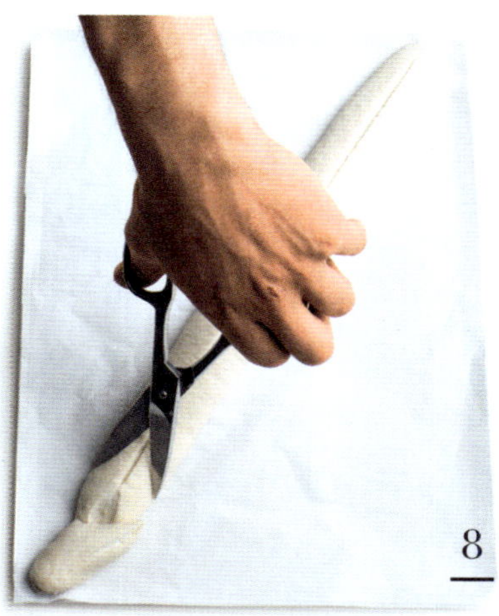

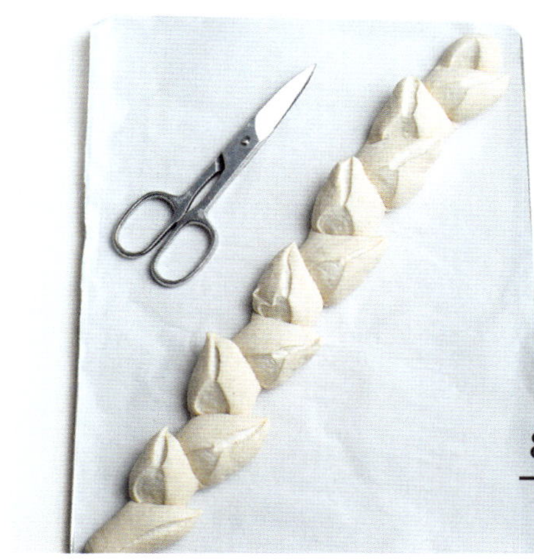

3 RAUTE

Mit leicht geneigter Klinge eine Raute in die Teigoberfläche einritzen, deren Eckpunkte bis an den Rand des Brotes reichen.

4 FEINES RAUTENMUSTER

Den Teigling diagonal in parallelen Linien von 1–2 cm Abstand nicht zu tief einschneiden. Anschließend in der anderen Diagonale einschneiden, sodass sich ein Rautenmuster ergibt.

5 GROBES RAUTENMUSTER

Zunächst parallel vier diagonale Schnitte führen, dann in der anderen Diagonale einschneiden: Den ersten Schnitt bis zum Anfang der zweiten Diagonale führen, dann zwei weitere Schnitte anbringen, sodass sich in der Mitte drei Rauten ergeben.

6 SCHRÄGE SCHNITTFÜHRUNG

Das Schneidewerkzeug ganz dicht an der Klinge halten und den Teigling mit kurzen schnellen Bewegungen in engen Abständen diagonal tief einschneiden.

7 KREUZSCHNITT

Den Teigling mit Mehl bestauben und von oben nach unten durch die Mitte einschneiden. Anschließend den Schnitt von links nach rechts führen, sodass ein Kreuz entsteht.

8 ÄHREN (*PAIN D'ÉPI*)

Die Klinge um 30 Grad geneigt ansetzen und das Baguette in der Mitte über die gesamte Länge einschneiden. Nun das Baguette mit einer Küchenschere im 45-Grad-Winkel alle 10 cm etwa zwei Drittel tief einschneiden. Die Abschnitte abwechselnd zur einen und zur anderen Seite legen. Nach dem Backen achtgeben, das *pain d'épi* ist sehr empfindlich.

BACKEN

Schon gewusst?

KURZ UND KNAPP ERKLÄRT

Letzte Phase der Fermentation (die Hefen sterben bei 50 °C ab). Garprozess, bei dem der fermentierte Teig durch Einwirkung der Ofenhitze in Brot umgewandelt wird.

WANN IST DAS BROT FERTIG?

Wenn die Kruste knusprig ist und leicht glänzt und die Krume weich und luftig ist.

OFENTEMPERATUR

Kleine Laibe: Schnelles Garen bei konstant hoher Temperatur, damit die Krume weich und saftig bleibt. Große Laibe: Den Ofen auf hohe Temperatur vorheizen, die Hitze beim Einschieben dann reduzieren. Gegen Ende des Backvorgangs die Ofentür 5–10 Minuten öffnen, damit die Krume trocknen kann, ohne dass die Kruste verbrennt.

BEDAMPFEN (SCHWADEN)

Befeuchten des Ofenraums beim Einschießen (Einschieben) des Brotes. Während der Vorheizphase eine mit Wasser gefüllte hitzebeständige Schale in den Ofen stellen. Zum Zeitpunkt des Einschießens mit einer Sprühflasche den Boden des Ofens benetzen, um möglichst viel Dampf zu erzeugen.

ANMERKUNG

Einige Brote, zum Beispiel Roggenbrote, schmecken besser, wenn sie einen Tag liegen.

WARUM VERGRÖSSERT SICH DAS VOLUMEN DES BROTES AB 100 °C NICHT MEHR?

Bei dieser Temperatur verkleistert die im Mehl enthaltene Stärke und verdickt den Teig, das Klebergerüst verfestigt sich, die Volumenbildung kommt zum Erliegen.

WOZU DIENT DAS BEDAMPFEN DES OFENS?

Verzögerung der Krustenbildung, damit der Teig genügend Zeit hat, die Volumenbildung abzuschließen.
Bildung einer dünneren, glänzenden Kruste.
Begünstigt die Rissbildung des Ausbunds.

WAS PASSIERT, WENN NICHT AUSREICHEND BEDAMPFT WIRD?

Es bilden sich unkontrolliert zusätzliche Risslinien, da die Krustenbildung zu schnell verläuft. Die Kruste wird dick und glanzlos.

WAS PASSIERT, WENN ZU VIEL BEDAMPFT WIRD?

Die Risslinien bleiben verschlossen. Die Kruste bleibt glatt und glänzend, wird nicht knusprig und entwickelt eine gummiartige Beschaffenheit.

KANN MAN DAS BROT BEREITS ESSEN, WENN ES NOCH WARM IST?

Das noch warme Brot verströmt einen kräftigen Duft, hat aber wenig Geschmack. Außerdem ist es weniger bekömmlich, da noch nicht sämtliche Gase entwichen sind.

Brot backen

1

2

DIE BACKPHASEN

Volumenbildung: Unter Einwirkung großer Hitze dehnen sich die im Teig eingeschlossenen Gase aus und geben dem Brot seine endgültige Größe. Ausbildung der Kruste und Krume. Wasser und Gärgase verdampfen (Vorteil eines Ausbunds, der das Verdampfen begünstigt). Sobald das Brot eine Temperatur von 100 °C erreicht hat, geht es nicht weiter auf. Die Kruste verfestigt sich. Das Karamellisieren des Zuckers verleiht der Kruste Farbe und dem Brot Geschmack und Aroma (Maillard-Reaktion, Seite 285).

DIE PHASEN NACH DEM BACKEN

ABKÜHLEN & TROCKNEN

Funktion: Während der Abkühlphase verdunsten bzw. entweichen in der Krume überschüssiger Wasserdampf, Kohlendioxid und Alkohol. Der Feuchtigkeitsgehalt der Krume reduziert sich auf das Niveau der Umgebungsluft, sie wird trockener. Fixierung der Aromen. Bedingungen und Dauer: auf einem Gitter bis zum vollständigen Erkalten – von 30 Minuten bei Brötchen und kleinen Broten bis zu mehreren Stunden bei großen Broten.

ALTBACKEN WERDEN

Kurz und knapp erklärt: Alterungsprozess des Gebäcks, bei dem die Kruste allmählich fester wird und ihre Knusprigkeit nachlässt; die Krume wird hingegen weicher. Dieser Prozess beginnt bereits mit dem Ende der Abkühlphase. Dauer: Bei Baguettes und Brötchen vollzieht sich dieser Prozess relativ schnell. Bei großen Broten beschleunigt sich das Altbackenwerden mit der Zeit.

BACKRESULTAT

1 FEHLERHAFTES BROT

Teigige, feuchte und klebrige Krume. Matte, glanzlose und wenig knusprige Kruste.

2 MUSTERGÜLTIGES BROT

Goldbraun karamellisierte, knusprige Kruste (Maillard-Reaktion, Seite 285). Fester Boden, nur leicht feuchte Krume.

HELLER TEIG
(BAGUETTETEIG)

Schon gewusst?

WEIZENMEHL T65
(Type 550 oder 812)

FRISCHE BACKHEFE

WASSER

KURZ UND KNAPP ERKLÄRT

Klassischer französischer Baguetteteig aus Weizenmehl T65 (Type 550 oder 812), Wasser, frischer Hefe und Salz, der nur eine relativ kurze Gärphase erfordert.

DAUER DER ZUBEREITUNG

Teigbereitung: 20 Minuten
Gare (Gehzeit): 30 Minuten

ARBEITSMATERIAL

Küchenmaschine mit Flachrührer und Knethaken (optional)
Thermometer

KLASSISCHE VERWENDUNG
Baguette

SCHWIERIGKEIT
Die Temperatur des Teiges muss konstant gehalten werden.

TECHNIK
Mischen & Kneten (Seite 32)

GESCHAFFT
Sobald sich die Zutaten zu einem homogenen, glatten Kloß verbunden haben und die Teigtemperatur zwischen 23 und 24 °C liegt.

HALTBARKEIT
Mit Frischhaltefolie bedeckt im Kühlschrank bis zu 24 Stunden.

WAS SIND DIE VORZÜGE DIESES HEFETEIGS?

Er ist relativ geschmacksneutral und lässt sich anschließend durch Zugabe weiterer Zutaten (Käse, Speck, Trockenfrüchte u.v.m.) gezielt aromatisieren. Durch den Einsatz von Backhefe ist die Gehphase zudem recht kurz, daher entwickelt die Krume eine sehr luftige, lockere Porung.

ABWANDLUNG: GEREIFTER TEIG
Gleicher Teig, den man jedoch nach der Zubereitung 24 Stunden ruhen lässt. Dabei entwickelt er ohne Rückgriff auf Sauerteig zusätzlich Aroma. Diese Variante wird vor allem für mit verschiedenen Zutaten (Speck, Käse etc.) angereicherte Stangenbrote (Ficelles) zum Aperitif verwendet.

Schritt für Schritt

ERGIBT 800 G TEIG

500 g Weizenmehl T65 (Type 550 oder 812)
300 g Wasser
9 g Salz
10 g frische Backhefe

1 Mehl, Wasser, Salz und die zerkrümelte Hefe in die Schüssel der Küchenmaschine geben.

2 Die Zutaten mit dem Flachrührer 4 Minuten auf Geschwindigkeitsstufe 1 mischen (Seite 32).

3 Den Flachrührer durch den Knethaken ersetzen und den Teig bei mittlerer Geschwindigkeit 6 Minuten kneten. Er sollte sich mit der Zeit vom Schüsselrand lösen. (Zum Mischen und Kneten des Teiges von Hand siehe Seite 30.)

4 Mit einem Thermometer die Temperatur des Teiges prüfen, sie sollte zwischen 23 und 24 °C liegen.

5 Den Teig auf der bemehlten Arbeitsfläche unter einem Tuch 30 Minuten gehen lassen (Seite 36).

BAGUETTETEIG
TRADITIONELLER MACHART

Schon gewusst?

WEIZENMEHL T65 »TRADITION«
(ohne Zusätze; Type 550 oder 812)

FLÜSSIGSAUERTEIG

WASSER

KURZ UND KNAPP ERKLÄRT

Traditioneller Baguetteteig aus einem Flüssigsauerteig und dem klassischen Baguettemehl T65 »Tradition«, das frei von jeglichen Zusätzen ist.

DAUER DER ZUBEREITUNG

Teigbereitung: 30 Minuten
Gare (Gehzeit): 1 Stunde

ARBEITSMATERIAL

Küchenmaschine mit Flachrührer und Knethaken (optional)
Thermometer

KLASSISCHE VERWENDUNG
Baguette traditioneller Machart

SCHWIERIGKEITEN
Die Teigtemperatur muss konstant gehalten werden.
Der Teig darf nicht zu lange und intensiv geknetet werden.

TECHNIKEN
Mischen & Kneten (Seite 32)
Falten (Seite 37)

GESCHAFFT
Sobald sich die Zutaten zu einem homogenen, glatten und unelastischen Kloß verbunden haben und die Temperatur des Teiges zwischen 23 und 24 °C liegt.

HALTBARKEIT
Mit Frischhaltefolie bedeckt im Kühlschrank bis zu 24 Stunden.

WAS IST WEIZENMEHL T65 »TRADITION«?

Dieses traditionelle französische Baguettemehl enthält keine Zusätze, die gemeinhin dazu dienen, den Teig homogener zu machen. Darum entwickelt der Teig eine »wilde« (unregelmäßige) Porung und mehr Geschmack.

WAS BEWIRKT DER SAUERTEIG?

Wie Hefe dient Sauerteig als Triebmittel zur Volumenbildung. Außerdem trägt er zur Entwicklung von Aromen und einer säuerlichen Note bei, die dem traditionellen Baguette den charakteristischen Geschmack verleihen; er sorgt für eine kräftige rustikale Kruste.

WAS IST DER UNTERSCHIED ZUM STANDARD-BAGUETTETEIG?

Für traditionellen Baguetteteig wird ein Mehl verwendet, das frei von Zusätzen ist, dazu erfordert er oft mehr Wasser. Die Misch- und Knetphase ist kürzer, die Gärphase länger.

WARUM IST DAS FALTEN DES TEIGES NOTWENDIG?

Im Verlauf der Gärphase bauen Bakterien den Zucker im Mehl ab, dabei entstehen Gärgase, die in dem während der Knetphase entstandenen Klebergerüst eingeschlossen bleiben; der Teig geht auf und entwickelt Volumen. Nach einer Weile lässt die Aktivität der Bakterien nach, das Klebergerüst entspannt sich. Die Gasbildung geht zurück, der Teig kann die Gase weniger gut zurückhalten, in der Folge gibt er nach. Durch Falten des Teiges lassen sich die Hefen reaktivieren und die Kleberstränge straffen, der Teig gewinnt wieder an Triebkraft und Stabilität. Das Falten ist nötig, da das T65 »Tradition« mehr komplexe Zucker enthält als das Standardmehl und die Hefen und Bakterien zunächst den Einfachzucker abbauen. Durch Reaktivierung der Gärung gewinnen sie die nötige Zeit, auch die komplexen Kohlenhydrate umzuwandeln.

Schritt für Schritt

ERGIBT 900 G BAGUETTETEIG TRADITIONELLER MACHART

500 g Weizenmehl T65 »Tradition« (ohne Zusätze; Type 550 oder 812)
345 g Wasser
50 g Flüssigsauerteig
10 g Salz
5 g frische Backhefe

1 Mehl, Wasser, Flüssigsauerteig, Salz und die zerkrümelte Hefe in der Küchenmaschine mit dem Flachrührer 4 Minuten auf Geschwindigkeitsstufe 1 mischen (Seite 32).

2 Den Flachrührer durch den Knethaken ersetzen und den Teig auf mittlerer Stufe 6 Minuten kneten. Er sollte sich mit der Zeit vom Schüsselrand lösen. (Zum Mischen und Kneten von Hand siehe Seite 30.)

3 Mit einem Thermometer die Temperatur des Teiges prüfen; sie sollte zwischen 23 und 24 °C liegen.

4 Den Teig auf der bemehlten Arbeitsfläche unter einem Tuch 30 Minuten gehen lassen (Seite 36).

5 Den Teig zusammenfalten (Seite 37) und auf der bemehlten Arbeitsfläche unter einem Tuch weitere 30 Minuten gehen lassen.

PIZZATEIG

Schon gewusst?

WEIZENMEHL T65
(Type 550 oder 812)

KALTES WASSER

OLIVENÖL

FRISCHE BACKHEFE

KURZ UND KNAPP ERKLÄRT
Mit Olivenöl angereicherter Hefeteig aus Weizenmehl.

DAUER DER ZUBEREITUNG
Teigbereitung: 20 Minuten
Gare (Gehzeit): 2½–3 Stunden
(30 Minuten Stockgare, 30 Minuten Teigruhe, 1½–2 Stunden Stückgare)

ARBEITSMATERIAL
Küchenmaschine mit Flachrührer und Knethaken (optional)
Teigabstecher
Wellholz

KLASSISCHE VERWENDUNG
Pizza

WEITERE VERWENDUNG
Fougasse

ABWANDLUNG
Focaccia

GESCHAFFT
Sobald der Teig glatt und homogen ist und seine Temperatur zwischen 23 und 24 °C liegt.

HALTBARKEIT
Mit Frischhaltefolie bedeckt 24 Stunden.

WORIN LIEGT DER UNTERSCHIED ZU EINEM KLASSISCHEN HEFETEIG FÜR BAGUETTE?

Bei diesem Pizzateig wird in der letzten Phase des Knetens Öl eingearbeitet, das Einfluss auf die Art und Entwicklung des Klebergerüsts hat.
Es schlägt sich in einer feineren Porung nieder, die Krume entwickelt einen besonders zarten Biss.

SCHWIERIGKEIT
Der Teig muss elastisch sein, damit er sich dünn ausrollen lässt.

TECHNIKEN
Mischen & Kneten (Seite 32)
Vorformen (Rundwirken, Seite 38)

TIPP
Dem Teig beim Ausrollen immer wieder kurze Phasen der Entspannung gönnen, so lässt er sich leichter und dünner ausrollen, ohne zu reißen.

Schritt für Schritt

ERGIBT 2 BLECHE VON 40 × 30 CM

TEIG

500 g Weizenmehl T65 (Type 550 oder 812)
300 g kaltes Wasser
10 g Salz
15 g frische Backhefe
100 g Olivenöl

1 Mehl, Wasser, Salz und die zerkrümelte Hefe in der Küchenmaschine mit dem Flachrührer 5 Minuten auf Geschwindigkeitsstufe 1 mischen. Anschließend den Flachrührer durch den Knethaken ersetzen und den Teig auf mittlerer Stufe weitere 6 Minuten kneten – er sollte sich mit der Zeit vom Schüsselrand lösen (Seite 32). (Zum Mischen und Kneten von Hand siehe Seite 30.)

2 Nach und nach auf Stufe 1 das Olivenöl einarbeiten.

3 Die Schüssel mit Frischhaltefolie bedecken und den Teig bei Raumtemperatur 30 Minuten gehen lassen (Stockgare).

4 Den Teig in zwei Hälften teilen, rundwirken (Seite 38) und unter einem Tuch 30 Minuten ruhen lassen.

5 Arbeitsfläche und Teiglinge mit Mehl bestauben und mit dem Wellholz gleichmäßig ausrollen; dabei in zwei Richtungen arbeiten (von oben nach unten und von links nach rechts).

6 Die Pizzaböden an einem warmen Ort unter einem Tuch noch einmal 1½–2 Stunden gehen lassen (Stückgare).

WIENER BAGUETTETEIG

Schon gewusst?

BUTTER

ZUCKER

MILCH

WEIZENMEHL T65
(Type 550 oder 812)

FRISCHE BACKHEFE

KURZ UND KNAPP ERKLÄRT

Leicht gesüßter Hefeteig mit Milch und Butter.

DAUER DER ZUBEREITUNG

Teigbereitung: 25 Minuten
Teigruhe: 5 Stunden im Kühlschrank

ARBEITSMATERIAL

Küchenmaschine mit Flachrührer und Knethaken (optional)
Thermometer

KLASSISCHE VERWENDUNG

Süßes Baguette (Wiener Baguette)

WEITERE VERWENDUNGEN

Wiener Baguette mit Schokolade
Müslibrötchen (Seite 144)

GESCHAFFT

Sobald der Teig glatt und homogen ist.

HALTBARKEIT

Mit Frischhaltefolie bedeckt im Kühlschrank 24 Stunden.

WAS IST DAS CHARAKTERISTISCHE AM WIENER BAGUETTETEIG?

Im Vergleich zu Brioche oder einem Milchbrot enthält dieser gesüßte Teig weniger Butter und Zucker und keine Eier. Darum fällt die Krume etwas trockener und weniger luftig aus.

SCHWIERIGKEIT

Die Butter darf beim Verarbeiten nicht zu weich werden, sonst wird die Konsistenz des Teiges beeinträchtigt.

TECHNIK

Mischen & Kneten (Seite 32)

Schritt für Schritt

ERGIBT 450 G WIENER BAGUETTETEIG

250 g Weizenmehl T65 (Type 550 oder 812)
150 g Milch
5 g Salz
20 g Zucker
5 g frische Backhefe
40 g raumtemperierte Butter

1 Mehl, Milch, Salz, Zucker und die zerkrümelte Hefe in die Schüssel der Küchenmaschine geben.

2 Die Zutaten mit dem Flachrührer 4 Minuten auf Geschwindigkeitsstufe 1 mischen. Dann den Flachrührer durch den Knethaken ersetzen und den Teig auf mittlerer Stufe 6 Minuten kneten (Seite 32), bis er sich vom Schüsselrand löst. (Zum Mischen und Kneten von Hand siehe Seite 30.)

3 Die gewürfelte Butter hinzufügen und auf Stufe 1 unter den Teig kneten, bis sie vollständig eingearbeitet ist.

4 Den Teig in Frischhaltefolie wickeln und 5 Stunden im Kühlschrank ruhen lassen.

PLUNDERTEIG (HEFE-BLÄTTERTEIG)

Schon gewusst?

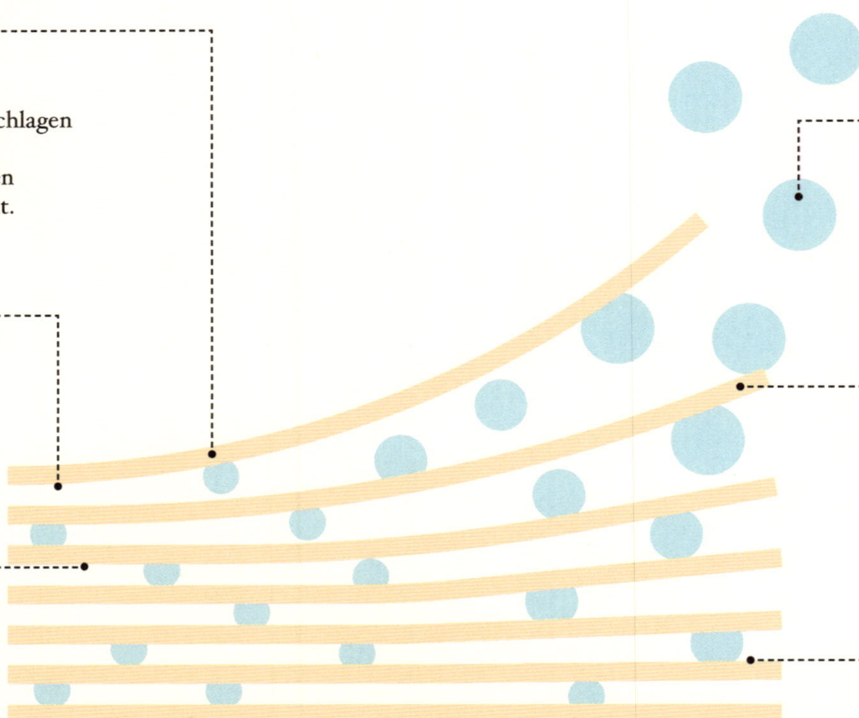

KURZ UND KNAPP ERKLÄRT

Hefeteig, in den Butter eingeschlagen wird, bevor man ihn mehrere Male faltet, sodass beim Backen eine blättrige Struktur entsteht.

DAUER DER ZUBEREITUNG

Teigbereitung: 45 Minuten
Teigruhe: 2½ Stunden im Kühlschrank

ARBEITSMATERIAL

Küchenmaschine mit Flachrührer und Knethaken (optional)
Wellholz

KLASSISCHE VERWENDUNG

Croissants

WEITERE VERWENDUNGEN

Schoko-Croissants (*pains au chocolat*)
Rosinenschnecken (*pains aux raisins*)
Mit Schokolade und Vanillecreme gefüllte Teigtaschen (*pains Suisses*)
Mandelcroissants (*croissants aux amandes*)

TIPPS

Verwenden Sie ein besonders glutenreiches Mehl wie das französische *farine de gruau*, das den Teig besser aufgehen lässt. Außerdem sollte die Butter von bester Qualität sein, damit die blättrige Struktur gut zur Geltung kommt.

GESCHAFFT

Wenn sich die verschiedenen Schichten aus Grundteig und eingearbeiteter Butter deutlich abzeichnen.

HALTBARKEIT

Mit Frischhaltefolie bedeckt im Kühlschrank 24 Stunden.

WIE ENTSTEHT DIE BLÄTTRIGE STRUKTUR DES PLUNDERTEIGS?

Es handelt sich um einen Grundteig, in den Butter derart eingezogen wird, dass viele Schichten entstehen. Dabei wirkt die Butter wie eine Versiegelung, die die Schichten undurchlässig macht. Während des Backens schmilzt nun die Butter, der entweichende Wasserdampf trennt die Schichten und hebt sie an. So entsteht die typische blättrig-luftige Struktur des Gebäcks.

WORIN BESTEHT DER UNTERSCHIED ZUM KLASSISCHEN BLÄTTERTEIG?

Dieser Blätterteig enthält Backhefe, die dem fertig geformten Teigling in der letzten Phase vor dem Backen noch einmal Volumen verleiht. Außerdem ist die Anzahl der Touren geringer als bei einem klassischen Blätterteig und folglich auch die Zahl der Blattschichten. Zudem führt die andere Zusammensetzung des Grundteigs dazu, dass Gebäck aus Hefe-Blätterteig etwas feuchter ist und daher noch zarteren Schmelz entwickelt als traditioneller Blätterteig.

SCHWIERIGKEITEN

Kunstgerechtes Falten und Ausrollen des Teiges, sodass die Teig- und Butterschichten sichtbar getrennt bleiben und sich nicht mischen. Andernfalls stellt sich der blättrige Effekt beim Backen nicht ein.

TECHNIKEN

Mischen & Kneten (Seite 32)
Rundwirken (Seite 42)
Tourieren (Seite 283)

Plunderteig zubereiten

1

2

ERGIBT 370 G PLUNDERTEIG

1 GRUNDTEIG

110 g Weizenmehl T65 (Type 550 oder 812)
110 g glutenreiches Weizenmehl T45 (*farine de gruau* oder anderes glutenreiches Weizenmehl)
105 g Milch
30 g Zucker
4 g Salz
7 g frische Backhefe

2 ZUM EINSCHICHTEN

120 g Butter

Schritt für Schritt

1

2

3

4

5

6

7

8

1 Mit dem Grundteig beginnen. Die beiden Mehlsorten, Milch, Zucker, Salz und die zerkrümelte Hefe in der Küchenmaschine mit dem Flachrührer 5 Minuten auf Geschwindigkeitsstufe 1 mischen. Anschließend den Flachrührer durch den Knethaken ersetzen und den Teig weitere 5 Minuten auf mittlerer Stufe kneten (Seite 32). (Zum Mischen und Kneten von Hand siehe Seite 30.)

2 Den Teig zu einer sehr straffen Kugel formen (Seite 42).

3 Den Teig in Frischhaltefolie wickeln und 1 Stunde im Kühlschrank ruhen lassen.

4 Mit einem Wellholz sanft auf die Butter schlagen, damit sie etwas weicher und formbar wird. Anschließend 1 cm dünn zu einem Quadrat von 8 cm Kantenlänge ausrollen.

5 Den Teig zu einem Rechteck ausrollen, das genauso breit und doppelt so lang (16 cm) wie das Butterquadrat ist. Die Butter in die Mitte platzieren.

6 Die Teigenden so über die Butter schlagen, dass sie bündig liegen. Das Teigpaket um eine Vierteldrehung (90 Grad) drehen.

7 Dem Teig eine einfache Tour geben: Den Teig mit der Naht in der Mitte als Vertikale zu einem 24 cm langen Rechteck ausrollen.

8 Das Rechteck gedanklich dritteln und das obere und untere Drittel so zur Mitte falten, dass sie übereinanderliegen (wie bei einem Brief). In Frischhaltefolie wickeln und 30 Minuten in den Kühlschrank legen. Die Schritte 7 und 8 zweimal wiederholen – ergibt drei einfache Touren.

BRIOCHETEIG

Schon gewusst?

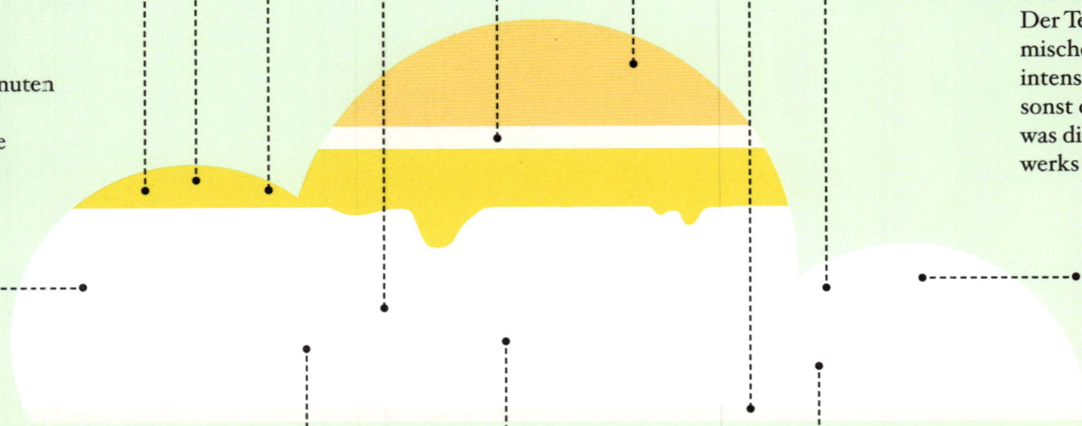

BUTTER

ZUCKER

EIER

GLUTENREICHES WEIZENMEHL T45 (Type 405)

FRISCHE BACKHEFE

KURZ UND KNAPP ERKLÄRT

Ein mit Eiern und Butter angereicherter Hefeteig, der eine besonders gehaltvolle und luftige Krume entwickelt.

DAUER DER ZUBEREITUNG

Teigbereitung: 40 Minuten
Gare (Gehzeit):
30 Minuten Stockgare
Teigruhe: über Nacht im Kühlschrank

ARBEITSMATERIAL

Küchenmaschine mit Flachrührer und Knethaken (optional)
Thermometer

KLASSISCHE VERWENDUNG

Brioches
Napfkuchen
Panettone

SCHWIERIGKEIT

Der Teig darf nach dem Untermischen der Butter nicht zu intensiv bearbeitet werden, sonst droht diese zu schmelzen, was die Konsistenz des Backwerks beeinträchtigen würde.

TECHNIKEN

Mischen & Kneten (Seite 32)
Falten (Seite 37)

GESCHAFFT

Wenn die Teigkugel homogen, glatt und gut durchgekühlt ist.

HALTBARKEIT

Mit Frischhaltefolie bedeckt im Kühlschrank 24 Stunden.

WARUM WIRD DIE BUTTER ERST IN DER LETZTEN PHASE DES KNETENS EINGEARBEITET?

Die Butter umhüllt die Glutenproteine und hemmt die Entwicklung des Klebergerüsts. Ein gut entwickeltes Klebergerüst ist jedoch die Voraussetzung für eine luftig-lockere und zarte Krume. Während der ersten beiden Phasen des Mischens und Knetens ohne Butter bildet sich das Klebergerüst, die anschließende Zugabe der Butter sorgt für den zarten Schmelz des Backwerks.

WARUM WIRD DIE BUTTER RAUMTEMPERIERT VERARBEITET?

Im nicht zu festen Zustand lässt sich die Butter leichter in den Teig einarbeiten. Ihre Temperatur und Konsistenz haben Einfluss auf die Beschaffenheit der Krume der Brioche. Raumtemperierte Butter liefert eine zarte, saftige Krume, ist die Butter zu kalt oder zu warm, wird sie trocken.

WARUM BESONDERS GLUTENREICHES MEHL VERWENDEN?

*Das besonders glutenreiche Mehl (*farine de gruau*) forciert die Ausbildung des Klebergerüsts, das die in der Gehphase entstehenden Gärgase einschließt und so für eine lockere Porung sorgt.*

WARUM ERFOLGT DAS ERSTE GEHEN UNTER KALTEN BEDINGUNGEN?

Kälte verlangsamt den Gehprozess und unterbindet eine zu starke Volumenbildung des Teiges, die die ausreichende Entwicklung des Klebergerüsts hemmen würde.

Schritt für Schritt

ERGIBT 580 G BRIOCHETEIG

250 g glutenreiches Weizenmehl T45 (*farine de gruau*; Type 405)
3 Eier
35 g Zucker
5 g Salz
8 g frische Backhefe
125 g raumtemperierte Butter

1 Sämtliche Zutaten zuvor über Nacht in den Kühlschrank stellen. Mehl, Eier, Zucker, Salz und die zerkrümelte Hefe in die Küchenmaschine geben und mit dem Flachrührer 4 Minuten auf Geschwindigkeitsstufe 1 mischen (Seite 32).

2 Den Flachrührer durch den Knethaken ersetzen und den Teig auf mittlerer Stufe 6 Minuten kneten, bis er sich vom Schüsselrand löst. (Zum Mischen und Kneten von Hand siehe Seite 30.)

3 Die gewürfelte Butter dazugeben und auf Stufe 1 unter den Teig kneten, bis sie vollständig eingearbeitet ist.

4 Den Teig in eine Schüssel legen.

5 Mit einem Tuch bedecken und 30 Minuten gehen lassen.

6 Den Teig falten (Seite 37).

7 Den Teig wieder in die Schüssel legen, direkt auf der Oberfläche mit Frischhaltefolie bedecken (Seite 285) und über Nacht in den Kühlschrank stellen.

UMGEKEHRTER BLÄTTERTEIG

Schon gewusst?

KURZ UND KNAPP ERKLÄRT

Variante des Blätterteigs, bei dem ein Grundteig in eine Mischung aus Mehl und Butter (*beurre manié*) eingeschlagen und ähnlich wie Blätterteig gefaltet wird, sodass sich beim Backen eine blättrige Struktur ergibt.

WEITERE VERWENDUNGEN

Apfeltaschen
Schweinsohren

DAUER DER ZUBEREITUNG

Teigbereitung: 45 Minuten
Teigruhe: 12 Stunden im Kühlschrank

GESCHAFFT

Wenn sich die Schichten aus Grundteig und Mehlbutter deutlich abzeichnen.

ARBEITSMATERIAL

Küchenmaschine mit Flachrührer
Wellholz

KLASSISCHE VERWENDUNGEN

Millefeuille
Dreikönigskuchen (*galette des rois*)
Tartes und Tartelettes

HALTBARKEIT

Zur unmittelbaren Weiterverarbeitung

WORIN BESTEHEN DIE UNTERSCHIEDE ZU EINEM KLASSISCHEN BLÄTTERTEIG?

Geschmack: Die in den Teig eingearbeitete Butter wird mit Mehl versetzt, das beim Backen für zusätzlichen Geschmack sorgt (wie eine Mehlschwitze).
Methode: Hier wird der Grundteig zunächst in die Butter eingeschlagen, während es beim herkömmlichen Blätterteig genau umgekehrt erfolgt – die Butter wird in den Grundteig eingezogen.
Buttermenge: Sie ist anderthalb Mal größer als bei klassischem Blätterteig.

SCHWIERIGKEIT

Der Teig darf nicht zu kräftig ausgerollt werden, sonst vermischen sich die Schichten.

TECHNIKEN

Mischen & Kneten (Seite 32)
Tourieren (einfache & doppelte Tour; Seite 283)
Beurre pommade herstellen (Seite 284)

TIPP

Beim Ausrollen des Teiges stets vom Körper weg arbeiten, dann geht es leichter und die Schichten geraten gleichmäßiger.

Umgekehrten Blätterteig zubereiten

1

2

ERGIBT 600 G BLÄTTERTEIG

1 MEHLBUTTER (BEURRE MANIÉ)

200 g weiche Butter, gewürfelt
80 g Weizenmehl T65 (Type 550 oder 812)

2 GRUNDTEIG

180 g Weizenmehl T65 (Type 550 oder 812)
60 g *beurre pommade* (Seite 284)
8 g Salz
80 g kaltes Wasser
2 g Weißweinessig

Schritt für Schritt

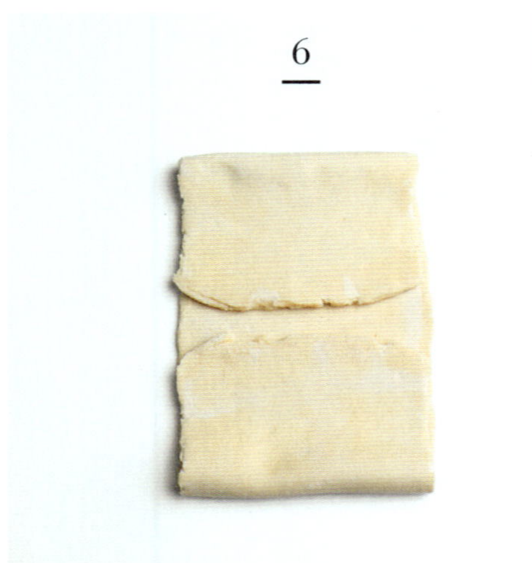

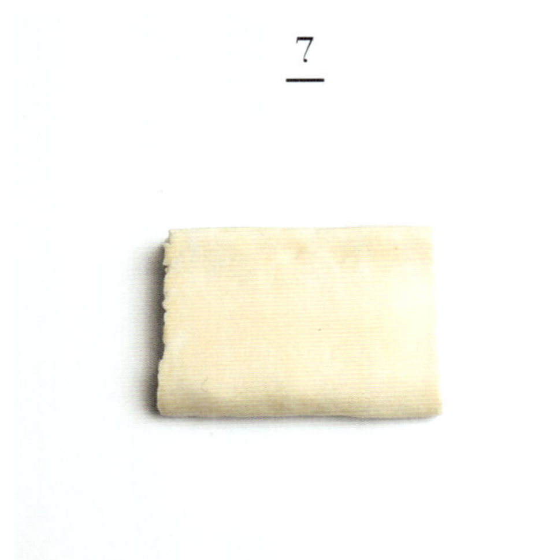

1 Die Mehlbutter vorbereiten: Butter und Mehl in der Küchenmaschine mit dem Flachrührer 5 Minuten verrühren. Anschließend die Masse auf der bemehlten Arbeitsfläche zu einem Rechteck von 20 × 30 cm ausrollen. In Frischhaltefolie einschlagen und 2 Stunden kalt stellen.

2 Für den Grundteig Mehl, *beurre pommade*, Salz, Wasser und Essig in der Küchenmaschine mit dem Flachrührer 7 Minuten auf Geschwindigkeitsstufe 1 vermengen. Den Teig anschließend auf der bemehlten Arbeitsfläche zu einem Rechteck von 15 × 20 cm ausrollen. In Frischhaltefolie einschlagen und 2 Stunden kalt stellen.

3 Den Grundteig in die Mitte der Mehlbutter platzieren und diese so darüberfalten, dass der Teig vollständig eingeschlossen ist.

4 Das Teigpaket zu einem Rechteck ausrollen, das dreimal so lang wie breit ist (60 × 20 cm). Dies ist eine einfache Tour.

5 Das obere und untere Teigdrittel übereinanderfalten. Den Teig in Frischhaltefolie wickeln und 2 Stunden kalt stellen.

6 Den Teig mit der Naht als Vertikale auf die Arbeitsfläche legen und eine doppelte Tour geben (Seite 283). Den Teig erneut zu einem Rechteck von 60 × 20 cm ausrollen und das obere und untere Viertel zur Mitte falten.

7 Den Teig in der Mitte noch einmal zusammenfalten, in Frischhaltefolie wickeln und weitere 2 Stunden kalt stellen.

8 Den Teig wieder so auf die Arbeitsfläche legen, dass die Naht eine Vertikale bildet und erneut eine doppelte Tour geben (Seite 283): Den Teig zu einem Rechteck ausrollen, das dreimal so lang wie breit ist. Das obere und untere Viertel zur Mitte schlagen, den Teig in der Mitte zusammenfalten, in Frischhaltefolie wickeln und 2 Stunden kalt stellen.

9 Den Teig wieder mit der Naht als Vertikale auf die Arbeitsfläche legen und abschließend noch eine einfache Tour geben (Seite 283): Zu einem Rechteck ausrollen (60 × 20 cm), das obere und untere Drittel übereinanderfalten, in Frischhaltefolie wickeln und noch einmal 2 Stunden im Kühlschrank ruhen lassen.

BRANDTEIG
(BRANDMASSE)

Schon gewusst?

WEIZENMEHL T65
(Type 550 oder 812)

WASSER

BUTTER

ZUCKER

EIER

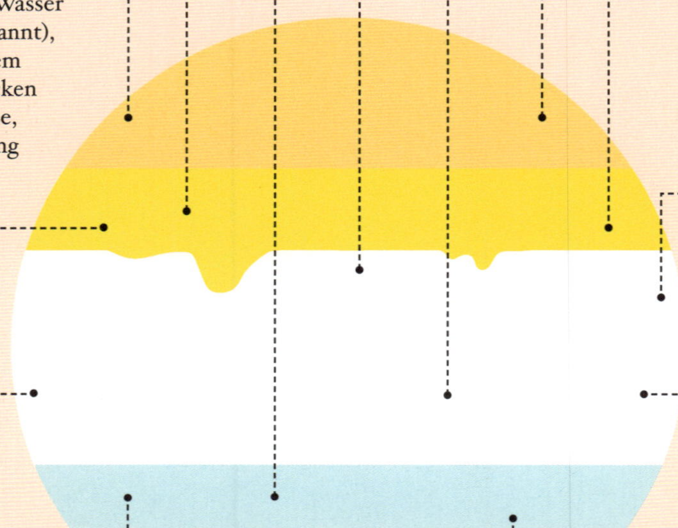

KURZ UND KNAPP ERKLÄRT

Masse aus Mehl, Butter und Flüssigkeit (Wasser oder Milch), die zunächst erhitzt (abgebrannt), dann mit Eiern angereichert und mit einem Spritzbeutel geformt wird; geht beim Backen auf. Fachlich korrekt heißt sie Brandmasse, eingebürgert hat sich aber die Bezeichnung Brandteig.

DAUER DER ZUBEREITUNG

Teigbereitung: 10 Minuten

ARBEITSMATERIAL

Küchenmaschine mit
Flachrührer (optional)
Fester Rührlöffel
Teigkarte

KLASSISCHE VERWENDUNG
Windbeutel

WEITERE VERWENDUNGEN
Chouquettes (Seite 276)
Éclairs
Religieuse
Paris-Brest
Saint-Honoré

ABWANDLUNGEN
Gougères
Pommes Dauphines
(Kartoffelkrapfen)
Gnocchi

GESCHAFFT
Der Teig ist einsatzbereit, wenn er ganz homogen ist und einen »Schnabel« zieht, wenn man das Rührwerkzeug herauszieht.

HALTBARKEIT
Brandteig sollte unmittelbar weiterverarbeitet werden.

WARUM GEHT BRANDTEIG BEIM BACKEN AUF?

Während des Backens bei 180 °C verdampft das im Teig enthaltene Wasser. Da der Teig infolge des Abbrennens jedoch von recht zäher Beschaffenheit ist, kann der Wasserdampf nicht entweichen und bläht das Gebäck auf.

WARUM FÄLLT DAS GEBÄCK ZUSAMMEN, WENN MAN DEN OFEN ZU FRÜH ÖFFNET?

Wenn die Ofentemperatur abrupt abfällt, kondensiert der Wasserdampf wieder zu Wasser, das weniger Volumen einnimmt, in der Folge sinkt das Gebäck wieder zusammen.

SCHWIERIGKEIT
Den Teig sorgfältig abzubrennen, ohne dass er verbrennt.

TECHNIK
Arbeiten mit der Teigkarte (Seite 282)

TIPP
Je sorgfältiger der Teig abgebrannt wird, desto besser gehen die Windbeutel beim Backen auf.

Schritt für Schritt

ERGIBT 700 G BRANDTEIG

165 g Milch
90 g Wasser
110 g Butter
2 g Zucker
2 g Salz
150 g Weizenmehl T65 (Type 550 oder 812)
4 Eier

1 In einem Topf Milch, Wasser, Butter, Zucker und Salz zum Kochen bringen.

2 Das Mehl in einem Schwung hineinschütten und mit einem festen Rührlöffel 1 Minute beständig rühren, bis sich die Masse vom Rand und Boden des Topfes löst. Diesen Vorgang nennt man »abbrennen«.

3 Die Masse in die Schüssel der Küchenmaschine geben und mit dem Flachrührer 1–2 Minuten auf Geschwindigkeitsstufe 1 durchrühren (oder von Hand mit einem Rührlöffel arbeiten).

4 Nach und nach unter ständigem Rühren die Eier einarbeiten.

5 Mit einer Teigkarte Schüsselrand und Rührwerkzeug säubern (Seite 282) und die Masse ein letztes Mal durchrühren, bis sie ganz homogen und glatt ist.

SANDTEIG (ZUCKERTEIG)

Schon gewusst?

KURZ UND KNAPP ERKLÄRT

Sandteig ist ein mürber gesüßter Auslegeteig.

DAUER DER ZUBEREITUNG

Teigbereitung: 15 Minuten

ARBEITSMATERIAL

Küchenmaschine mit Flachrührer und Knethaken (optional)

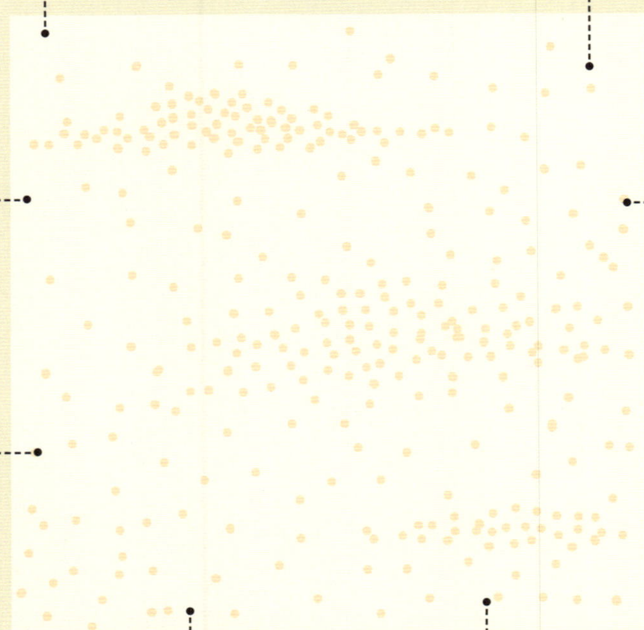

WEITERE VERWENDUNG

Sandgebäck

GESCHAFFT

Sobald der Teig glatt und homogen ist.

KLASSISCHE VERWENDUNGEN

Boden für Tartes, Tartelettes und andere süße Backwaren

HALTBARKEIT

Den Teig nach dem Kneten in Frischhaltefolie wickeln und bis zu 24 Stunden im Kühlschrank lagern.

WODURCH ERHÄLT DER TEIG SEINE MÜRBE UND KÖRNIG-BUTTRIGE BESCHAFFENHEIT?

Durch das kurze Mischen und Kneten werden die Zutaten nur grob miteinander verbunden, die Ausbildung des Klebergerüsts bleibt aus, wodurch der Teig keine Elastizität entwickelt. Außerdem löst sich der Zucker in dem Fett nicht vollständig auf, sodass ein gewisser Anteil an Zuckerkristallen verbleibt, die ihrerseits Einfluss auf die Konsistenz des Teiges haben.

SCHWIERIGKEIT

Der Teig darf nicht zu lange und intensiv bearbeitet werden, sonst schmilzt die Butter, und er wird weich und »speckig«.

TECHNIK

Mischen & Kneten (Seite 32)

TIPP

Zum Mischen ohne Küchenmaschine Mehl, Puderzucker, Salz und gemahlene Mandeln in einer Schüssel vermengen. Eine Mulde hineindrücken, die gewürfelte Butter und das Ei hineingeben und alles zügig vermischen (Seite 282). Den Teig anschließend mit dem Handballen rasch ein- oder zweimal durcharbeiten.

Schritt für Schritt

FÜR EINE FORM VON 24–26 CM DURCHMESSER

155 g Butter, gewürfelt
100 g Puderzucker
30 g gemahlene Mandeln
1 g Salz
260 g Weizenmehl T65 (Type 550 oder 812)
1 Ei

1 Die Butter in der Küchenmaschine mit dem Flachrührer 2 Minuten auf Geschwindigkeitsstufe 1 cremig rühren.

2 Puderzucker und gemahlene Mandeln in die Butter sieben und 2 Minuten auf Stufe 1 einarbeiten.

3 Das Salz und das gesiebte Mehl hinzufügen, den Flachrührer durch den Knethaken ersetzen und den Teig auf Stufe 1 kneten, bis er homogen ist.

4 Das Ei hineinschlagen und 5 Minuten auf Stufe 1 unter den Teig kneten.

5 Den Teig zu einem Rechteck formen, in Frischhaltefolie wickeln und bis zur Verwendung in den Kühlschrank legen.

KONDITORCREME
(CRÈME PÂTISSIÈRE)

Schon gewusst?

KURZ UND KNAPP ERKLÄRT
Warm zubereitete Grundcreme aus Milch, Vanille und Eigelben von dicker Konsistenz.

SCHWIERIGKEIT
Die Creme kann beim Garen leicht anbrennen.

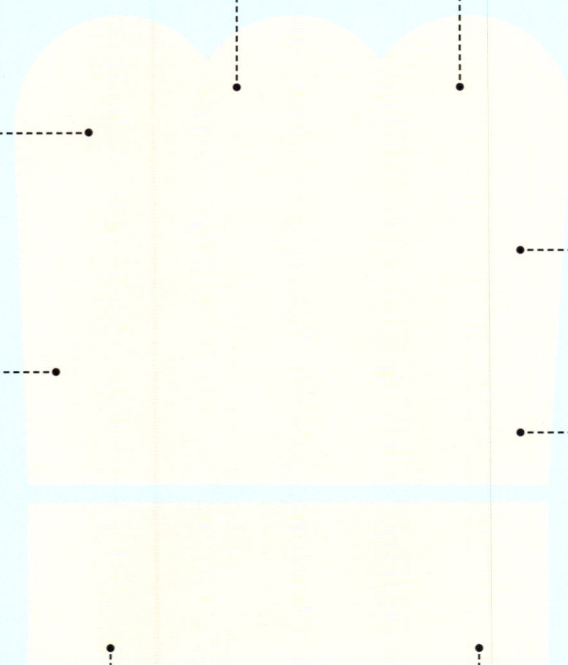

DAUER DER ZUBEREITUNG
Zubereitung: 20 Minuten
Kühlen: 1 Stunde

TECHNIK
Eigelbe und Zucker schaumig schlagen (Seite 284)

KLASSISCHE VERWENDUNGEN
Mit Vanillecreme und Schokolade gefüllte Teigtaschen (*pains Suisses*)
Rosinenschnecken (*pains aux raisins*)
Éclairs
Millefeuille

GESCHAFFT
Sobald die Creme so dick ist, dass sie sich beim Rühren nicht mehr selbstständig glättet und dicke Blasen an die Oberfläche steigen.

ABWANDLUNGEN
Crème Chiboust = Konditorcreme + Italienische Meringe
Crème diplomate = Konditorcreme + Schlagsahne + Gelatine
Frangipane = Konditorcreme + Mandelcreme
Crème Mousseline = Konditorcreme + Butter

HALTBARKEIT
Die Creme sollte am selben Tag weiterverarbeitet werden.

WIE WIRD AUS EINER FLÜSSIGEN MISCHUNG EINE DICKE CREME?

Die Maisstärke dient als Binde- und Verdickungsmittel. Die Stärke bindet das in Milch und Eiern enthaltene Wasser. Beim Erhitzen gerinnt das Ei, die Stärke verkleistert und setzt Amylose und Amylopektin frei, die das Eindicken der Creme bewirken. Dieser Vorgang setzt sich auch während der Ruhephase im Kühlschrank fort, die Stärkemoleküle bilden weitere Verbindungen, die Creme dickt weiter ein.

WARUM BILDET SICH BEIM ABKÜHLEN EINE HAUT AUF DER CREME?

Sie ist auf die Gerinnung des Eiweißes beim Erhitzen zurückzuführen (wie sie etwa auch beim Erhitzen von Milch entsteht) sowie auf die Austrocknung der Oberfläche.

WAS IST DER UNTERSCHIED ZWISCHEN EINER MIT MEHL UND EINER MIT STÄRKE GEBUNDENEN KONDITORCREME?

Tauscht man ein stärkehaltiges Bindemittel durch ein anderes aus, so hat dies Einfluss auf die Konsistenz der Creme. Sämtliche Stärkearten verfügen über unterschiedliche Eigenschaften. Eine mit Maisstärke gebundene Konditorcreme ist leichter als eine mit der gleichen Menge Mehl (Weizenstärke) zubereitete Creme.

Schritt für Schritt

ERGIBT 600 G KONDITORCREME

500 g Milch
100 g Zucker
½ Vanilleschote
45 g Maisstärke
2 Eier

1 Die Milch und die Hälfte des Zuckers in einen Topf geben.

2 Die Vanilleschote mit dem Rücken eines Messers flach streichen, längs aufschneiden und das Mark herauskratzen. Das Mark unter die Milch rühren, die Mischung behutsam zum Kochen bringen und vom Herd nehmen.

3 Die Maisstärke mit dem restlichen Zucker (50 g) vermengen. Die Eier dazugeben und die Masse aufschlagen, bis sie hellgelb ist und leicht schäumt.

4 Einen Teil der heißen Milch in den Eierschaum gießen und mit einem Schneebesen glatt rühren. Zurück in die restliche Milch gießen, verschlagen und wieder auf den Herd stellen. Die Mischung unter ständigem Schlagen zum Kochen bringen und anschließend noch 1 weitere Minute beständig schlagen.

5 Die Creme in ein hitzefestes, flaches Gefäß gießen und direkt auf der Oberfläche mit Frischhaltefolie bedecken, damit sich beim Abkühlen keine Haut bildet. Für mindestens 1 Stunde in den Kühlschrank stellen.

6 Die Konditorcreme vor der Verwendung noch einmal gut durchrühren, damit sie ganz glatt ist.

MANDELCREME

Schon gewusst?

KURZ UND KNAPP ERKLÄRT

Creme, die zu gleichen Anteilen aus gemahlenen Mandeln, Butter, Zucker und Eiern besteht.

DAUER DER ZUBEREITUNG

Zubereitung: 15 Minuten

ARBEITSMATERIAL

Schneebesen

KLASSISCHE VERWENDUNGEN

Schoko-Croissants (*pains au chocolat*) mit Mandeln
Mit Mandelcreme gefüllte Croissants (*croissants aux amandes*)
Dreikönigskuchen (*galette des rois*)
Tartes

ABWANDLUNGEN

Mandel-Pistazien-Creme
Haselnusscreme

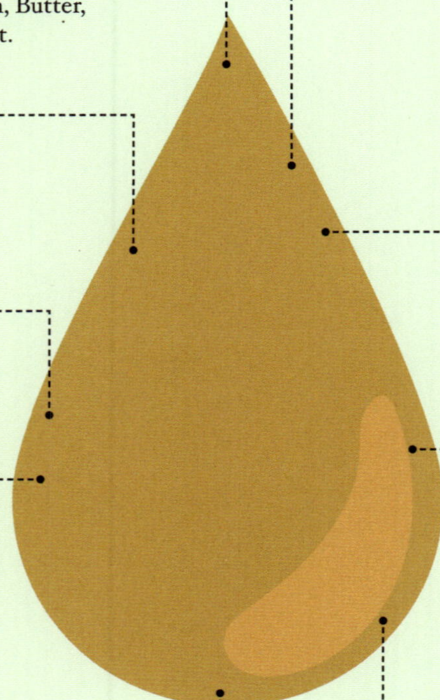

TECHNIK

Butter und Zucker cremig schlagen (Seite 284)

GESCHAFFT

Sobald die Creme homogen und ganz glatt ist.

HALTBARKEIT

Maximal 5 Tage im Kühlschrank.

VARIANTE

Frangipane: Mandelcreme vermischt mit einem Drittel Konditorcreme.

WARUM WERDEN BUTTER UND ZUCKER SCHAUMIG GESCHLAGEN?

Damit sich der Zucker in dem wenigen Wasser, das in der Butter enthalten ist, vollständig auflöst, sodass in der Mandelcreme keine körnigen Kristalle verbleiben.

WARUM QUILLT DIE CREME BEIM BACKEN AUF?

Beim Backen dehnen sich die beim Mischen der Zutaten eingearbeiteten Luftblasen auf und lassen die Creme aufquellen, sodass sie eine schaumige Beschaffenheit entwickelt.

Schritt für Schritt

ERGIBT 400 G MANDELCREME

100 g *beurre pommade* (Seite 284)
100 g Zucker
100 g gemahlene Mandeln
10 g Maisstärke (oder Mehl)
2 Eier

1 Die *beurre pommade* in einer Schüssel etwas verrühren, dann den Zucker hinzufügen und die Masse mit dem Schneebesen hellgelb und schaumig schlagen (Seite 284).

2 Die gemahlenen Mandeln und die Maistärke (oder das Mehl) unterrühren.

3 Die Eier dazugeben und die Masse verschlagen, bis sie homogen ist. Direkt auf der Oberfläche mit Frischhaltefolie bedecken, damit sich keine Haut bildet, und im Kühlschrank lagern.

APFELMUS

Schon gewusst?

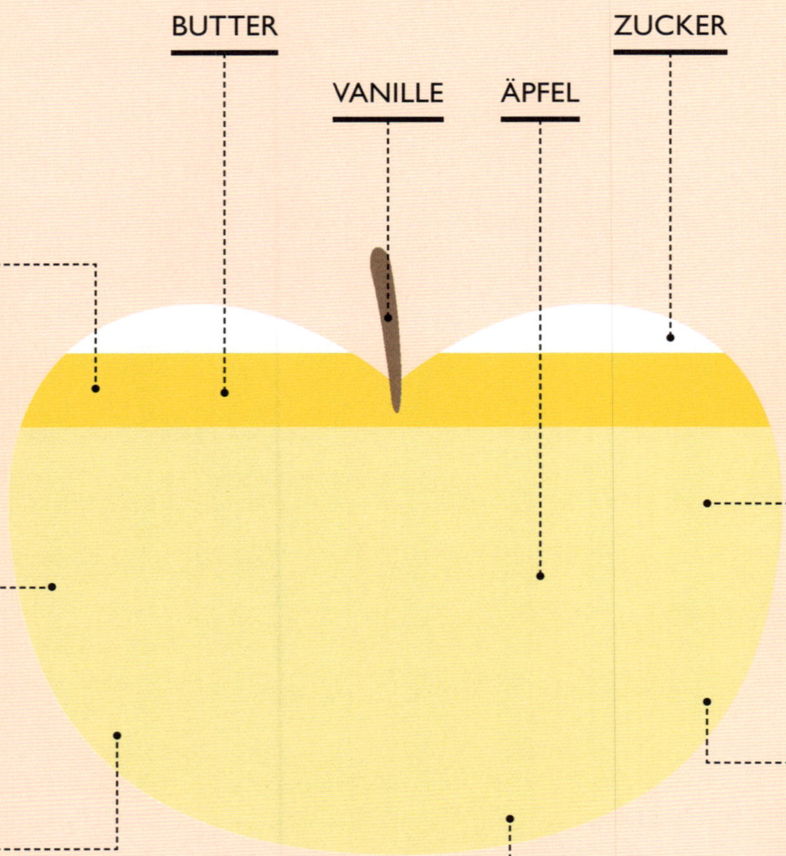

KURZ UND KNAPP ERKLÄRT

Zubereitung aus Äpfeln und Zucker, die nach dem Garen zerstampft oder püriert wird.

DAUER DER ZUBEREITUNG

Vorbereitung: 20 Minuten
Garzeit: 1 Stunde

ARBEITSMATERIAL

Kochtopf

KLASSISCHE VERWENDUNGEN

Apfeltaschen
Gitterapfelkuchen (*grillé aux pommes*)
Feine Apfeltarte

GESCHAFFT

Sobald die Äpfel zu einem Brei zerkocht sind.

HALTBARKEIT

Im Kühlschrank bis zu 3 Tage.

WELCHEN ZWECK ERFÜLLT DIE BUTTER?

Sie verleiht der Zubereitung zusätzliches Aroma und zarten Schmelz. Tatsächlich legt sich die geschmolzene Butter wie ein Film über den Gaumen und sorgt in dieser Weise für einen länger anhaltenden Geschmack im Mund als ein Apfelmus ohne Fett.

TIPP

Für ein vollständig glattes Püree dreht man das Apfelmus nach dem Garen durch ein Passiergerät (Flotte Lotte) und lässt die Einlage aus roh gewürfelten Äpfeln weg.

Schritt für Schritt

ERGIBT 1 KG APFELMUS

880 g Äpfel
50 g Zucker
70 g Butter
½ Vanilleschote

1 Die Äpfel schälen, entkernen und (bis auf 1 Apfel) in Spalten schneiden.

2 Apfelspalten, Zucker und Butter in einen Topf geben. Die Vanilleschote längs aufschneiden, das Mark herauskratzen und mitsamt der Schote hinzufügen. Alles zugedeckt bei mittlerer Temperatur 1 Stunde garen. Regelmäßig umrühren.

3 Das Apfelmus abkühlen lassen (die Vanilleschote entfernen), den verbliebenen rohen Apfel in kleine Würfel schneiden und unterrühren.

KAPITEL 2

DIE REZEPTE

BAGUETTE

Schon gewusst?

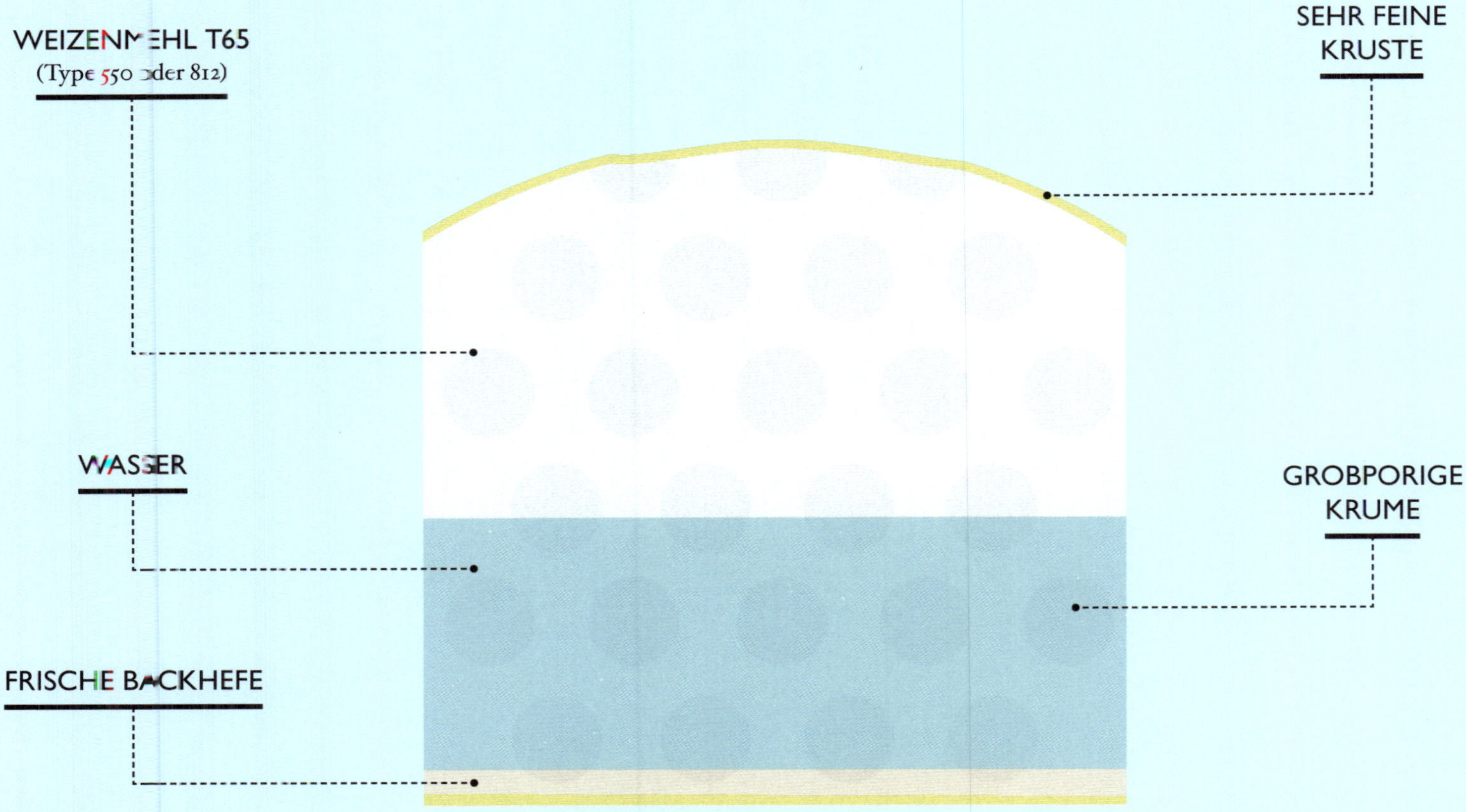

KURZ UND KNAPP ERKLÄRT

Stangenbrot aus einem hellen Baguetteteig.

MERKMALE

Gewicht: 250 g
Länge: 60 cm
Krume: grobe, gleichmäßige Porung
Kruste: sehr dünn
Geschmack: neutral

DAUER DER ZUBEREITUNG

Vorbereitung: 35 Minuten
Gare (Gehzeit): 2½ Stunden (30 Minuten Teigruhe, 2 Stunden Stückgare)
Backzeit: 20–25 Minuten

ARBEITSMATERIAL

Küchenmaschine mit Flachrührer und Knethaken (optional)
Teigabstecher
Bäckermesser

TECHNIKEN

Mischen & Kneten (Seite 32)
Baguette formen (Seite 43)
Einschneiden (Baguetteschnitt, Seite 50–51)

GESCHAFFT

Wenn die Kruste leicht gebräunt ist.

WODURCH WIRD DIE KRUME SO LEICHT UND LUFTIG?

Der hohe Anteil an Hefe lässt den Teig schnell aufgehen. So entsteht in kurzer Zeit (die Gehphase dauert lediglich 2 Stunden) eine sehr weiche, lockere Krume.

WIE ERKLÄRT SICH DIE DÜNNE KRUSTE?

Der Teig enthält relativ viel Wasser, sodass die Austrocknung der Oberfläche beim Backen verzögert einsetzt und nur wenig Zeit für die Ausbildung der Kruste verbleibt.

Baguette backen

ERGIBT 2 BAGUETTES

390 g Weizenmehl T65 (Type 550 oder 812)
240 g Wasser (20–25 °C)
7 g Salz
6 g frische Backhefe

Schritt für Schritt

1

2

3

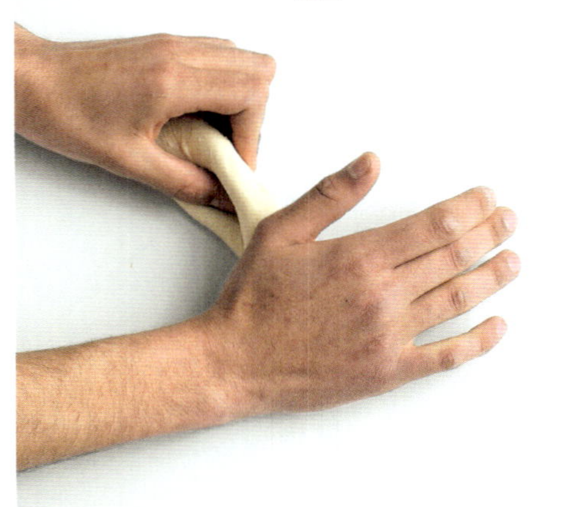

4

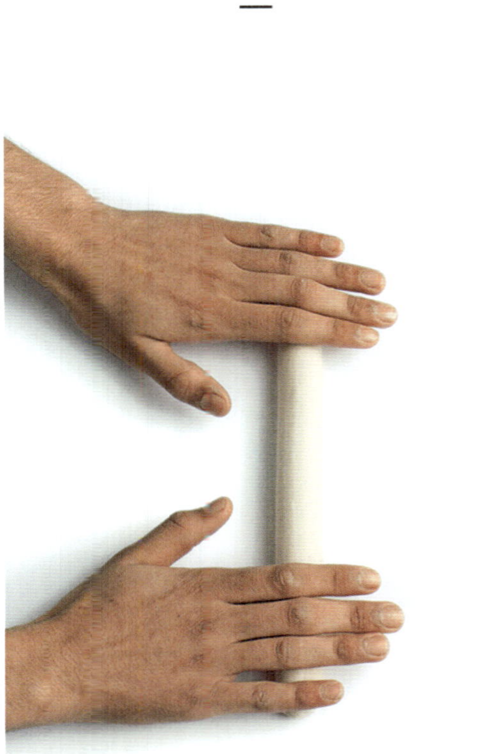

5

6

1 Mehl, Wasser, Salz und Hefe in der Küchenmaschine 4 Minuten auf Geschwindigkeitsstufe 1 mischen und anschließend 6 Minuten auf mittlerer Stufe kneten, bis sich der Teig vom Schüsselrand löst (Seite 32). (Zum Mischen und Kneten von Hand siehe Seite 30.)

2 Den Teig mit einem Teigabstecher in zwei Portionen zu je 320 g teilen (optional in drei gleich große Portionen, wenn die Baguettes kürzer werden sollen). Die Arbeitsfläche leicht mit Mehl bestauben. Die Teiglinge mit der glatten Seite nach unten legen und zu einem Rechteck abflachen. Mit einem Tuch bedecken und bei Raumtemperatur 30 Minuten ruhen lassen.

3 Die Teiglinge zu Baguettes formen (Seite 43): Das obere und untere Teigdrittel zur Mitte falten, sodass sie übereinanderliegen. Den linken Daumen am äußeren rechten Ende des Teiglings ansetzen und den Teig nach und nach über die gesamte Länge sanft eindrücken. Dabei mit der anderen Hand den oberen Rand umschlagen und die Naht verschließen. Den Teigling erneut abflachen und den Vorgang wiederholen. Den anderen Teigling in gleicher Weise formen.

4 Den ersten Teigling mit den Händen, in der Mitte beginnend, in die Länge rollen. Dabei immer von innen nach außen arbeiten. Dann den zweiten Teigling in die Länge rollen.

5 Die Baguettes mit dem Schluss nach unten auf ein Tuch legen und mit einem zweiten Tuch bedecken, damit die Teigoberfläche nicht austrocknet. Die Teiglinge 2 Stunden bei 25–28 °C gehen lassen. Der Teig ist ausreichend gegangen, wenn er auf leichten Fingerdruck vollständig zurückfedert.

6 Den Backofen mit einem Blech und einer Schale Wasser auf 260 °C vorheizen. Das Blech mit Pergamentpapier bedecken, die Baguettes darauf platzieren und mit einem Bäckermesser je dreimal einschneiden (Seite 50–51). Den Boden des Ofens mit Wasser besprühen, die Baguettes einschieben (die Wasserschale verbleibt im Ofen) und 20–25 Minuten backen.

BAGUETTE
NACH TRADITIONELLER ART

Schon gewusst?

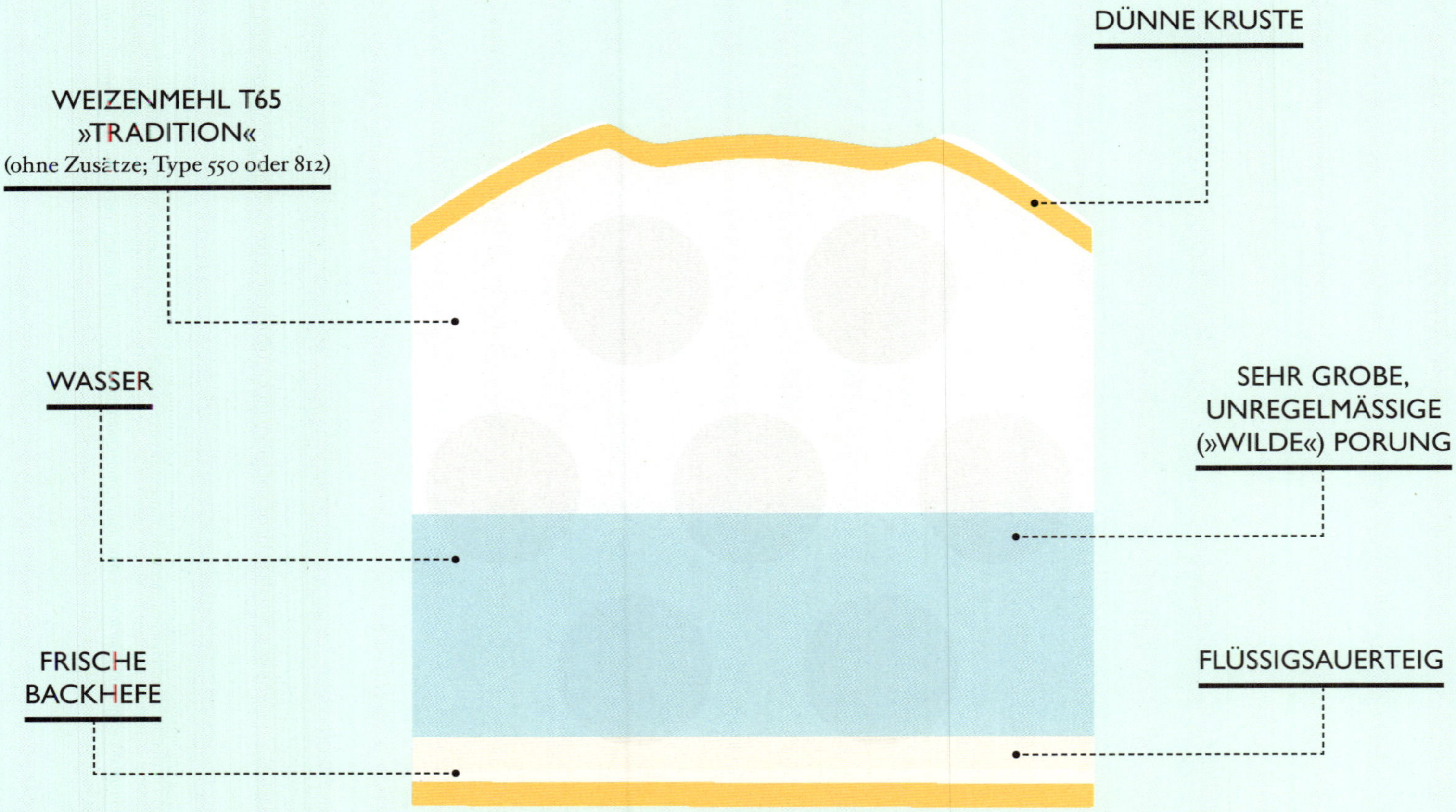

KURZ UND KNAPP ERKLÄRT

Teig aus Weizenmehl T65 »Tradition« (frei von Zusatzstoffen) und Sauerteig, mit langer Gärphase, in Baguetteform gebacken. »Baguette de tradition française« ist eine in der französischen Brotverordnung (*décret pain*) vom 13. September 1993 definierte Bezeichnung.

MERKMALE

Gewicht: 270 g
Länge: 45 cm
Krume: sehr grobe, unregelmäßige (»wilde«) Porung
Kruste: dünn
Geschmack: leicht säuerlich

DAUER DER ZUBEREITUNG

Vorbereitung: 15 Minuten
Gare (Gehzeit): 3½ Stunden
(1 Stunde Stockgare, 30 Minuten Teigruhe, 2 Stunden Stückgare)
Backzeit: 20–25 Minuten

ARBEITSMATERIAL

Küchenmaschine mit Flachrührer und Knethaken (optional)
Bäckermesser, Teigabstecher

TECHNIKEN

Mischen & Kneten (Seite 32)
Vorformen (Langwirken, Seite 38)
Baguette formen (Seite 43)
Einschneiden (Seite 50), Falten (Seite 37)

GESCHAFFT

Wenn die Kruste kräftig gebräunt und knusprig ist und das Brot hohl klingt, wenn man gegen den Boden klopft.

WODURCH ENTSTEHT DIE GROBE PORUNG DER KRUME?

Die in zwei Phasen verlaufende Gare (Stockgare und Stückgare) fördert eine gute Volumenbildung des Teiges. Darüber hinaus begünstigt auch der Sauerteig eine gröbere Porung als Hefe.

Baguette nach traditioneller Art backen

ERGIBT 4 BROTE

TEIG

700 g Weizenmehl T65 »Tradition«
(ohne Zusatzstoffe; Type 550 oder 812)
490 g raumtemperiertes Wasser
14 g Salz
70 g Flüssigsauerteig (Seite 20)
5 g frische Backhefe

ZUM BESTAUBEN

20 g Weizenmehl T65 »Tradition«
(ohne Zusätze; Type 550 oder 812)

Schritt für Schritt

1

2

3

4

5

1 In der Küchenmaschine Mehl, Wasser, Salz, Flüssigsauerteig und die zerkrümelte Hefe 4 Minuten auf Geschwindigkeitsstufe 1 mischen und anschließend 6 Minuten auf mittlerer Stufe kneten (Seite 32) – der Teig sollte sich vom Schüsselrand lösen. (Zum Mischen und Kneten von Hand siehe Seite 30.)

2 Den Teig auf der bemehlten Arbeitsfläche unter einem Tuch 30 Minuten gehen lassen. Den Teig falten (Seite 37) und zugedeckt auf der bemehlten Arbeitsfläche weitere 30 Minuten gehen lassen.

3 Den Teig mit einem Teigabstecher in vier Teiglinge zu je 330 g zerteilen. Die Teiglinge leicht länglich vorformen (Seite 38) und auf der bemehlten Arbeitsfläche unter einem Tuch 30 Minuten ruhen lassen.

4 Die Teiglinge zu Baguettes formen (Seite 43), mit dem Schluss nach unten auf ein Tuch legen und mit einem weiteren Tuch bedecken, damit die Oberfläche nicht austrocknet. An einem warmen Ort (25–28 °C) noch einmal 2 Stunden gehen lassen (Stückgare). Wenn der Teig auf leichten Druck mit dem Finger vollständig zurückfedert, sind die Baguettes backfertig.

5 Den Backofen mit einem Blech und einer Schale Wasser auf 260 °C vorheizen. Das Blech mit Pergamentpapier bedecken, die Baguettes mit dem Schluss nach unten darauf platzieren und durch ein Sieb mit dem Mehl bestauben (Seite 285). Mit einem Bäckermesser die Baguettes mit schräg angewinkelter Klinge (45 Grad) in einer einzigen Bewegung über die gesamte Längsachse einschneiden (Seite 50–51).

6 Den Boden des Ofens mit Wasser besprühen, die Baguettes einschieben (die Wasserschale verbleibt im Ofen) und 20–25 Minuten backen.

BAGUETTE MIT KÖRNERN
NACH TRADITIONELLER ART

Schon gewusst?

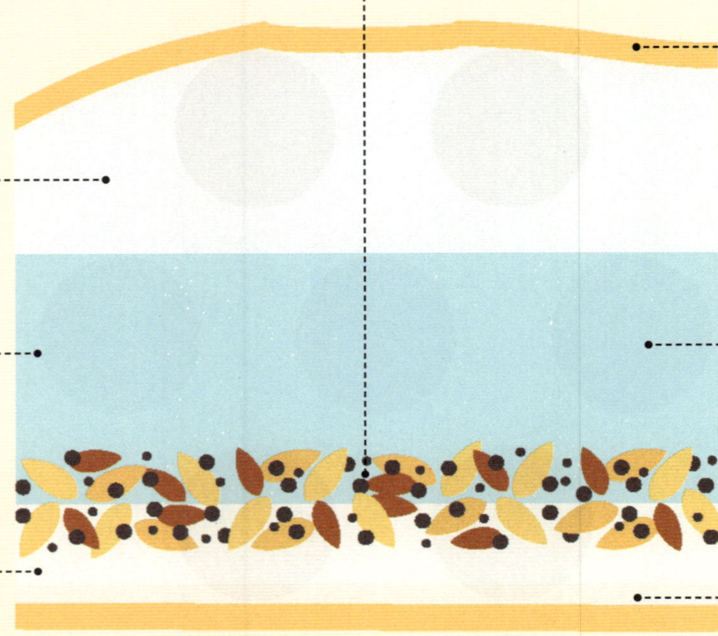

KURZ UND KNAPP ERKLÄRT

Traditioneller Baguetteteig, der mit gerösteten Körnern angereichert und in Form einer Getreideähre (*épi*) gebacken wird.

MERKMALE

Gewicht: 270 g
Länge: 45 cm
Krume: grobe, unregelmäßige (»wilde«) Porung
Kruste: dünn
Geschmack: leicht säuerlich

DAUER DER ZUBEREITUNG

Vorbereitung: 25 Minuten
Gare (Gehzeit): 3½ Stunden
(1 Stunde Stockgare, 30 Minuten Teigruhe, 2 Stunden Stückgare)
Backzeit: 20–25 Minuten

ARBEITSMATERIAL

Küchenmaschine mit Flachrührer und Knethaken (optional)
Bäckermesser

TECHNIKEN

Mischen & Kneten (Seite 32)
Falten (Seite 37)
Vorformen (Langwirken, Seite 38)
Baguette formen (Seite 43)
Einschneiden (Ähren, Seite 50–51)

TIPP

Der Teig ist ausreichend gegangen, wenn er auf leichten Druck mit dem Finger vollständig zurückfedert.

GESCHAFFT

Wenn das Baguette kräftig gebräunt ist.

Baguette mit Körnern backen

1

2

ERGIBT 2 BAGUETTES

1 TEIG

350 g Weizenmehl T65 »Tradition«
(ohne Zusätze; Type 550 oder 812)
245 g Wasser (20–25 °C)
5 g Salz
35 g Flüssigsauerteig
2 g frische Backhefe

2 KÖRNEREINLAGE

60 g gemischte Bio-Körner
(Leinsamen, Mohnsamen, Sesamsamen …)
60 g Wasser

Schritt für Schritt

1

2

3

4

6

7

TAG 1

1 Die Körner auf einem Blech im 180 °C heißen Ofen 10–15 Minuten rösten. Anschließend in einer Schüssel mit dem Wasser übergießen und über Nacht stehen lassen. Die Körner absorbieren das Wasser vollständig (falls nicht, kurz abtropfen lassen).

TAG 2

2 In der Küchenmaschine Mehl, Wasser, Salz, Flüssigsauerteig, die zerkrümelte Hefe und die eingeweichten Körner 4 Minuten auf Geschwindigkeitsstufe 1 mischen und anschließend 6 Minuten auf mittlerer Stufe kneten (Seite 32). Der Teig sollte sich am Ende vom Schüsselrand lösen. (Zum Mischen und Kneten von Hand siehe Seite 30.)

3 Den Teig aus der Schüssel nehmen und auf der bemehlten Arbeitsfläche unter einem Tuch 30 Minuten gehen lassen.

4 Den Teig falten (Seite 37) und auf der bemehlten Arbeitsfläche zugedeckt weitere 30 Minuten gehen lassen.

5 Den Teig in zwei Portionen teilen (optional in drei, wenn die Brote kürzer werden sollen), länglich vorformen (Langwirken; Seite 38) und bei Raumtemperatur 30 Minuten ruhen lassen. Anschließend zu Baguettes formen (Seite 43). (Ohne Abb.)

6 Die Baguettes mit dem Schluss nach unten auf einen Bogen Pergamentpapier legen, mit einem Tuch bedecken, damit sie nicht austrocknen, und bei 25–28 °C noch einmal 2 Stunden gehen lassen (Stückgare). Anschließend in »Ähren« schneiden (Seite 50–51).

7 Den Backofen mit einem Blech und einer Schale Wasser auf 260 °C vorheizen. Die Baguettes samt Pergamentpapier auf das heiße Blech ziehen. Den Boden des Ofens mit Wasser besprühen und die Baguettes 20–25 Minuten backen.

HAUSMACHERBROT
(PAIN MAISON)

Schon gewusst?

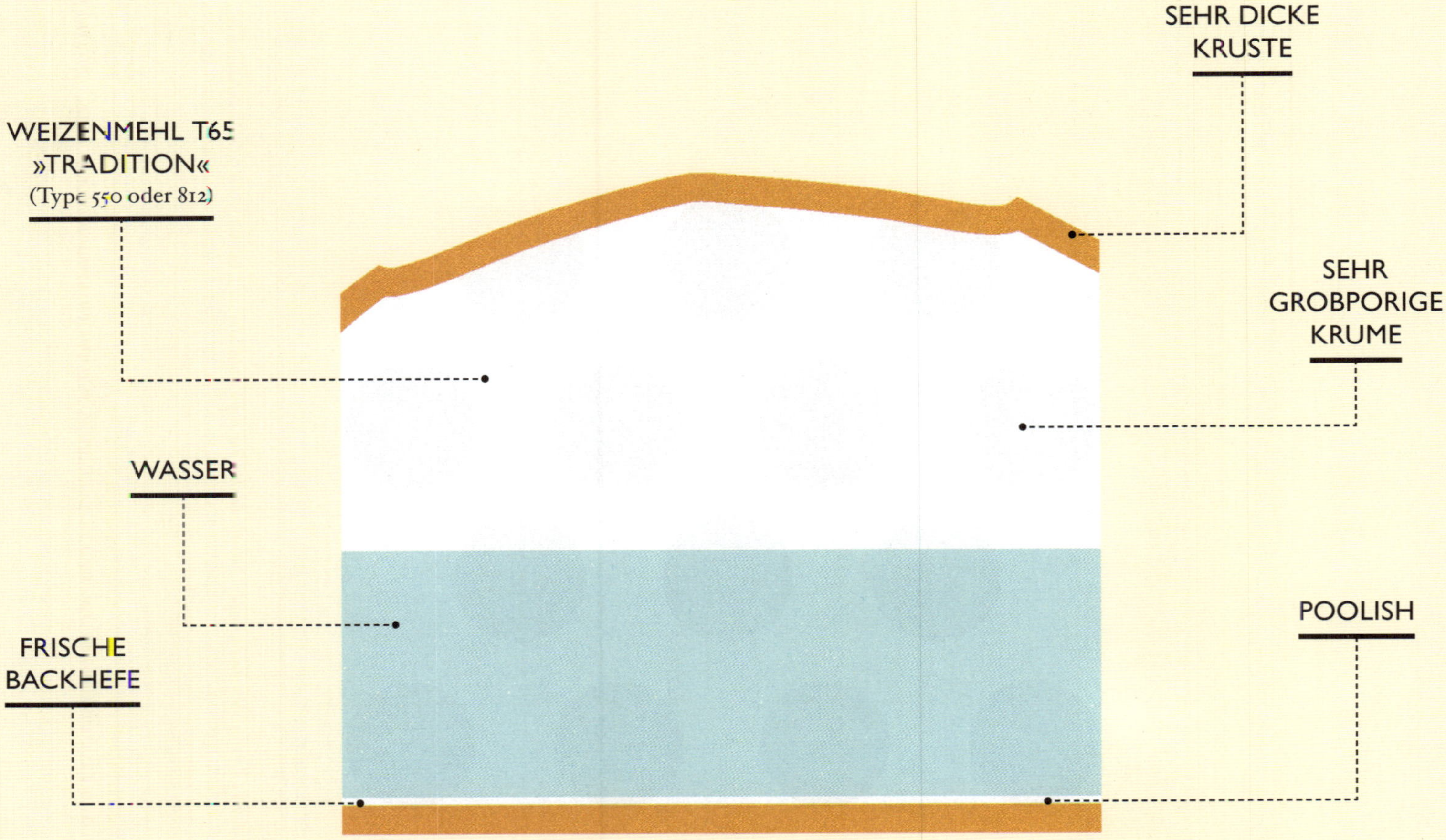

KURZ UND KNAPP ERKLÄRT

Traditioneller Brotteig auf Poolish-Basis, der zu kleinen länglichen Broten (Bâtards) geformt wird.

MERKMALE

Gewicht: 250 g
Länge: 20 cm
Krume: sehr grobe, unregelmäßige (»wilde«) Porung
Kruste: dick
Geschmack: mild und leicht säuerlich

DAUER DER ZUBEREITUNG

Vorbereitung: 40 Minuten
Gare (Gehzeit): etwa 18 Stunden (etwa 16 Stunden für den Poolish, 1 Stunde Stockgare, 45 Minuten Stückgare)
Backzeit: 20–25 Minuten

ARBEITSMATERIAL

Küchenmaschine mit Knethaken (optional)
Teigabstecher

SCHWIERIGKEIT

Einen Poolish herstellen.

TECHNIKEN

Mischen & Kneten (Seite 32)
Falten (Seite 37)

TIPP

Für die Herstellung des Poolish einen ausreichend großen Behälter verwenden, da er sein Volumen verdoppelt.

GESCHAFFT

Sobald das Brot kräftig gebräunt ist.

HALTBARKEIT

4–5 Tage

WOZU DIENT DER POOLISH?

Poolish ist ein einfach zu realisierendes Backtriebmittel, das als Ersatz für Sauerteig verwendet werden kann und dem Brot in größerem Maße als Hefe einen sehr charakteristischen Geschmack verleiht.

Hausmacherbrot backen

1

2

ERGIBT 4 BROTE

1 POOLISH

1 g frische Backhefe
175 g Wasser (20 °C)
175 g Weizenmehl T65 »Tradition« (ohne Zusätze; Type 550 oder 812)

2 TEIG

500 g Weizenmehl T65 »Tradition« (ohne Zusätze; Type 550 oder 812)
325 g Wasser (20–25 °C)
11 g Salz
1 g frische Backhefe

Schritt für Schritt

1

2

3

4

5

6

7

8

9

TAG 1

1 Einen Poolish herstellen (Seite 24). Dazu die zerkrümelte Hefe in dem Wasser auflösen. Das Mehl dazugeben und die Mischung glatt rühren.

2 Den Poolish mit Frischhaltefolie bedecken und bei Raumtemperatur etwa 16 Stunden ruhen lassen.

TAG 2

3 In der Küchenmaschine Mehl, Wasser, Salz, die zerkrümelte Hefe und den Poolish 10–15 Minuten auf Geschwindigkeitsstufe 1 verkneten (Seite 32). Der Teig sollte sich am Ende vom Schüsselrand lösen. (Zum Mischen und Kneten von Hand siehe Seite 30.)

4 Den Teig in eine Schüssel legen, mit Frischhaltefolie bedecken und 1 Stunde gehen lassen.

5 Während der einstündigen Gehphase den Teig nach 20 Minuten das erste Mal falten (Seite 37) und nach weiteren 20 Minuten ein zweites Mal.

6 Den Teig mit einem Teigabstecher in vier Portionen zu je 250 g teilen. Die Teiglinge durch Unterschlagen der Seiten grob zu Rechtecken formen.

7 Die Teiglinge mit dem Schluss nach unten auf ein gut bemehltes Tuch legen.

8 An einem warmen Ort (25–28 °C) noch einmal 45 Minuten gehen lassen (Stückgare).

9 Den Backofen mit einem Blech und einer Schale Wasser auf 260 °C vorheizen. Das Blech mit Pergamentpapier bedecken. Die Brote umdrehen, sodass der Schluss oben liegt, und auf das Blech platzieren. Den Boden des Ofens mit Wasser besprühen und die Brote 20–25 Minuten backen.

FRANZÖSISCHES LANDBROT (*PAIN DE CAMPAGNE*)

Schon gewusst?

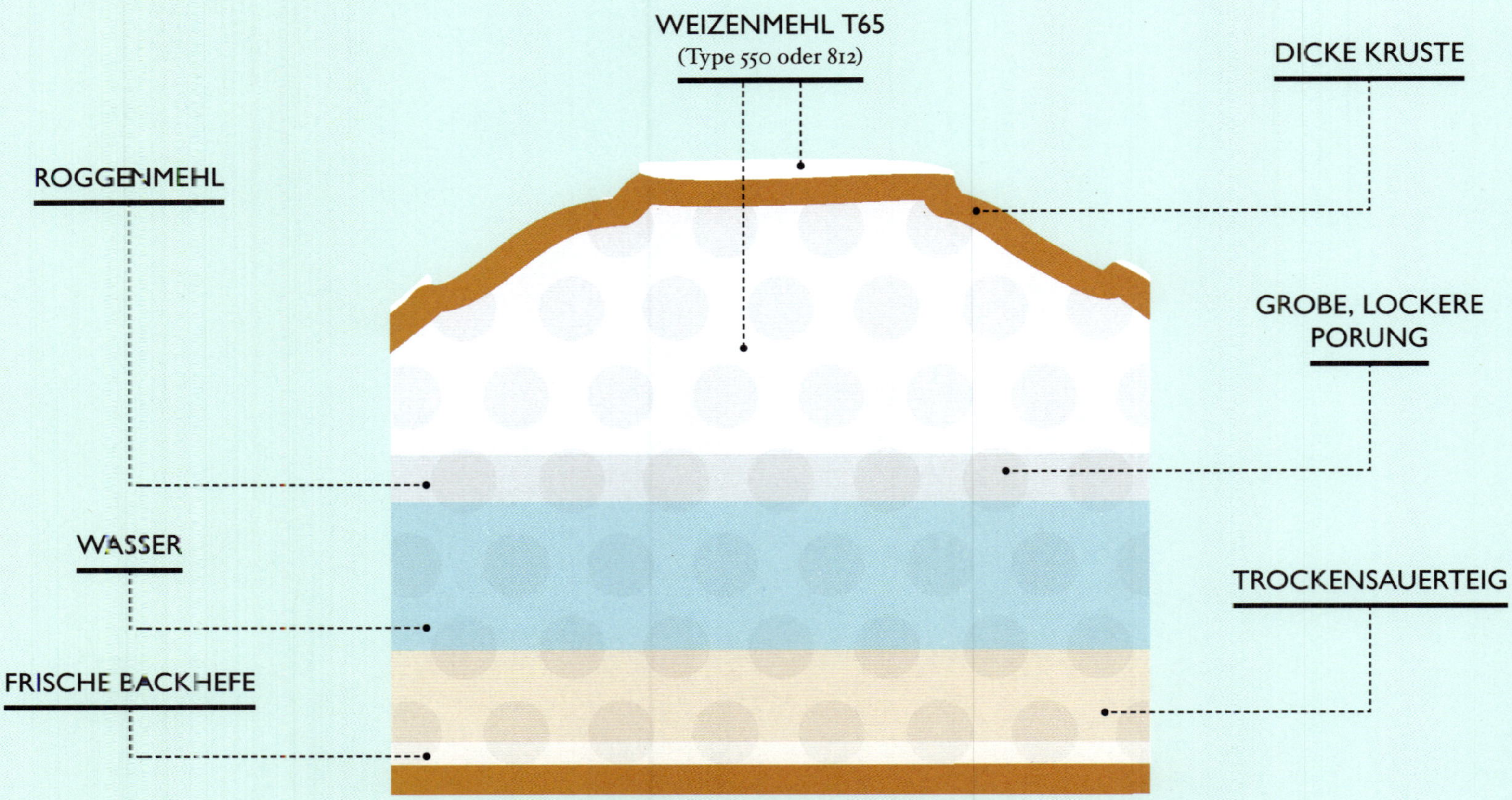

KURZ UND KNAPP ERKLÄRT

Mischbrot aus Weizenmehl, Roggenmehl und Trockensauerteig, in Bâtard-Form gebacken.

MERKMALE

Gewicht: 200 g
Länge: 20 cm
Krume: grobporig
Kruste: dick
Geschmack: vielschichtig und säuerlich

DAUER DER ZUBEREITUNG

Vorbereitung: 30 Minuten
Gare (Gehzeit): 3–3½ Stunden
(1 Stunde Stockgare, 30 Minuten Teigruhe, 1½–2 Stunden Stückgare)
Backzeit: 25–30 Minuten

ARBEITSMATERIAL

Küchenmaschine mit Flachrührer und Knethaken (optional)
Teigabstecher, Bäckermesser

TECHNIKEN

Mischen & Kneten (Seite 32)
Falten (Seite 37)
Bâtard formen (Seite 45)
Einschneiden (Rauten, Seite 50–51)

SCHWIERIGKEIT

Eine ausreichende Menge Zuguss (frz. ***bassinage***), damit der Teig geschmeidig wird, jedoch nicht so viel, dass er klebt.

GESCHAFFT

Wenn sich ein breiter Ausbund zwischen den Rauten gebildet hat, die Kruste goldbraun ist und das Brot hohl klingt, wenn man dagegen klopft.

HALTBARKEIT

Im Ganzen verpackt 5 Tage, nach dem Anbruch 2–3 Tage.

WIE KOMMT DIE LUFTIG-LOCKERE KRUME ZUSTANDE?

Der Teig enthält genügend Gluten für die Ausbildung des Klebergerüsts, das die Gärgase zurückhält und so die Volumenbildung fördert; die Krume wird besonders luftig, dazu entwickelt sie eine angenehme Roggennote.

Französisches Landbrot backen

1

2

ERGIBT 2 BROTE

1 TEIG

155 g Weizenmehl T65 (Type 550 oder 812)
60 g Roggenmehl T170 (Type 1740)
150 g Wasser
100 g Trockensauerteig (Seite 22)
6 g Salz
2 g frische Backhefe

2 ZUGUSS (FRZ. BASSINAGE)

30 g Wasser

Schritt für Schritt

1 In der Küchenmaschine die Mehle, Wasser, Sauerteig, Salz und die zerkrümelte Hefe 4 Minuten auf Geschwindigkeitsstufe 1 mischen und anschließend auf mittlere Stufe 6 Minuten kneten (Seite 32). Der Teig sollte sich am Ende vom Schüsselrand lösen. (Zum Mischen und Kneten von Hand siehe Seite 30.)

2 Gegen Ende der Knetphase das Wasser für den Zuguss dazugeben, um die Konsistenz des Teiges abzustimmen. So lange kneten, bis das Wasser vollständig eingearbeitet ist.

3 Den Teig auf der bemehlten Arbeitsfläche unter einem Tuch 1 Stunde gehen lassen, dabei nach 30 Minuten falten (Seite 37).

4 Den Teig mit einem Teigabstecher in zwei Portionen zu je etwa 250 g teilen, rundlich vorformen (Rundwirken, Seite 38) und mit einem Tuch bedeckt bei Raumtemperatur 30 Minuten ruhen lassen. Anschließend zu Bâtards formen (Seite 45).

5 Die Brote mit dem Schluss nach oben auf ein mit Pergamentpapier bedecktes Blech legen, mit einem Tuch bedecken, damit die Teigoberfläche nicht austrocknet, und an einem warmen Ort (25–28 °C) noch einmal 1½–2 Stunden gehen lassen. Wenn der Teig auf leichten Fingerdruck zurückfedert, ist er ausreichend gegangen.

6 Den Backofen mit einem Blech und einer Schale Wasser auf 260 °C vorheizen. Die Brote umdrehen und überschüssiges Mehl entfernen. Mit dem Schluss nach unten auf das vorgeheizte und mit Pergamentpapier bedeckte Blech platzieren und mit einem Bäckermesser schräg im 45-Grad-Winkel Rauten einschneiden (Seite 50–51). Den Boden des Ofens mit Wasser besprühen (die Wasserschale verbleibt im Ofen) und die Brote 25–30 Minuten backen.

BROT
WIE IN ALTEN ZEITEN

Schon gewusst?

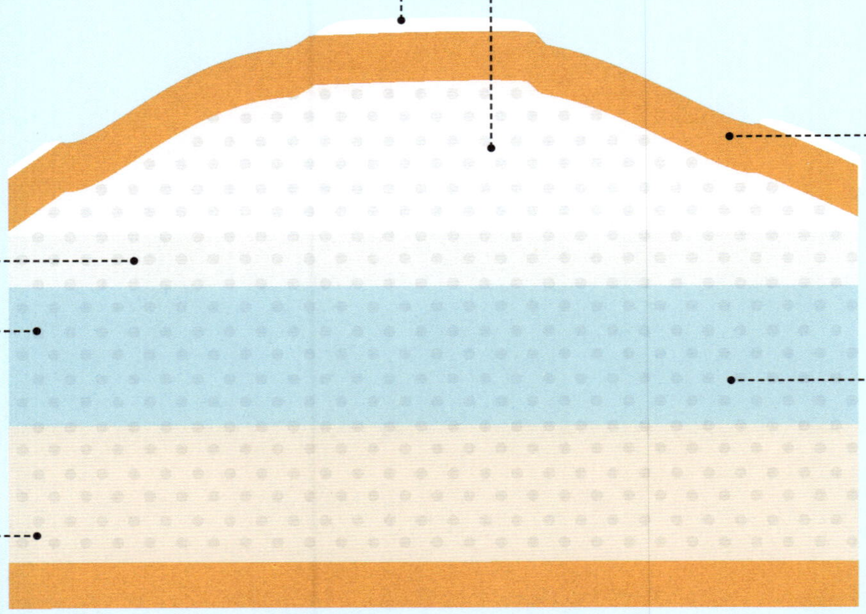

KURZ UND KNAPP ERKLÄRT

Großer, länglich geformter Laib aus Sauerteig und einer Mischung aus traditionellem (zusatzfreiem) Weizenmehl und Steinmühlenmehl (nach traditionellem Verfahren zwischen Mühlsteinen gemahlenes Mehl, das noch Kleie enthält).

MERKMALE

Gewicht: 500 g
Länge: Bâtard von 50–55 cm Länge
Krume: dicht
Kruste: sehr dick
Geschmack: säuerlich, charaktervoll

DAUER DER ZUBEREITUNG

Vorbereitung: 40 Minuten
Gare (Gehzeit): 4½ Stunden
(2 Stunden Stockgare, 30 Minuten Teigruhe, 2 Stunden Stückgare)
Backzeit: 40 Minuten

ARBEITSMATERIAL

Küchenmaschine mit Flachrührer und Knethaken (optional)
Bäckermesser

TECHNIKEN

Mischen & Kneten (Seite 32)
Falten (Seite 37)
Vorformen (Langwirken, Seite 38)
Bâtard formen (Seite 45)
Einschneiden (Rauten, Seite 50–51)

GESCHAFFT

Wenn das Brot kräftig gebräunt ist und hohl klingt, wenn man gegen den Boden klopft.

HALTBARKEIT

Luftdicht verpackt 4–5 Tage.

Schritt für Schritt

ERGIBT 1 BROT

TEIG

130 g Steinmühlenmehl T80 oder T110 (Type 812 oder 1050)
60 g Weizenmehl T65 »Tradition« (ohne Zusätze; Type 550 oder 812)
160 g Wasser
150 g Trockensauerteig (Seite 22)
6 g Salz

ZUM BESTAUBEN

20 g Weizenmehl T65 »Tradition« (ohne Zusätze; Type 550 oder 812)

1 Die Mehle, Wasser, Sauerteig und Salz in der Küchenmaschine 4 Minuten auf Geschwindigkeitsstufe 1 mischen und anschließend 6 Minuten auf mittlerer Stufe kneten (Seite 32). Der Teig sollte sich mit der Zeit vom Schüsselrand lösen. (Zum Mischen und Kneten von Hand siehe Seite 30.)

2 Den Teig in eine Schüssel legen, mit Frischhaltefolie bedecken und bei Raumtemperatur 1 Stunde gehen lassen.

3 Den Teig falten (Seite 37), wieder in die Schüssel legen und mit Folie bedeckt 1 weitere Stunde gehen lassen.

4 Den Teig länglich vorformen (Langwirken, Seite 38) und bei Raumtemperatur 30 Minuten ruhen lassen.

5 Den Teig zu einem langen Bâtard formen (Seite 45).

6 Das Brot mit dem Schluss nach unten auf einen Bogen Pergamentpapier platzieren, mit einem Tuch bedecken und noch einmal 2 Stunden bei 25–28 °C gehen lassen (Stückgare).

7 Den Backofen mit einem Blech und einer Schale Wasser auf 260 °C Umluft vorheizen. Das vorgeheizte Blech mit Pergamentpapier bedecken und das Brot mit dem Schluss nach unten darauf platzieren. Durch ein Sieb mit dem Mehl bestauben (Seite 285) und mit einem Bäckermesser Rauten einschneiden (Seite 50–51).

8 Den Boden des Ofens mit Wasser besprühen, das Brot einschieben (die Wasserschale verbleibt im Ofen) und 40 Minuten backen. Die Ofentür 5–10 Minuten vor Ende der Backzeit einen Spaltbreit öffnen.

STEINMÜHLENBROT
(*TOURTE DE MEULE*)

Schon gewusst?

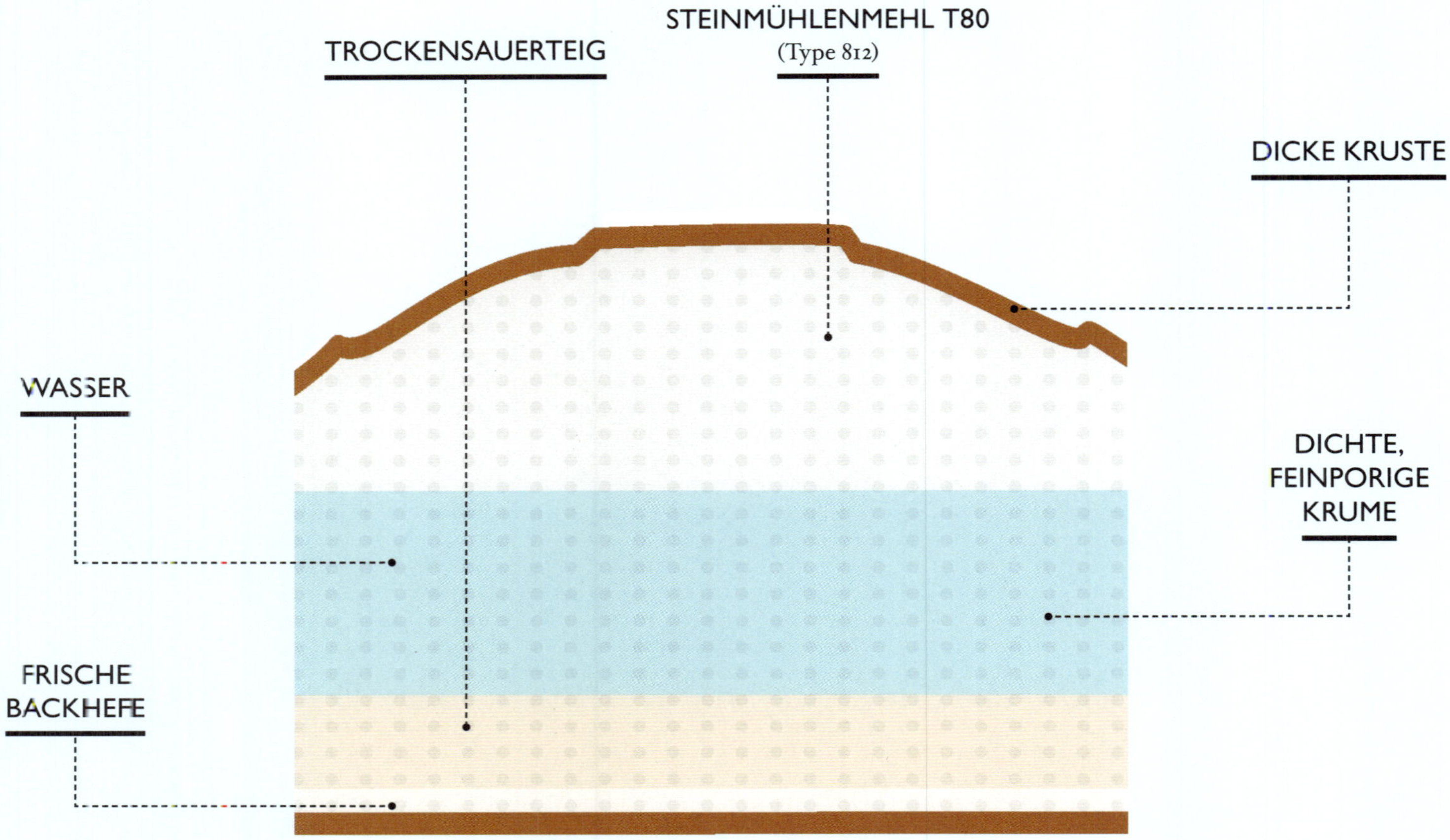

KURZ UND KNAPP ERKLÄRT

Rundlich geformtes französisches Landbrot aus Steinmühlenmehl (nach traditionellem Verfahren in der Steinmühle gemahlenes Mehl, das noch Kleie enthält).

MERKMALE

Gewicht: 550 g
Größe: 20 cm im Durchmesser
Krume: dicht
Kruste: dick
Geschmack: leicht säuerlich

DAUER DER ZUBEREITUNG

Vorbereitung: 30 Minuten
Gare (Gehzeit): 5–5½ Stunden (3 Stunden Stockgare, 2–2½ Stunden Stückgare)
Backzeit: 35–40 Minuten

ARBEITSMATERIAL

Küchenmaschine mit Flachrührer und Knethaken (optional)
Bäckermesser

TECHNIKEN

Mischen & Kneten (Seite 32)
Falten (Seite 37)
Rundwirken (Seite 42)
Einschneiden (Raute, Seite 50–51)

TIPP

Etwa 10 Minuten vor Ende der Backzeit die Ofentür einen Spaltbreit öffnen, damit die Kruste abtrocknet und knusprig wird.

GESCHAFFT

Wenn die Kruste von kräftiger goldbrauner Farbe ist.

HALTBARKEIT

Luftdicht verpackt 4–5 Tage.

Schritt für Schritt

ERGIBT 1 BROT

220 g Steinmühlenmehl T80 (Type 812)
110 g Trockensauerteig (Seite 22)
200 g Wasser (25 °C)
6 g Salz
4 g frische Backhefe

1 Steinmühlenmehl, Sauerteig, Wasser, Salz und die zerkrümelte Hefe in der Küchenmaschine 4 Minuten auf Geschwindigkeitsstufe 1 mischen und anschließend auf mittlerer Stufe 6 Minuten kneten (Seite 32). Der Teig sollte sich mit der Zeit vom Schüsselrand lösen. (Zum Mischen und Kneten von Hand siehe Seite 30.)

2 Den Teig in eine Schüssel legen, mit Frischhaltefolie bedecken und 1 Stunde an einem warmen Ort (25–28 °C) gehen lassen.

3 Den Teig ein erstes Mal falten (Seite 37) und 1 weitere Stunde gehen lassen.

4 Den Teig ein zweites Mal falten und erneut 1 Stunde gehen lassen.

5 Den Teig zu einem runden Laib formen (Rundwirken, Seite 42). Mit dem Schluss nach oben auf ein gut bemehltes Tuch platzieren, in eine Schüssel setzen und mit einem weiteren Tuch bedecken.

6 Den Teig bei 25–28 °C weitere 2–2½ Stunden gehen lassen (Stückgare).

7 Den Backofen mit einem Blech und einer Schale Wasser auf 260 °C vorheizen. Das Blech mit Pergamentpapier bedecken, das Brot mit dem Schluss nach unten darauflegen und eine große Raute einschneiden (Seite 50–51).

8 Den Boden des Ofens mit Wasser besprühen und das Brot 35–40 Minuten backen (die Wasserschale verbleibt im Ofen). Die letzten 5–10 Minuten die Ofentür einen Spaltbreit öffnen.

SONNENBLUMEN-KERNBROT

Schon gewusst?

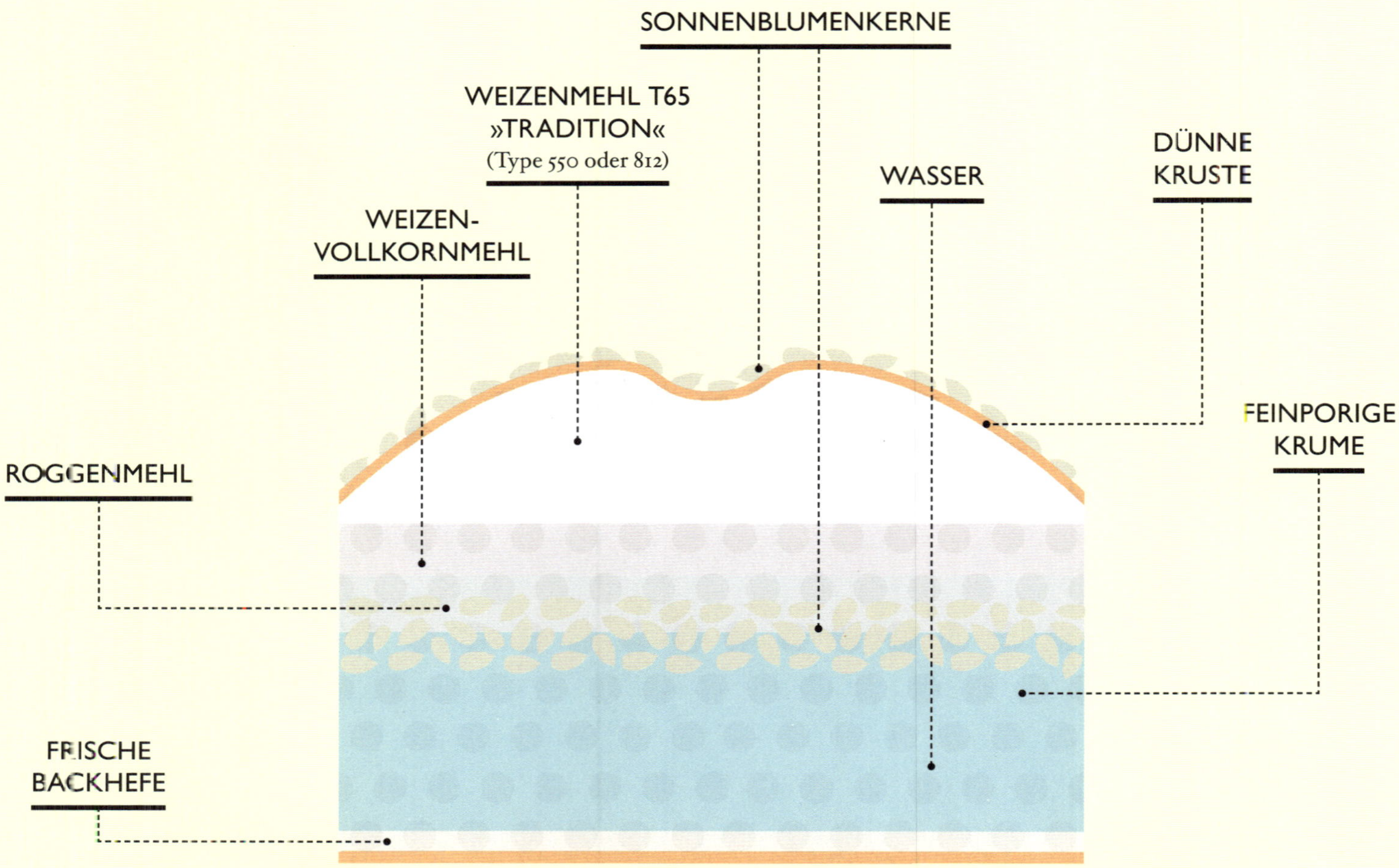

KURZ UND KNAPP ERKLÄRT

Rundes Mischbrot aus zusatzfreiem Weizenmehl, Weizenvollkorn- und Roggenmehl, angereichert und bestreut mit Sonnenblumenkernen.

MERKMALE

Gewicht: 400 g
Größe: 15 cm im Durchmesser
Krume: feinporig
Kruste: dünn
Geschmack: kräftige Getreidenote

DAUER DER ZUBEREITUNG

Vorbereitung: 30 Minuten
Gare (Gehzeit): 3 Stunden (1 Stunde Stockgare, 30 Minuten Teigruhe, 1½ Stunden Stückgare)
Backzeit: 25–30 Minuten

ARBEITSMATERIAL

Küchenmaschine mit Flachrührer und Knethaken (optional)
Bäckermesser
Pinsel

TECHNIKEN

Mischen & Kneten (Seite 32)
Vorformen (Rundwirken, Seite 38)
Falten (Seite 37)
Rundwirken (Seite 42)
Einschneiden (Kreuzschnitt, Seite 50–51)

GESCHAFFT

Wenn die Kruste goldbraun ist und das Brot hohl klingt, wenn man gegen den Boden klopft.

HALTBARKEIT

In einem Tuch vor Luft geschützt 3–4 Tage.

WARUM FÄLLT DIE KRUSTE SO DÜNN AUS?

Im Gegensatz zu anderen rustikalen Broten wie Vollkornbrot wird dieses Brot ohne Sauerteig zubereitet, der die Ausbildung einer dicken Kruste begünstigt, sondern mit Backhefe, die einer dicken Kruste eher entgegenwirkt.

Sonnenblumenkernbrot backen

1

2

ERGIBT 1 BROT

1 TEIG

100 g Weizenmehl T65 »Tradition«
(ohne Zusätze; Type 550 oder 812)
50 g Weizenvollkornmehl T150 (Type 1600)
50 g Roggenmehl T170 (Type 1740)
150 g Wasser
4 g Salz
4 g frische Backhefe
25 g Sonnenblumenkerne

2 ZUM BESTREUEN

10 g Sonnenblumenkerne

Schritt für Schritt

1

2

3

4

5

6

7

8

9

1 Die Mehle, Wasser, Salz und die zerkrümelte Hefe in der Küchenmaschine 4 Minuten auf Geschwindigkeitsstufe 1 mischen und anschließend 6 Minuten auf mittlerer Stufe kneten (Seite 32). Der Teig sollte sich mit der Zeit vom Schüsselrand lösen. (Zum Mischen und Kneten von Hand siehe Seite 30.)

2 Die Sonnenblumenkerne auf Stufe 1 sorgfältig einarbeiten.

3 Den Teig in eine Schüssel legen.

4 Mit Frischhaltefolie bedecken und bei Raumtemperatur 30 Minuten gehen lassen.

5 Den Teig falten (Seite 37).

6 Den Teig wieder in die Schüssel legen und, mit Frischhaltefolie bedeckt, weitere 30 Minuten gehen lassen.

7 Den Teig rundlich vorformen (Seite 38) und unter einem Tuch bei Raumtemperatur 30 Minuten ruhen lassen. Anschließend zu einem runden Laib formen (Rundwirken, Seite 42) und mit dem Schluss nach unten auf einen Bogen Pergamentpapier legen. Den Laib mit kaltem Wasser einpinseln und mit den Sonnenblumenkernen bestreuen.

8 Das Brot, mit einem Tuch bedeckt, an einem warmen Ort (25–28 °C) noch einmal 1½ Stunden gehen lassen (Stückgare).

9 Den Backofen mit einem Blech und einer Schale Wasser auf 260 °C vorheizen. Das Brot kreuzweise einschneiden (Seite 50–51).

10 Das Brot samt Papier auf das heiße Blech ziehen. Den Ofen des Bodens mit Wasser besprühen und das Brot 25–30 Minuten backen. Die letzten 5–10 Minuten die Ofentür einen Spaltbreit öffnen.

WEIZEN-VOLLKORNBROT

Schon gewusst?

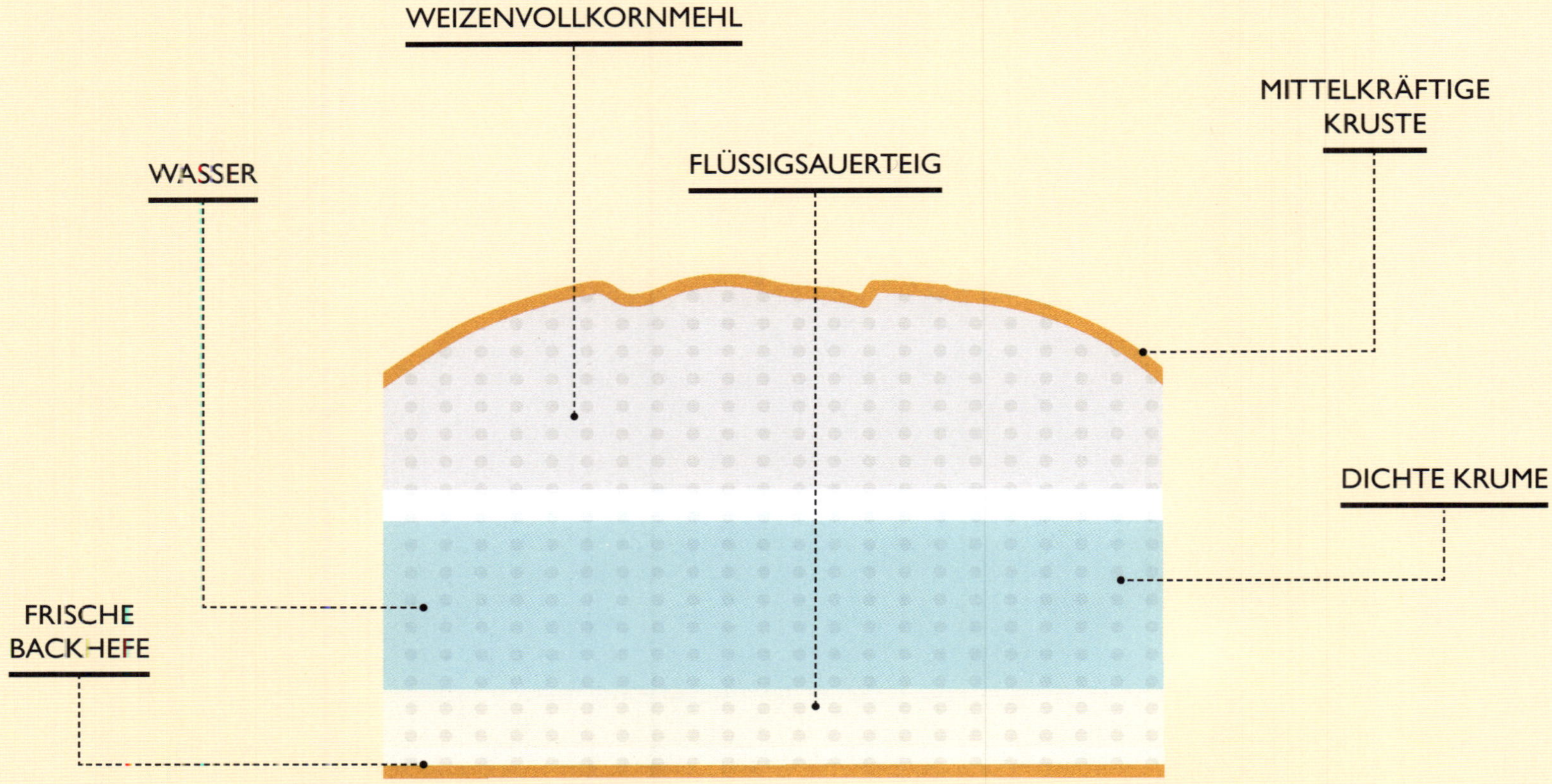

KURZ UND KNAPP ERKLÄRT

Länglich geformtes Weizenbrot (Bâtard) aus Sauerteig und Weizenvollkornmehl.

MERKMALE

Gewicht: 360 g
Länge: 25 cm
Krume: dicht
Kruste: mitteldick
Geschmack: herzhaft

DAUER DER ZUBEREITUNG

Vorbereitung: 15 Minuten
Gare (Gehzeit): 3–3½ Stunden (1 Stunde Stockgare, 30 Minuten Teigruhe, 1½–2 Stunden Stückgare)
Backzeit: 25–30 Minuten

ARBEITSMATERIAL

Küchenmaschine mit Flachrührer und Knethaken (optional)
Bäckermesser

GESCHAFFT

Wenn das Brot kräftig gebräunt ist und hohl klingt, wenn man gegen den Boden klopft.

TECHNIKEN

Mischen & Kneten (Seite 32)
Vorformen (Rundwirken; Seite 38)
Bâtard formen (Seite 45)
Einschneiden (schräge Schnitte, Seite 50–51)

TIPP

Die Stückgare (das abschließende Gehen) ist vollzogen, wenn der Teig auf leichten Fingerdruck zurückfedert.

HALTBARKEIT

2 Tage

Schritt für Schritt

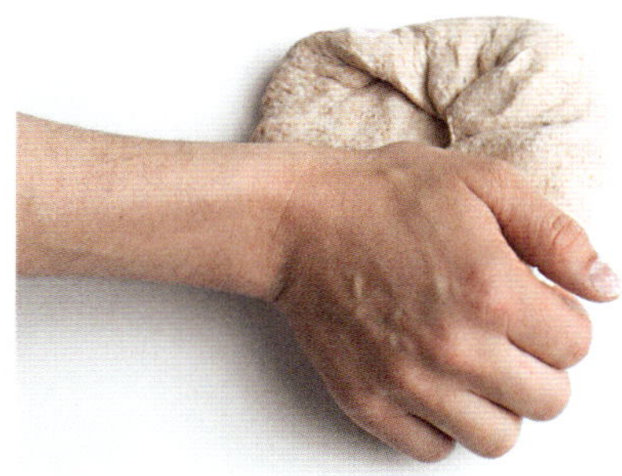

ERGIBT 1 BROT

TEIG

180 g Weizenvollkornmehl T150 (Type 1600)
130 g Wasser
45 g Flüssigsauerteig (Seite 20)
4 g Salz
3 g frische Backhefe

ZUM BESTAUBEN

15 g Weizenmehl T65 (Type 550 oder 812)

1 Mehl, Wasser, Sauerteig, Salz und die zerkrümelte Hefe in der Küchenmaschine 4 Minuten auf Geschwindigkeitsstufe 1 mischen und anschließend auf mittlerer Stufe 6 Minuten kneten (Seite 32). Der Teig sollte sich mit der Zeit vom Schüsselrand lösen. (Zum Mischen und Kneten von Hand siehe Seite 30.)

2 Den Teig in eine Schüssel legen, mit einem Tuch bedecken und 1 Stunde an einem warmen Ort (25–28 °C) gehen lassen.

3 Den Teig rundlich vorformen (Rundwirken, Seite 38) und auf der bemehlten Arbeitsfläche unter einem Tuch 30 Minuten ruhen lassen.

4 Den Teig zu einem länglichen Laib (Bâtard) formen (Seite 45), mit dem Schluss nach unten auf einen Bogen Pergamentpapier legen und durch ein Sieb mit dem Mehl bestauben (Seite 285).

5 Das Brot über die gesamte Länge in dichten Abständen diagonal einschneiden (Seite 50–51).

6 Mit einem Tuch bedecken und bei 25–28 °C noch einmal 1½–2 Stunden gehen lassen (Stückgare).

7 Den Backofen und ein Blech mit einer Schale Wasser auf 260 °C vorheizen. Das Brot samt Pergamentpapier auf das heiße Blech ziehen. Den Boden des Ofens mit Wasser besprühen (die Wasserschale verbleibt im Ofen) und das Brot 25–30 Minuten backen. Die letzten 5 Minuten die Ofentür einen Spaltbreit öffnen.

ROGGENBROT

Schon gewusst?

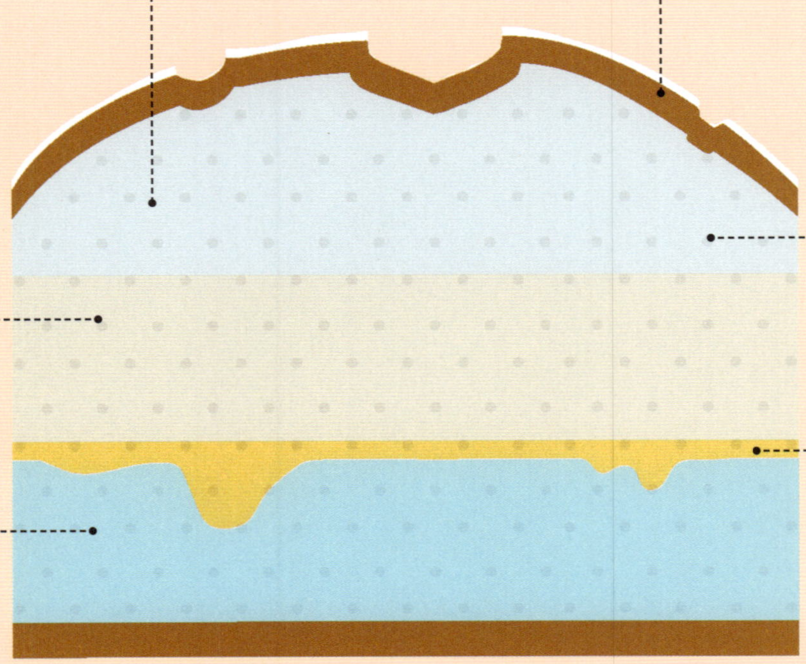

KURZ UND KNAPP ERKLÄRT

Rundlich geformtes Brot aus reinem Roggenmehl und Trockensauerteig, das mit Honig aromatisiert wird.

MERKMALE

Gewicht: 500 g
Größe: 20 cm im Durchmesser
Krume: sehr dicht
Kruste: sehr dick, rissig, bemehlt
Geschmack: kräftig, säuerlich, leichte Karamellnote

DAUER DER ZUBEREITUNG

Vorbereitung: 30 Minuten
Gare (Gehzeit): 3½ Stunden (2 Stunden Stockgare, 1½ Stunden Stückgare)
Backzeit: 40–45 Minuten

ARBEITSMATERIAL

Küchenmaschine mit Flachrührer und Knethaken (optional)

TECHNIKEN

Mischen & Kneten (Seite 32)
Rundwirken (Seite 42)

GESCHAFFT

Wenn das Brot eine kräftige dunkle Farbe angenommen hat und hohl klingt, wenn man gegen den Boden klopft.

HALTBARKEIT

In ein Tuch eingeschlagen 4–5 Tage.

WIE ERKLÄRT SICH DIE SEHR DICHTE KRUME?

Der Säureanteil im Teig (durch den Sauerteig) und der geringe Glutengehalt (Roggenmehl enthält weniger Gluten als Weizenmehl) erschweren die Ausbildung des Klebergerüsts. Daher entweicht ein Großteil der Gärgase, die Krume entwickelt eine dichtere und weniger ausgeprägte Porung.

Roggenbrot backen

ERGIBT 1 BROT

170 g Roggenmehl T170 (Type 1740)
165 g Wasser (60 °C)
170 g Trockensauerteig (Seite 22)
5 g Salz
7 g Honig

Schritt für Schritt

1

2

3

4

5

6

1 Mehl, Wasser, Sauerteig, Salz und Honig in der Küchenmaschine 4 Minuten auf Geschwindigkeitsstufe 1 mischen und anschließend auf mittlerer Stufe 6 Minuten kneten (Seite 32). (Zum Mischen und Kneten von Hand siehe Seite 30.)

2 Eine Schüssel mit Mehl ausstreuen und den Teig hineinlegen.

3 Die Schüssel mit Frischhaltefolie bedecken und den Teig 2 Stunden gehen lassen.

4 Den Teig zu einer Kugel formen (Rundwirken; Seite 42). Dazu Hände und Arbeitsfläche gut mit Mehl bestauben.

5 Die Schüssel mit einem Tuch auslegen, mit Mehl bestauben und den Teig mit dem Schluss nach unten hineinlegen.

6 Mit einem weiteren Tuch bedecken und 1½ Stunden an einem warmen Ort (25–28 °C) gehen lassen (Stückgare).

7 Den Backofen und ein Blech mit einer Schale Wasser auf 260 °C vorheizen. Das Brot umdrehen, sodass der Schluss nach oben zeigt, mit der Hand von überschüssigem Mehl befreien und auf das heiße, mit Pergamentpapier bedeckte Blech platzieren. Den Boden des Ofens mit Wasser einsprühen (die Wasserschale verbleibt im Ofen) und das Brot 40–45 Minuten backen. Die letzten 5–10 Minuten die Ofentür einen Spaltbreit öffnen.

ROGGENBROT
MIT ZITRONE

Schon gewusst?

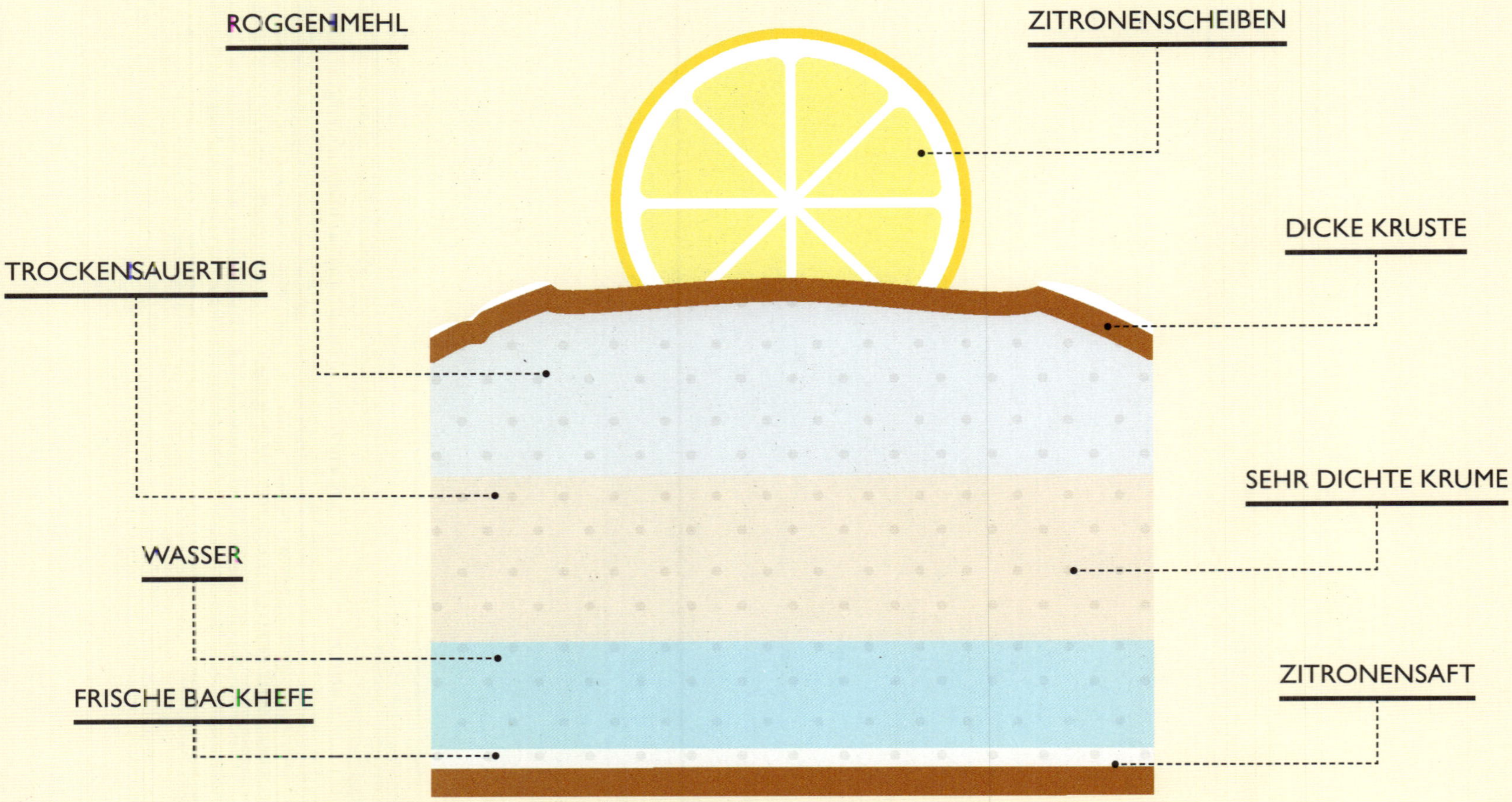

KURZ UND KNAPP ERKLÄRT

Reines Roggenbrot auf Sauerteigbasis, das mit Zitrone (Saft und Schale) aromatisiert wird.

MERKMALE

Gewicht: 250 g
Größe: 15 cm im Durchmesser
Krume: sehr dicht
Kruste: dick
Geschmack: säuerliches Zitrusaroma

DAUER DER ZUBEREITUNG

Vorbereitung: 30 Minuten
Gare (Gehzeit): 1¾ Stunden
(45 Minuten Stockgare, 1 Stunde Stückgare)
Backzeit: 35 Minuten

ARBEITSMATERIAL

Küchenmaschine mit Flachrührer
und Knethaken (optional)
Teigabstecher

TECHNIKEN

Mischen & Kneten (Seite 32)
Rundwirken (Seite 42)

TIPP

Einige Tropfen Zitronenöl unterstreichen den zitrusfrischen Geschmack des Brotes.

HALTBARKEIT

2 Tage

GESCHAFFT

Sobald die Kruste appetitlich braun ist und das Brot hohl klingt, wenn man gegen den Boden klopft.

WARUM IST DIE KRUME SO DICHT?

Roggenmehl enthält wenig Gluten, darum ist das Klebergerüst weniger stark entwickelt; die Gärgase entweichen, sodass die Krume beim Backen keine lockere, sondern eine ausgesprochen dichte Porung ausbildet.

Schritt für Schritt

ERGIBT 2 BROTE

160 g Roggenmehl T170 (Type 1740)
140 g Wasser
160 g Trockensauerteig (Seite 22)
5 g Salz
15 g Zitronensaft (bio)
10 g abgeriebene Zitronenschale (bio)
2 g frische Backhefe

AUSSERDEM

15 g Weizenmehl T65 (Type 550 oder 812) zum Bestauben
Wasser
2 Zitronenscheiben (bio)

1 Mehl, Wasser, Sauerteig, Salz, Zitronensaft und -schale sowie die zerkrümelte Hefe in der Küchenmaschine 4 Minuten auf Geschwindigkeitsstufe 1 mischen und anschließend auf mittlerer Stufe 6 Minuten kneten (Seite 32). Der Teig sollte sich mit der Zeit vom Schüsselrand lösen. (Zum Mischen und Kneten von Hand siehe Seite 30.)

2 Den Teig in eine mit Mehl ausgestreute Schüssel legen.

3 Mit einem Tuch bedecken und 45 Minuten gehen lassen.

4 Den Teig mit einem Teigabstecher in zwei Portionen zu je 250 g teilen und rundwirken (Seite 42).

5 Die Teiglinge mit dem Schluss nach unten auf einen Bogen Pergamentpapier legen, mit einem Tuch bedecken und 1 weitere Stunde bei 25–28 °C gehen lassen (Stückgare).

6 Den Backofen und ein Blech auf 240 °C vorheizen. Die Brote durch ein Sieb mit dem Mehl bestauben. Die Mitte mithilfe eines Pinsels mit etwas Wasser benetzen, je 1 Zitronenscheibe darauflegen und sanft andrücken. Die Brote samt Pergamentpapier auf das vorgeheizte Blech ziehen, den Boden des Ofens mit Wasser besprühen und die Brote 35 Minuten backen. Die letzten 5 Minuten die Ofentür einen Spaltbreit öffnen, damit die Kruste trocknen kann.

SCHWARZBROT

Schon gewusst?

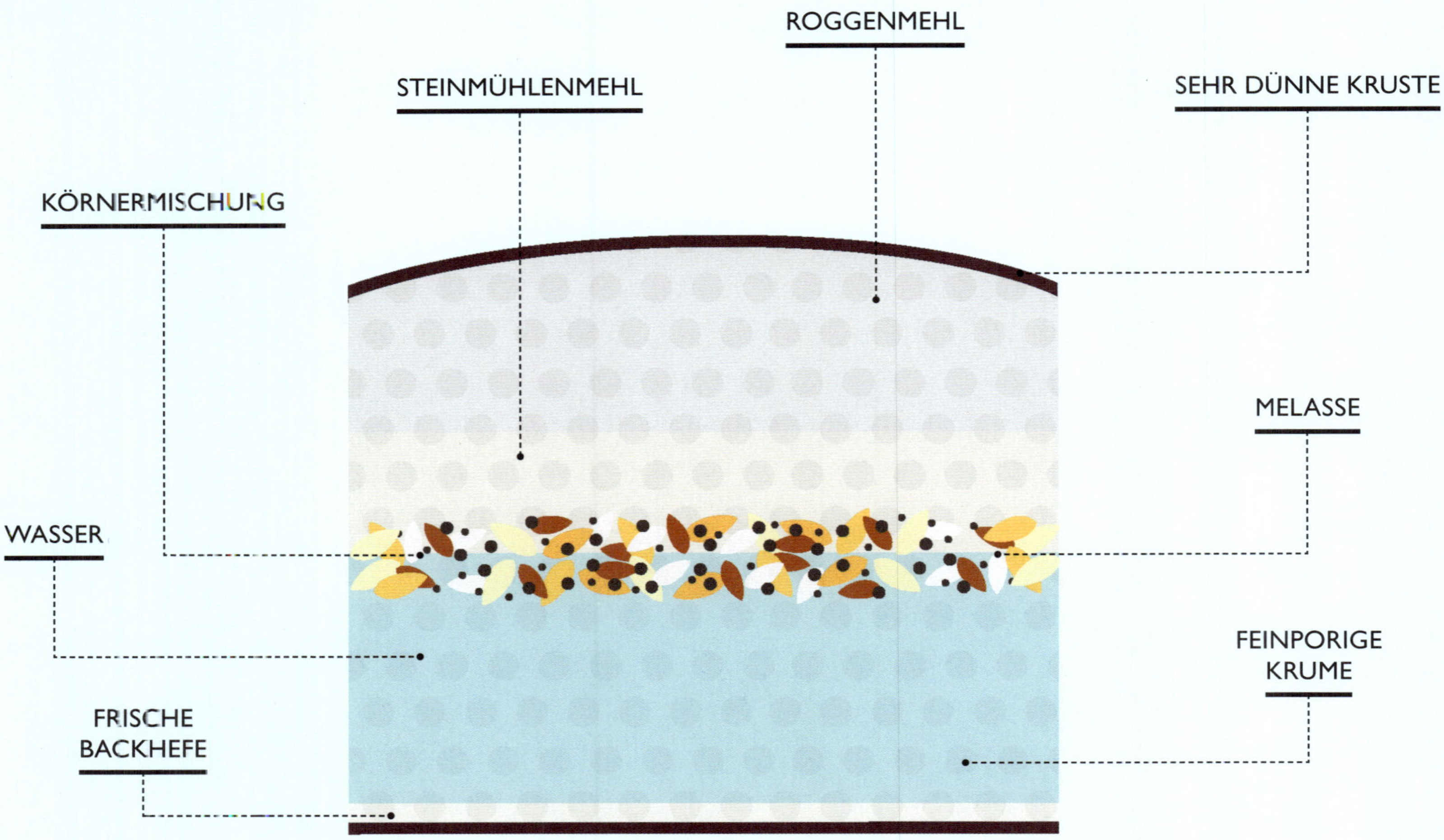

KURZ UND KNAPP ERKLÄRT

Dunkles Kastenmischbrot aus Roggenmehl und Weizenmehl aus der Steinmühle, angereichert mit Melasse, Körnern und Samen.

MERKMALE

Gewicht: 750 g
Länge: 20 cm
Krume: feinporig
Kruste: sehr dünn
Geschmack: rustikal, charaktervoll

DAUER DER ZUBEREITUNG

Vorbereitung: 30 Minuten
Gare (Gehzeit): 1 Stunde
Backzeit: 45 Minuten

ARBEITSMATERIAL

Küchenmaschine mit Flachrührer und Knethaken (optional)
Kastenform (20 cm)
Pinsel
Bäckermesser

TECHNIKEN

Mischen & Kneten (Seite 32)

GESCHAFFT

Sobald beim Einstechen keine feuchten Rückstände am Messerrücken zurückbleiben.

HALTBARKEIT

Luftdicht verpackt 4–5 Tage.

WARUM WIRD DIE KRUSTE NICHT KNUSPRIG?

Das Backen in der Form schränkt die Krustenbildung ein, da der Teig in einem feuchten Umfeld gart und nicht abtrocknen kann.

Schritt für Schritt

ERGIBT 1 BROT

TEIG

250 g Roggenmehl T170 (Type 1740)
150 g Steinmühlenmehl T110 (Type 1050)
320 g Wasser (20–25 °C)
10 g Salz
20 g Melasse
10 g frische Backhefe

EINLAGE

50 g gemischte Körner und Samen (Mohnsamen, brauner Leinsamen, Sesamsamen, Sonnenblumenkerne)
40 g Wasser

FÜR DIE FORM

Olivenöl

TAG 1

1 Die Körner und Samen in dem Wasser einweichen.

TAG 2

2 Die Mehle, Wasser, Salz, Melasse und die zerkrümelte Hefe in der Küchenmaschine 4 Minuten auf Geschwindigkeitsstufe 1 mischen und anschließend auf mittlerer Stufe 6 Minuten kneten (Seite 32). Der Teig sollte sich mit der Zeit vom Schüsselrand lösen. (Zum Mischen und Kneten von Hand siehe Seite 30.)

3 Die Körner und Samen dazugeben und auf Stufe 1 unter den Teig kneten, bis sie gleichmäßig eingearbeitet sind.

4 Die Kastenform mithilfe eines Pinsels mit Olivenöl einfetten und den Teig einfüllen.

5 Die Form mit einem Tuch bedecken und den Teig 1 Stunde an einem warmen Ort (25–28 °C) gehen lassen.

6 Den Backofen und ein Blech mit einer Schale Wasser auf 230 °C vorheizen. Die Form auf das heiße Blech stellen, den Boden des Ofens mit Wasser besprühen und das Brot 45 Minuten backen (die Wasserschale verbleibt im Ofen). Die letzten 5–10 Minuten die Ofentür einen Spaltbreit öffnen.

KASTANIENBROT

Schon gewusst?

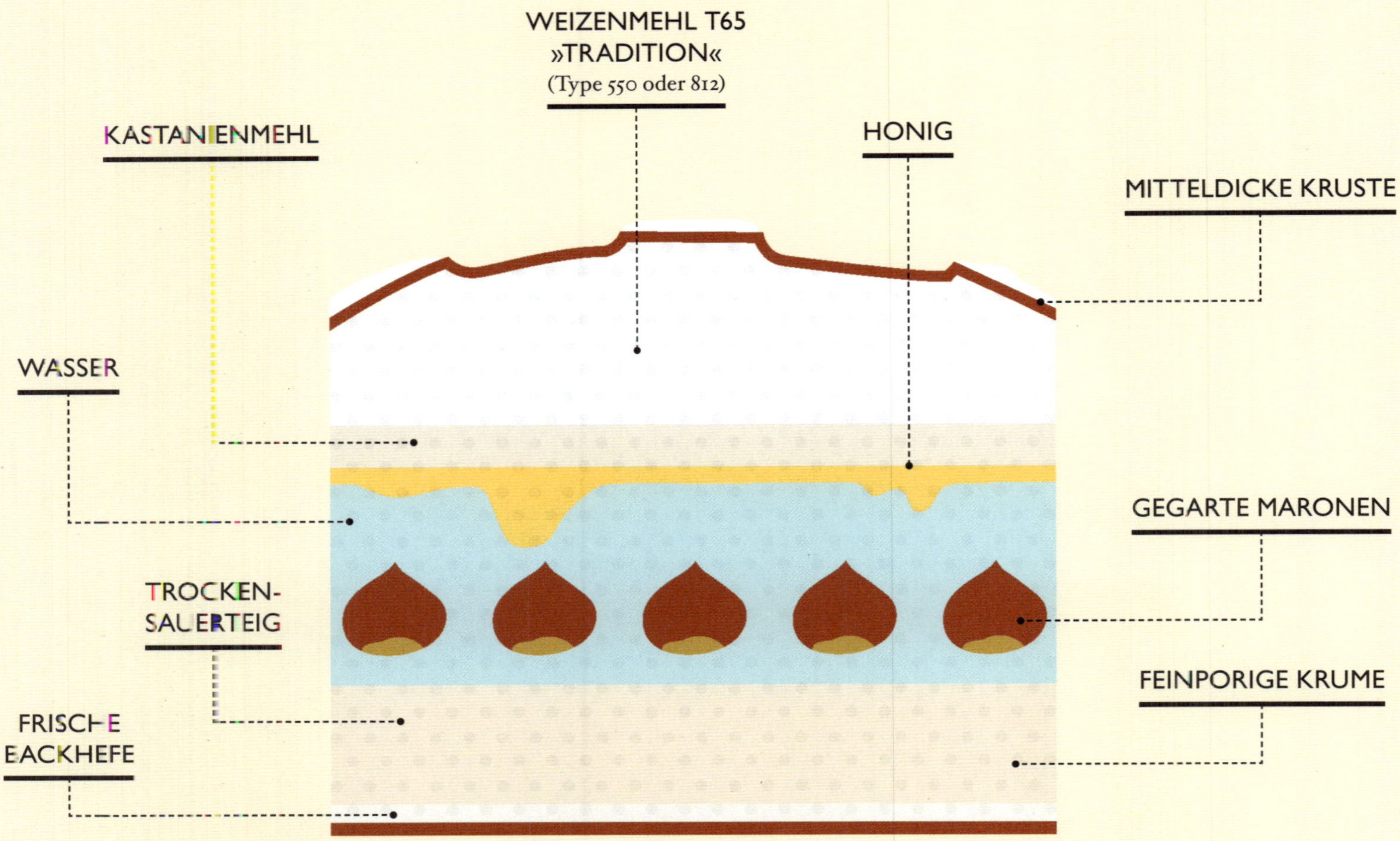

KURZ UND KNAPP ERKLÄRT

Rundes Brot aus Weizenmehl ohne Zusätze (T65 »Tradition«) und Kastanienmehl, angereichert mit Maronen und Butter.

MERKMALE

Gewicht: 300 g
Größe: 16–18 cm im Durchmesser
Krume: feinporig
Kruste: mittel
Geschmack: ausgeprägte Maronennote

DAUER DER ZUBEREITUNG

Vorbereitung: 40 Minuten
Gare (Gehzeit): 2 Stunden 35 Minuten (45 Minuten Stockgare, 20 Minuten Teigruhe, 1½ Stunden Stückgare)
Backzeit: 30 Minuten

ARBEITSMATERIAL

Küchenmaschine mit Flachrührer und Knethaken (optional)
Teigabstecher
Bäckermesser

TECHNIKEN

Mischen & Kneten (Seite 32)
Vorformen (Rundwirken; Seite 38)
Rundwirken (Seite 42)
Einschneiden (Rauten, Seite 50–51)

HALTBARKEIT

Sorgfältig vor Luft geschützt verpackt bis zu 1 Woche; nach dem Anbruch 2–3 Tage.

GESCHAFFT

Wenn die Kruste kräftig gebräunt ist und sich das Rautenmuster mit breiten Furchen deutlich abzeichnet.

Schritt für Schritt

ERGIBT 2 BROTE

TEIG

200 g Weizenmehl T65 »Tradition« (ohne Zusätze; Type 550 oder 812)
25 g Kastanienmehl
160 g Wasser
90 g Trockensauerteig (Seite 22)
6 g Salz
3 g frische Backhefe
10 g Honig

MARONENEINLAGE

100 g gegarte Maronen (aus dem Glas oder Vakuumpack)
10 g Butter

ZUM BESTAUBEN

15 g Weizenmehl T65 (Type 550 oder 812)

1 Die Maronen in einem Topf in der Butter bei geringer Temperatur 10 Minuten anschwitzen. Anschließend 5 Minuten abkühlen lassen und je nach Größe halbieren oder vierteln.

2 Die Mehle, Wasser, Sauerteig, Salz und die zerkrümelte Hefe in der Küchenmaschine 4 Minuten auf Geschwindigkeitsstufe 1 mischen und anschließend auf mittlerer Stufe 6 Minuten kneten (Seite 32). Der Teig sollte sich mit der Zeit vom Schüsselrand lösen. (Zum Mischen und Kneten von Hand siehe Seite 30.)

3 Den Backofen auf 180 °C vorheizen. Die Maronen und den Honig zum Teig geben und gleichmäßig einarbeiten.

4 Den Teig in eine Schüssel legen, mit Frischhaltefolie bedecken und bei Raumtemperatur 45 Minuten gehen lassen.

5 Den Teig mit einem Teigabstecher in zwei Portionen zu je 300 g teilen, rundlich vorformen (Seite 38) und 20 Minuten ruhen lassen. Die Brote zu runden Laiben formen (Rundwirken, Seite 42) und mit dem Schluss nach unten auf einen Bogen Pergamentpapier platzieren. Mit einem Tuch bedecken und bei 25–28 °C noch einmal 1½ Stunden gehen lassen (Stückgare).

6 Den Backofen und ein Blech auf 260 °C vorheizen. Die Brote samt Pergamentbogen auf das vorgeheizte Blech ziehen, durch ein Sieb mit dem Mehl bestauben (Seite 285) und rautenförmig einschneiden (Seite 50–51).

7 Den Boden des Ofens mit Wasser besprühen und die Kastanienbrote 30 Minuten backen.

MAISBROT

Schon gewusst?

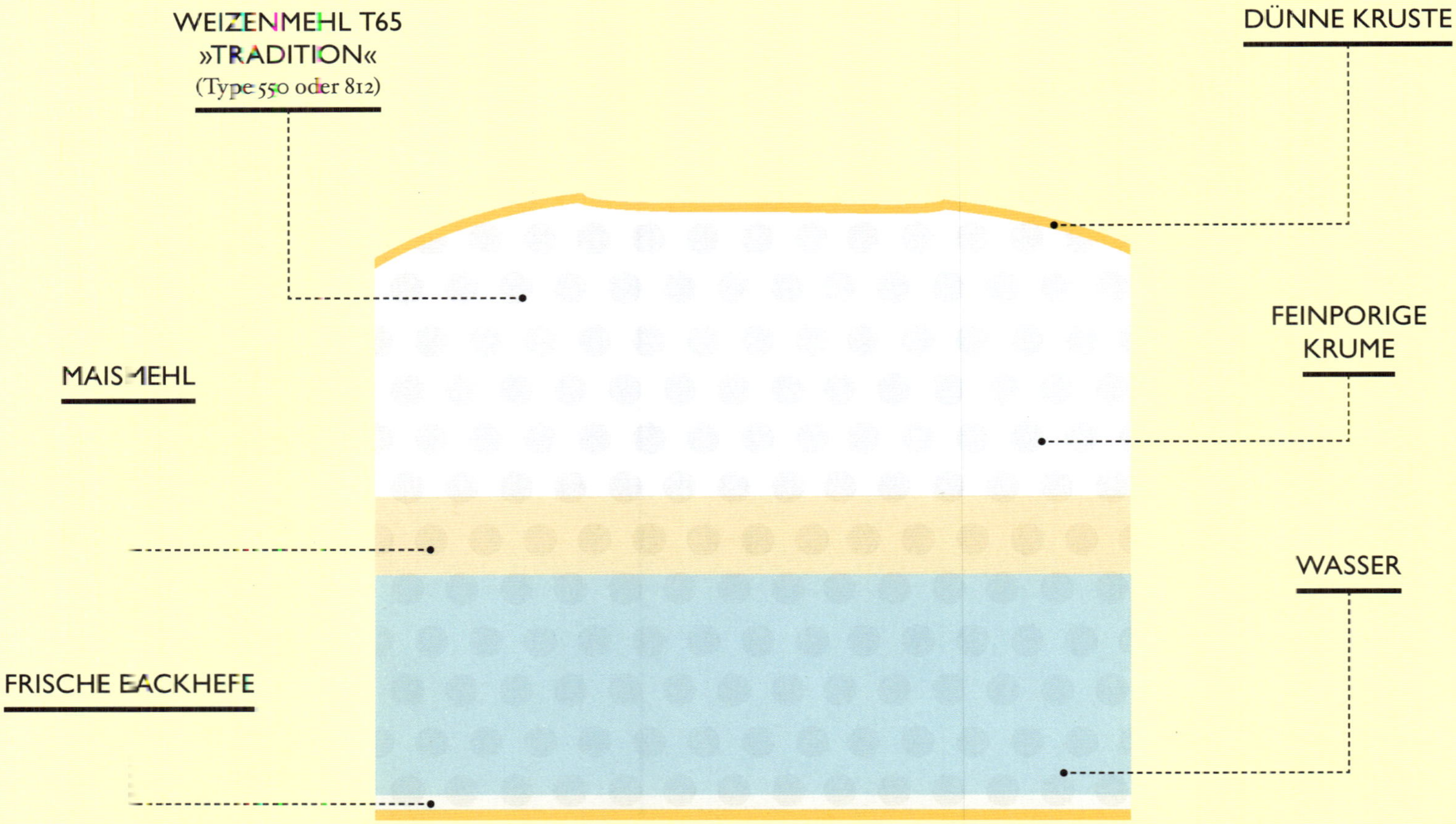

KURZ UND KNAPP ERKLÄRT

Länglich geformtes Brot (Bâtard) aus traditionellem Weizenmehl ohne Zusätze und Maismehl

MERKMALE

Gewicht: 250 g
Länge: 20 cm
Krume: feinporig
Kruste: dünn
Geschmack: leicht süßlich

DAUER DER ZUBEREITUNG

Vorbereitung: 30 Minuten
Gare (Gehzeit): 2 Stunden 5 Minuten (30 Minuten Stockgare, 20 Minuten Teigruhe, 1¼ Stunden Stückgare)
Backzeit: 25 Minuten

ARBEITSMATERIAL

Küchenmaschine mit Flachrührer und Knethaken (optional)
Teigabstecher
Bäckermesser

TECHNIKEN

Mischen & Kneten (Seite 32)
Vorformen (Rundwirken; Seite 38)
Bâtard formen (Seite 45)
Einschneiden (traditioneller Längsschnitt, Seite 50–51)

TIPP

Die Brote sind backfertig, wenn sie nach der Stückgare auf leichten Fingerdruck vollständig zurückfedern.

GESCHAFFT

Wenn die Kruste goldbraun ist und das Brot hohl klingt, wenn man gegen den Boden klopft.

HALTBARKEIT

2–3 Tage

Schritt für Schritt

ERGIBT 2 BROTE

TEIG

285 g Weizenmehl T65 »Tradition« (ohne Zusätze; Type 550 oder 812)
70 g Maismehl
225 g Wasser (20–25 °C)
8 g Salz
11 g frische Backhefe

ZUM BESTREUEN

15 g Maismehl

1 Weizenmehl, Maismehl, Wasser, Salz und die zerkrümelte Hefe in der Küchenmaschine 4 Minuten auf Geschwindigkeitsstufe 1 mischen und anschließend auf mittlerer Stufe 6 Minuten kneten (Seite 32). Der Teig sollte sich mit der Zeit vom Schüsselrand lösen. (Zum Mischen und Kneten von Hand siehe Seite 30.)

2 Den Teig in eine Schüssel legen, mit Frischhaltefolie bedecken und bei Raumtemperatur 30 Minuten gehen lassen.

3 Den Teig mit einem Teigabstecher in zwei Portionen zu je etwa 300 g teilen und rundlich vorformen (Seite 38). Bedecken und auf der bemehlten Arbeitsfläche 20 Minuten ruhen lassen.

4 Die Teiglinge zu Bâtards formen (Seite 45) und mit dem Schluss nach oben auf ein mit Maismehl bestreutes Tuch platzieren.

5 Mit einem weiteren Tuch bedecken und 1¼ Stunden bei 25–28 °C gehen lassen (Stückgare).

6 Den Backofen mit einem Blech und einer Schale Wasser auf 260 °C vorheizen. Das Blech mit Pergamentpapier bedecken. Die Brote umdrehen, mit dem Schluss nach unten auf das Blech legen und über die gesamte Länge einschneiden (Seite 50–51).

7 Den Boden des Ofens mit Wasser besprühen (die Wasserschale verbleibt im Ofen) und die Brote 25 Minuten backen.

GLUTENFREIES BROT

Schon gewusst?

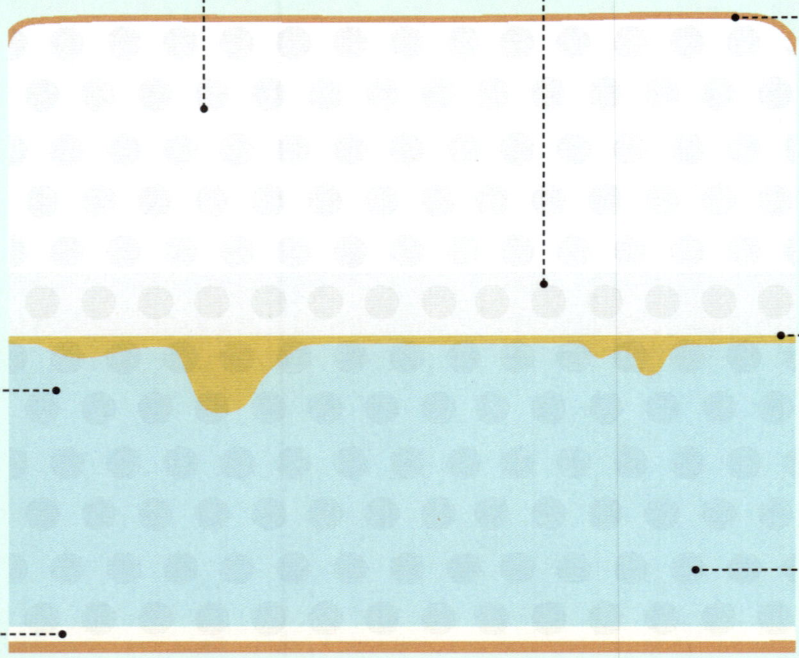

KURZ UND KNAPP ERKLÄRT

Glutenfreies Brot aus Reis- und Buchweizenmehl, das viel Wasser, aber nur eine Gehphase erfordert.

MERKMALE

Gewicht: 300 g
Länge: je nach Form 15–20 cm
Krume: feinporig
Kruste: sehr dünn und zart
Geschmack: relativ neutral

DAUER DER ZUBEREITUNG

Vorbereitung: 15 Minuten
Gare (Gehzeit): 1¼ Stunden
Backzeit: 45 Minuten

ARBEITSMATERIAL

Küchenmaschine mit Flachrührer oder biegsamer Rührlöffel
Kastenform mit 500 ml Volumen

TECHNIK

Mischen (Seite 32)

HALTBARKEIT

Luftdicht verpackt 2–3 Tage.

TIPP

Der Teig ist ausreichend gegangen, wenn er auf leichten Fingerdruck vollständig zurückfedert.

GESCHAFFT

Wenn das Brot goldbraun ist und hohl klingt, wenn man gegen den Boden klopft.

WARUM WIRD SO VIEL WASSER BENÖTIGT?

Glutenfreie Mehle enthalten mehr Stärke als Mehle mit Gluten. Stärke erfordert beim Backen Wasser, um aufzuquellen und zu verkleistern, daher der hohe Wasserbedarf.

Schritt für Schritt

ERGIBT 1 BROT

TEIG

260 g Reismehl
60 g Buchweizenmehl
300 g Wasser
10 g Olivenöl
5 g Salz
6 g frische Backhefe

FÜR DIE FORM

15 g *beurre pommade* (Seite 284)

1 Reismehl, Buchweizenmehl, Wasser, Olivenöl, Salz und die zerkrümelte Hefe in der Küchenmaschine mit dem Flachrührer 5 Minuten auf Geschwindigkeitsstufe 1 mischen (Seite 32).

2 Den Teig in die ausgebutterte Form füllen.

3 Die Form mit einem Tuch bedecken und den Teig bei Raumtemperatur 1 ¼ Stunden gehen lassen.

4 Den Backofen und ein Blech auf 220 °C Umluft vorheizen. Das Brot auf das heiße Blech stellen und 45 Minuten backen.

GUINNESS-BROT

Schon gewusst?

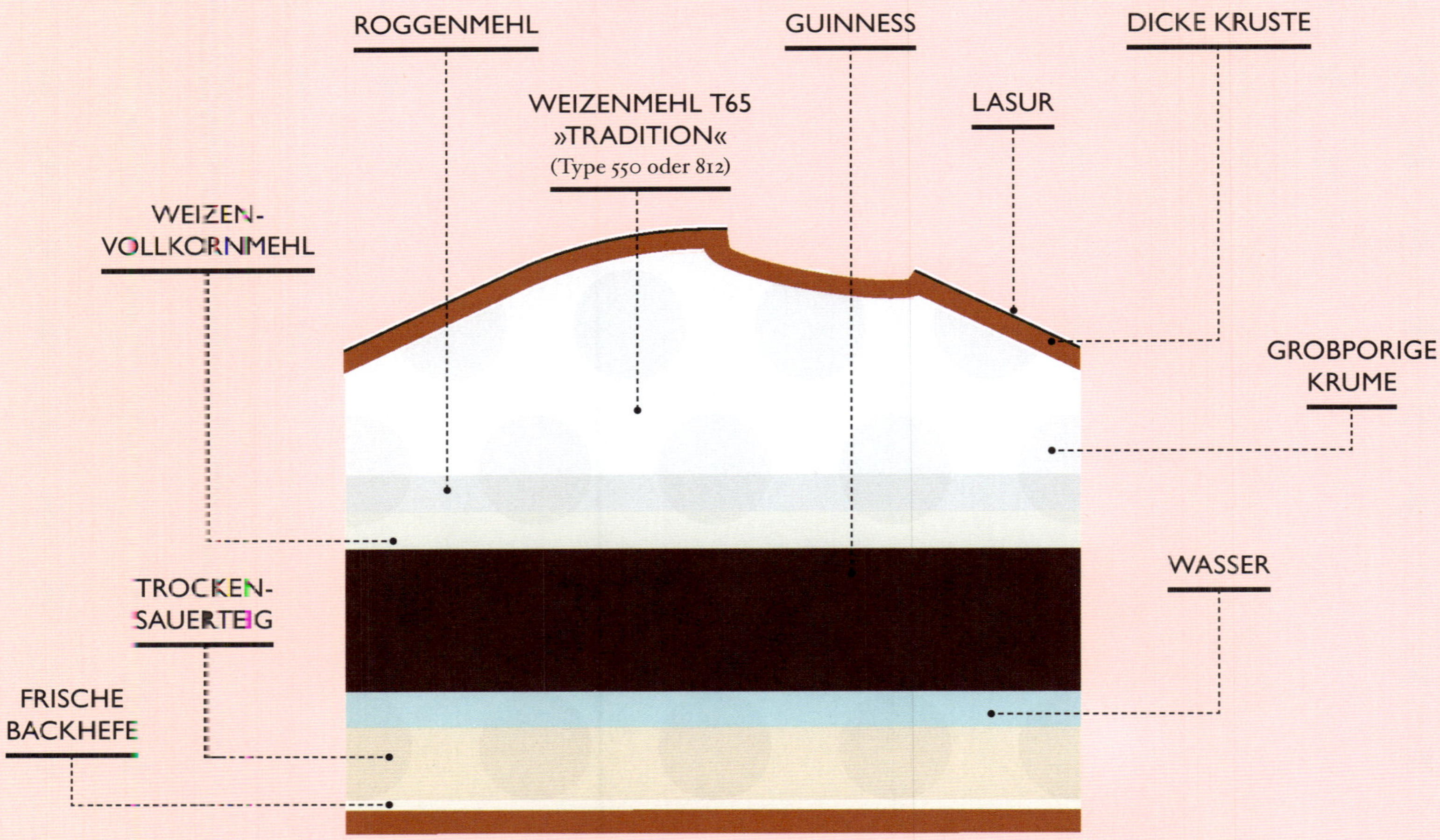

KURZ UND KNAPP ERKLÄRT

Brot aus dreierlei Mehl – zusatzfreies Weizenmehl »Tradition«, Roggenmehl und Weizenvollkornmehl – und dunklem Bier, zu einem Dreieck geformt und mit einer Lasur aus Reismehl und Butter überzogen, die beim Backen eine rissige Kruste bildet.

MERKMALE

Gewicht: 300 g
Größe: etwa 15 cm
Krume: grobporig und unregelmäßig (»wilde« Porung)
Kruste: dick
Geschmack: malzig

DAUER DER ZUBEREITUNG

Vorbereitung: 30 Minuten
Gare (Gehzeit): 3 Stunden (1 Stunde Stockgare, 30 Minuten Teigruhe, 1½ Stunden Stückgare)
Ruhen: 1½ Stunden (für die Lasur)
Backzeit: 25–30 Minuten

ARBEITSMATERIAL

Küchenmaschine mit Flachrührer und Knethaken (optional)
Palette oder Gummispatel

SCHWIERIGKEIT

Lasur: Die Masse muss ganz glatt und homogen sein und gleichmäßig aufgetragen werden, damit sich die gescheckte Kruste wie gewünscht bildet.

TECHNIKEN

Mischen & Kneten (Seite 32)
Falten (Seite 37)

GESCHAFFT

Sobald die Kruste kräftig gebräunt und rissig ist.

HALTBARKEIT

Nach Anbruch des Brotes 3 Tage.

WIE ERKLÄRT SICH DIE BESCHAFFENHEIT DER KRUME?

Die Säure im Bier hemmt die Verkettung der Glutenstränge im Teiggerüst, das sich in der Folge weniger stark ausbildet und die sehr zarte Krume begünstigt.

Guinness-Brot backen

1

2

3

ERGIBT 2 BROTE

1 TEIG

200 g Weizenmehl T65 »Tradition« (ohne Zusätze; Type 550 oder 812)
40 g Roggenmehl T170 (Type 1740)
40 g Weizenvollkornmehl T110 (Type 1050)
180 g Guinness
80 g Trockensauerteig (Seite 22)
6 g Salz
2 g frische Backhefe

2 ZUGUSS (FRZ. BASSINAGE)

40 g Wasser

3 LASUR

1 g frische Backhefe
10 g Wasser
30 g Reismehl
5 g zerlassene Butter
5 g Zucker
1 g Salz

4 ZUM BESTAUBEN

15 g Weizenmehl T65 (Type 550 oder 812)

Schritt für Schritt

1 Die Mehle, Guinness, Sauerteig, Salz und die zerkrümelte Hefe in der Küchenmaschine 4 Minuten auf Geschwindigkeitsstufe 1 kneten und anschließend auf mittlerer Stufe 6 Minuten kneten (Seite 32). (Zum Mischen und Kneten von Hand siehe Seite 30.)

2 Zum Ende der Knetphase den Zuguss (Seite 282) unter den Teig kneten, bis das Wasser vollständig eingearbeitet ist. Den Teig in eine Schüssel legen, mit einem Tuch bedecken und 30 Minuten gehen lassen.

3 Den Teig falten (Seite 37).

4 Den Teig wieder in die Schüssel legen und bei Raumtemperatur, mit einem Tuch bedeckt, weitere 30 Minuten gehen lassen.

5 Den Teig in zwei Portionen teilen. Die Teiglinge zu dreieckigen Fladen formen und 30 Minuten ruhen lassen.

6 Die Brote mit dem Schluss nach unten auf einen Bogen Pergamentpapier legen.

7 Mit einem Tuch bedecken und bei 25–28 °C noch einmal 1½ Stunden gehen lassen (Stückgare).

8 Die Lasur vorbereiten (ohne Abb.): Die zerkrümelte Hefe in dem Wasser auflösen, dann die restlichen Zutaten unterrühren. Die Masse verschlagen, bis sie ganz glatt ist, anschließend 1½ Stunden ruhen lassen.

9 Den Backofen und ein Blech auf 260 °C vorheizen. Mit einer Palette oder einem Spatel die Lasur gleichmäßig auf die Brote auftragen.

10 Die Brote auf das mit Pergamentpapier bedeckte Blech legen und durch ein Sieb mit dem Mehl bestauben. Den Boden des Ofens mit Wasser besprühen und die Brote 25–30 Minuten backen.

KÖRNERKRANZ

Schon gewusst?

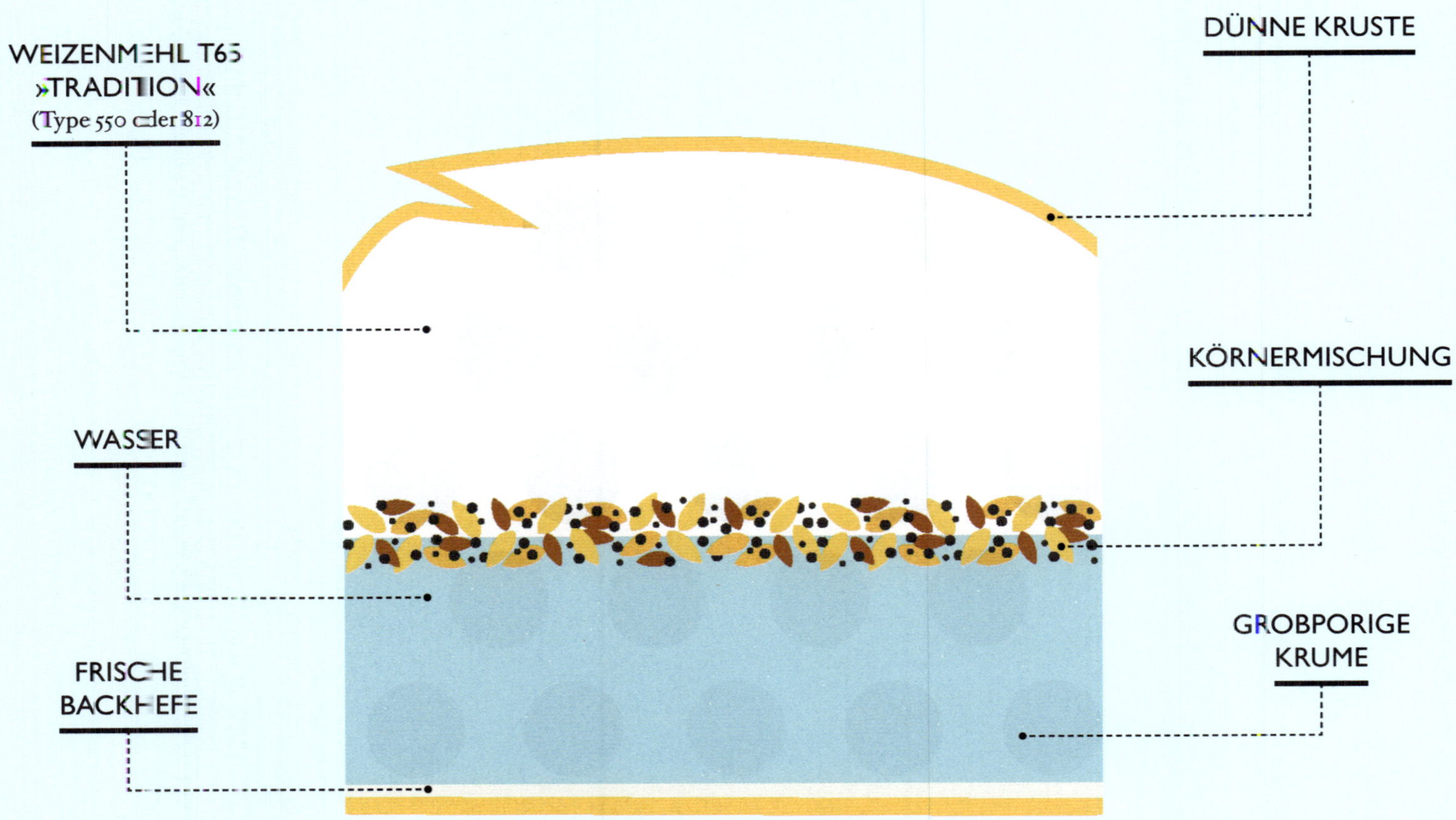

KURZ UND KNAPP ERKLÄRT

Helles, mit Körnern angereichertes Weizenbrot, das in Kranzform gebacken wird.

MERKMALE

Gewicht: 150 g
Größe: 18 cm im Durchmesser
Krume: grobe, unregelmäßige (»wilde«) Porung
Kruste: dünn
Geschmack: neutral, Körner und Samen sorgen zusätzlich für Geschmack

DAUER DER ZUBEREITUNG

Vorbereitung: 10 Minuten
Gare (Gehzeit): 3½ Stunden (1 Stunde Stockgare, 30 Minuten Teigruhe, 2 Stunden Stückgare)
Backzeit: 20 Minuten

ARBEITSMATERIAL

Küchenmaschine mit Flachrührer und Knethaken (optional)
Teigabstecher
Bäckermesser

SCHWIERIGKEIT

Den Teig zu Kränzen formen.

TECHNIKEN

Mischen & Kneten (Seite 32)
Vorformen (Rundwirken; Seite 38)
Kränze formen (Seite 46)
Einschneiden (Ähren, Seite 50–51)

GESCHAFFT

Sobald die Brote kräftig gebräunt sind und hohl klingen, wenn man gegen den Boden klopft.

HALTBARKEIT

2–3 Tage

WARUM MUSS DER TEIG BEI DER FORMGEBUNG ZWISCHENDURCH RUHEN?

Damit sich das Klebergerüst entspannen kann. Der Teig muss geschmeidig sein, damit der Kranz beim Backen seine Form bewahrt.

Körnerkränze backen

1

2

ERGIBT 2 KRÄNZE

1 TEIG

220 g Weizenmehl T65 »Tradition« (ohne Zusätze; Type 550 oder 812)
145 g Wasser (20–25 °C)
4 g Salz
4 g frische Backhefe

2 KÖRNEREINLAGE

30 g gemischte Körner und Samen (Sesamsamen, Leinsamen, Hirse, Mohnsamen; optional einige gehackte Haselnüsse)
30 g Wasser

3 ZUM BESTAUBEN

15 g Weizenmehl T65 (Type 550 oder 812)

Schritt für Schritt

3

5

6

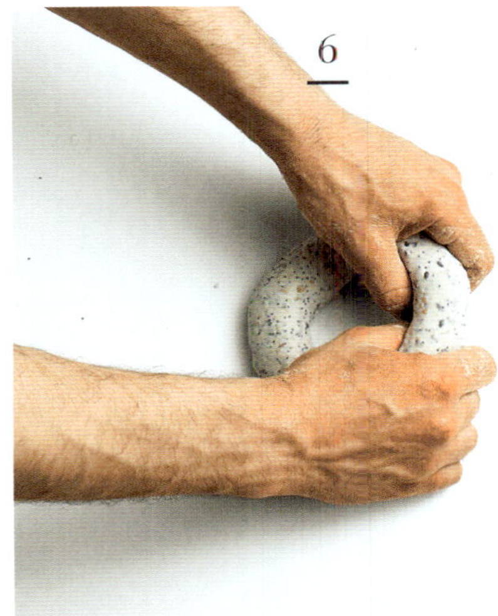

7

8

9

TAG 1

1 Die Körner (und optional die gehackten Haselnüsse) 10–15 Minuten auf einem Blech im 180 °C heißen Ofen rösten. Abkühlen lassen, in einer Schüssel mit dem Wasser vermengen und beiseitestellen.

TAG 2

2 Mehl, Wasser, Salz und die zerkrümelte Hefe in der Küchenmaschine 4 Minuten auf Geschwindigkeitsstufe 1 mischen und anschließend 6 Minuten auf mittlerer Stufe kneten (Seite 32). Der Teig sollte sich mit der Zeit vom Schüsselrand lösen. (Zum Mischen und Kneten von Hand siehe Seite 30.)

3 Die eingeweichten Körner dazugeben und auf Stufe 1 sorgfältig einarbeiten. Die Schüssel mit Frischhaltefolie bedecken und den Teig 1 Stunde bei Raumtemperatur gehen lassen.

4 Den Teig mit einem Teigabstecher in zwei Portionen zu je etwa 200 g teilen und rundlich vorformen (Seite 38). Auf der bemehlten Arbeitsfläche unter einem Tuch 30 Minuten ruhen lassen.

5 Die Teiglinge zu Kränzen formen (Seite 46): Die Mitte der Teiglinge mit Mehl bestauben und mit dem Zeigefinger ein Loch hineinbohren, bis Sie auf die Arbeitsfläche stoßen.

6 Die Daumen durch das Loch führen und dieses leicht erweitern. Dann den Kranz in einer kreisenden Bewegung mit Daumen und Zeigefingern nach und nach vergrößern. Lässt er sich nicht weiter dehnen, den Teig 5 Minuten ruhen lassen und den Vorgang wiederholen, bis der innere Durchmesser 10 cm beträgt.

7 Die Kränze mit dem Schluss nach unten auf ein mit Pergamentpapier bedecktes Blech legen und mit einem Tuch bedeckt bei 25–28 °C noch einmal 2 Stunden gehen lassen (Stückgare).

8 Die Kränze durch ein Sieb mit dem Mehl bestauben.

9 Den Backofen und eine Schale Wasser auf 260 °C vorheizen. »Ähren« schneiden (Seite 50–51): Die Kränze mit einer Schere rundherum im 45-Grad-Winkel einschneiden, sodass ein Ährenmuster entsteht; die Teigabschnitte leicht nach außen legen.

10 Den Boden des Ofens mit Wasser besprühen (die Wasserschale verbleibt im Ofen) und die Kränze 20 Minuten backen.

WALNUSSBROT

Schon gewusst?

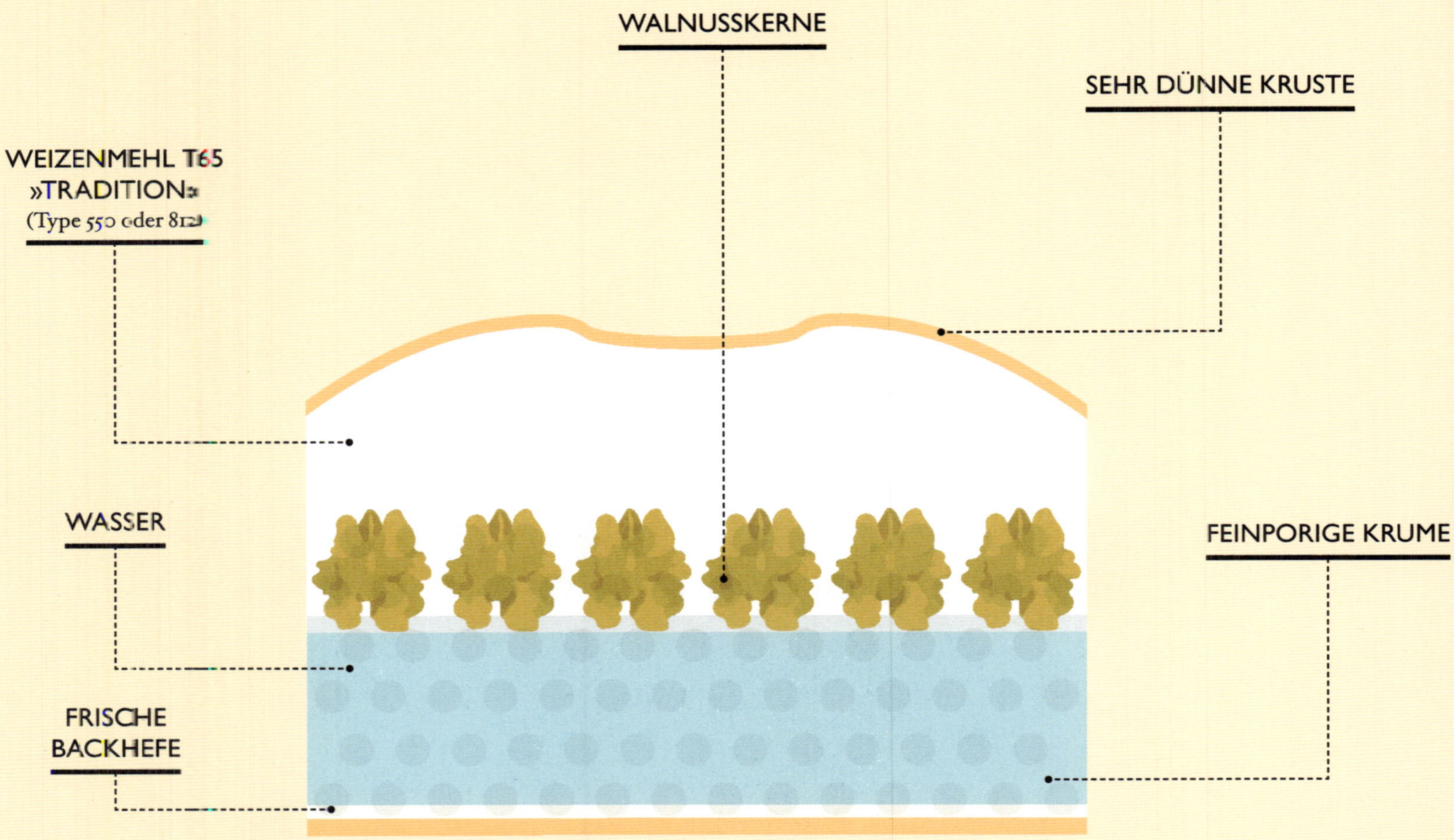

KURZ UND KNAPP ERKLÄRT

Rundes Brot traditioneller Machart aus zusatzfreiem Weizenmehl, angereichert mit Walnusskernen.

MERKMALE

Gewicht: 550 g
Größe: 15 cm im Durchmesser
Krume: feinporig
Kruste: dünn und zart

DAUER DER ZUBEREITUNG

Vorbereitung: 45 Minuten
Gare (Gehzeit): 3 Stunden (1 Stunde Stockgare, 30 Minuten Teigruhe, 1½ Stunden Stückgare)
Backzeit: 20–25 Minuten

ARBEITSMATERIAL

Küchenmaschine mit Flachrührer und Knethaken (optional)
Teigabstecher

ABWANDLUNGEN

Walnüsse und Haselnüsse
Walnüsse, Haselnüsse und Rosinen

TECHNIKEN

Mischen & Kneten (Seite 32)
Vorformen (Rundwirken; Seite 38)
Rundwirken (Seite 42)
Einschneiden (Kreuzschnitt, Seite 50–51)

GESCHAFFT

Sobald das Brot hohl klingt, wenn man gegen den Boden klopft.

HALTBARKEIT

In ein trockenes Tuch gewickelt 2 Tage.

Schritt für Schritt

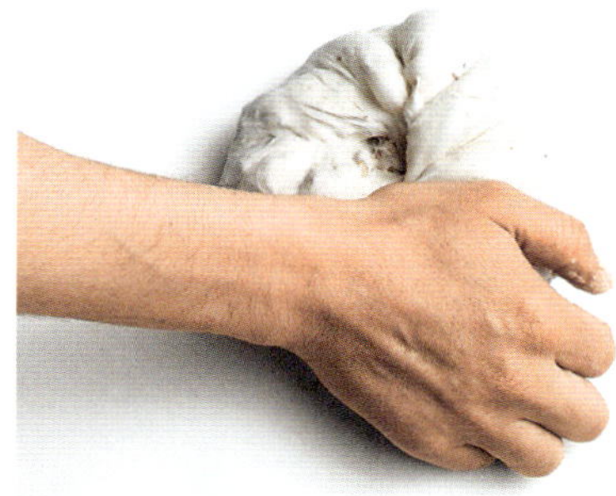

ERGIBT 1 BROT

BAGUETTETEIG TRADITIONELLER MACHART (500 G)

270 g Weizenmehl T65 »Tradition« (ohne Zusätze; Type 550 oder 812)
30 g Flüssigsauerteig (Seite 20)
190 g Wasser (20–25 °C)
5 g Salz
3 g frische Backhefe

EINLAGE

100 g Walnusskerne

1 Mehl, Sauerteig, Wasser, Salz und die zerkrümelte Hefe in der Küchenmaschine 4 Minuten auf Geschwindigkeitsstufe 1 mischen und anschließend 6 Minuten auf mittlerer Stufe kneten (Seite 32). Der Teig sollte sich mit der Zeit vom Schüsselrand lösen. (Zum Mischen und Kneten von Hand siehe Seite 30.)

2 Die Walnusskerne grob hacken und auf Stufe 1 gleichmäßig in den Teig einarbeiten.

3 Den Teig in eine Schüssel legen, mit Frischhaltefolie bedecken und 1 Stunde an einem warmen Ort (25–28 °C) gehen lassen. Dabei nach 30 Minuten den Teig falten (Seite 37).

4 Den Teig auf der bemehlten Arbeitsfläche rundlich vorformen (Seite 38), mit einem Tuch bedecken und 30 Minuten bei 25–28 °C ruhen lassen.

5 Den Teigling anschließend zu einem runden Laib formen (Seite 42).

6 Das Brot mit dem Schluss nach unten, mit einem Tuch bedeckt, weitere 1½ Stunden bei 25–28 °C gehen lassen (Stückgare).

7 Den Backofen mit einem Blech und einer Schale Wasser auf 240 °C vorheizen. Das Blech mit Pergamentpapier bedecken, das Brot mit dem Schluss nach unten darauf platzieren und mit einem Bäckermesser kreuzweise einschneiden (Seite 50–51).

8 Den Boden des Ofens mit Wasser besprühen (die Wasserschale verbleibt im Ofen) und das Brot 20–25 Minuten backen.

SCHOKOLADENBROT

Schon gewusst?

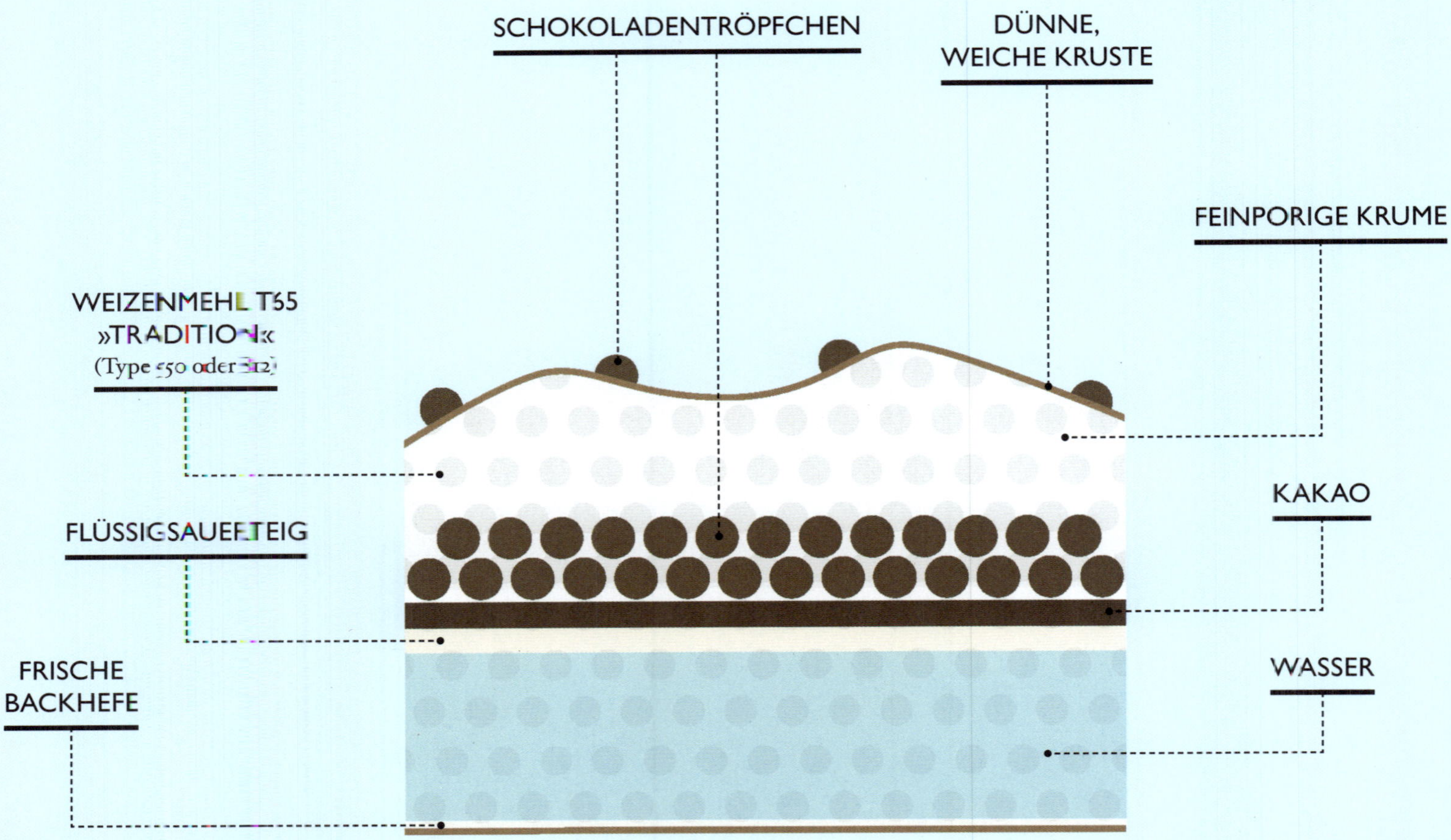

KURZ UND KNAPP ERKLÄRT

Baguetteteig traditioneller Machart, der mit ungesüßtem Kakaopulver und dunklen Schokoladentropfen angereichert und zu einem länglichen Laib (Bâtard) geformt wird.

MERKMALE

Gewicht: 150 g
Länge: 12 cm
Krume: feinporig
Kruste: dünn und weich

DAUER DER ZUBEREITUNG

Vorbereitung: 45 Minuten
Gare (Gehzeit): 3½–4 Stunden (2 Stunden Stockgare, 30 Minuten Teigruhe, 1–1½ Stunden Stückgare)
Backzeit: 15 Minuten

ARBEITSMATERIAL

Küchenmaschine mit Flachrührer und Knethaken (optional)
Teigabstecher

SCHWIERIGKEIT

Sobald die Schokoladentropfen in den Teig eingearbeitet sind, darf der Teig nicht mehr geknetet werden, damit sie nicht schmelzen.

TECHNIKEN

Mischen & Kneten (Seite 32)
Vorformen (Rundwirken; Seite 38)
Falten (Seite 37)
Bâtards formen (Seite 45)
Einschneiden (traditioneller Längsschnitt, Seite 50–51)

GESCHAFFT

Sobald die Kruste eben fest zu werden beginnt.

HALTBARKEIT

3–4 Tage

WOZU DIENT DER ZUGUSS (FRZ. BASSINAGE)?

Er soll den durch Zugabe von Kakaopulver recht festen Teig geschmeidiger machen. Da das Wasser erst in der letzten Phase unter den Teig geknetet wird, lässt sich die Menge besser dosieren und eine übermäßige Zugabe vermeiden.

Schokoladenbrot backen

1

2

3

ERGIBT 3 BROTE

1 BAGUETTETEIG TRADITIONELLER MACHART (310 G)

170 g Weizenmehl T65 »Tradition« (ohne Zusätze; Type 550 oder 812)
115 g Wasser (20–25 °C)
20 g Flüssigsauerteig (Seite 20)
4 g Salz
2 g frische Backhefe

2 EINLAGE

10 g Zucker
20 g ungesüßter Kakao
15 g Wasser
70 g Schokoladentropfen

3 ZUGUSS (FRZ. BASSINAGE)

15 g Wasser (20–25 °C)

Schritt für Schritt

1

2

4

9

11

1 Mehl, Wasser, Sauerteig, Salz und die zerkrümelte Hefe in der Küchenmaschine 4 Minuten auf Geschwindigkeitsstufe 1 mischen und anschließend auf mittlerer Stufe 6 Minuten kneten (Seite 32). Der Teig sollte sich mit der Zeit vom Schüsselrand lösen. (Zum Mischen und Kneten von Hand siehe Seite 30.)

2 Für die Einlage Zucker, Kakao und Wasser dazugeben und auf Stufe 1 unter den Teig kneten, bis er homogen ist.

3 Das Wasser für den Zuguss angießen (Seite 282) und langsam gleichmäßig in den Teig einarbeiten.

4 Die Schokoladentropfen hinzufügen und auf Stufe 1 in den Teig einkneten.

5 Den Teig in eine Schüssel legen, mit Frischhaltefolie bedecken und 30 Minuten an einem warmen Ort (25–28 °C) gehen lassen. Den Teig ein erstes Mal falten (Seite 37). Zurück in die Schüssel legen, mit Folie bedecken und erneut 30 Minuten bei 25–28 °C gehen lassen.

6 Den Teig ein zweites Mal falten, wieder in die Schüssel legen und, mit Folie bedeckt, 1 weitere Stunde bei 25–28 °C gehen lassen.

7 Den Teig mit einem Teigabstecher in drei Portionen zu je etwa 150 g teilen. Die Teigstücke auf der bemehlten Arbeitsfläche rundwirken (Seite 38).

8 Die Teiglinge mit einem Tuch bedecken und 30 Minuten bei 25–28 °C ruhen lassen.

9 Die Teiglinge zu länglichen Laiben (Bâtards) formen (Seite 45).

10 Die Brote mit dem Schluss nach unten auf einen Bogen Pergamentpapier legen, mit einem Tuch bedecken und noch einmal 1–1½ Stunden bei 25–28 °C gehen lassen (Stückgare).

11 Den Backofen und ein Blech mit einer Schale Wasser auf 240 °C vorheizen. Die Brote samt Pergamentbogen auf das heiße Blech ziehen und der Länge nach einschneiden (Seite 50–51).

12 Den Boden des Ofens mit Wasser besprühen (die Wasserschale verbleibt im Ofen) und die Schokoladenbrote 15 Minuten backen.

HASELNUSS-FEIGEN-BRÖTCHEN

Schon gewusst?

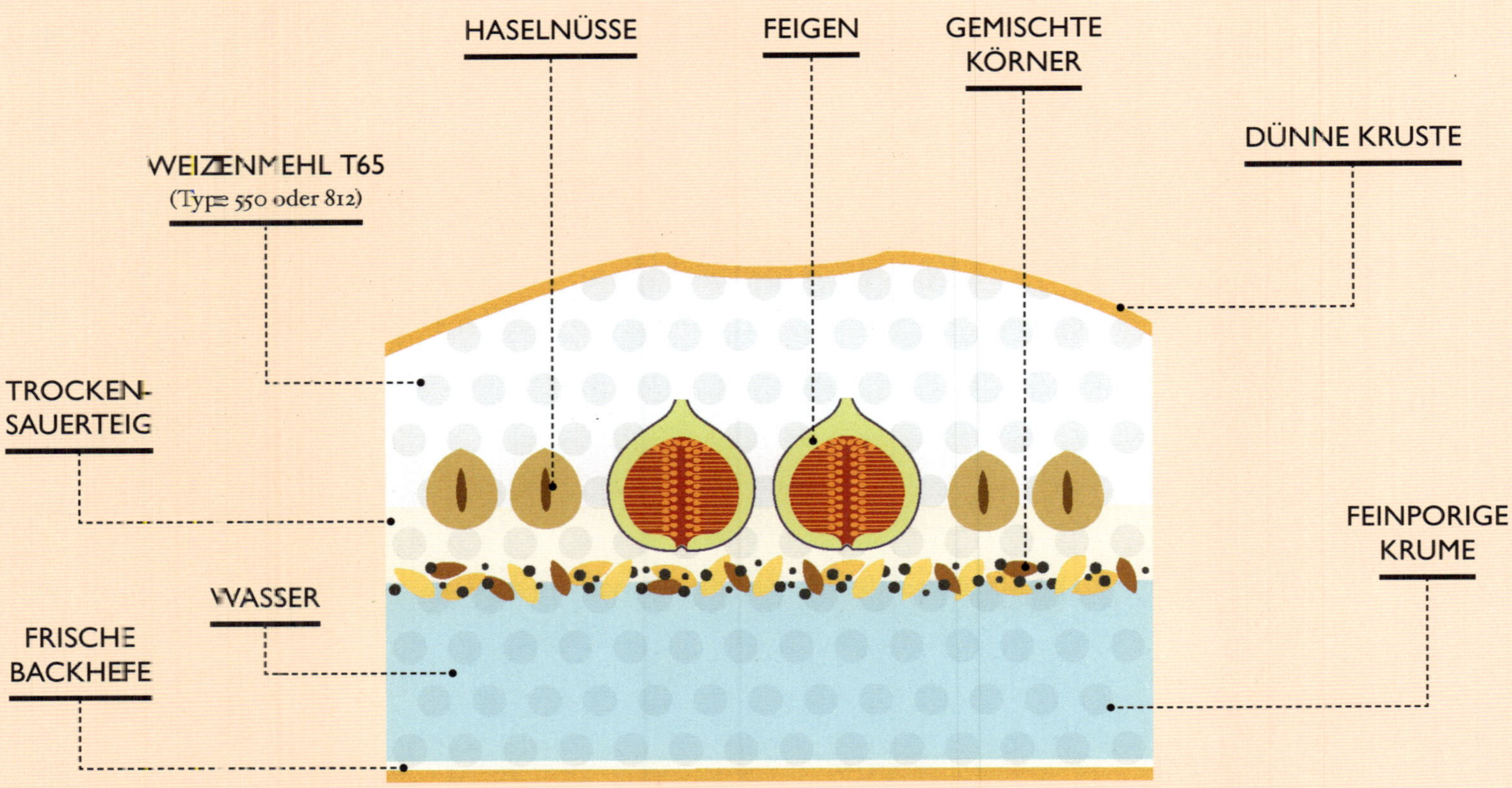

KURZ UND KNAPP ERKLÄRT

Brotteig aus Weizenmehl (T65) und Sauerteig mit einer Einlage aus gerösteten Körnern, Feigen und Haselnüssen, in Brötchenform gebacken.

MERKMALE

Gewicht: 75 g
Größe: 10 cm im Durchmesser
Krume: feinporig
Kruste: dünn

DAUER DER ZUBEREITUNG

Vorbereitung: 25 Minuten
Gare (Gehzeit): 3–3½ Stunden
(1 Stunde Stockgare, 30 Minuten Teigruhe, 1½–2 Stunden Stückgare)
Backzeit: 15 Minuten

ARBEITSMATERIAL

Küchenmaschine mit Flachrührer und Knethaken (optional)
Teigabstecher
Bäckermesser

TECHNIKEN

Mischen & Kneten (Seite 32)
Falten (Seite 37)
Vorformen (Rundwirken; Seite 38)
Rundwirken (Seite 42)
Einschneiden (Kreuzschnitt, Seite 50–51)

TIPP

Falls die Körner nicht sämtliches Wasser absorbieren, diese vor der Zugabe kurz abtropfen lassen.

GESCHAFFT

Sobald die Brötchen goldbraun gebacken sind und hohl klingen, wenn man gegen den Boden klopft.

HALTBARKEIT

3 Tage

Schritt für Schritt

ERGIBT 6 BRÖTCHEN

TEIG

190 g Weizenmehl T65 (Type 550 oder 812)
130 g Wasser
60 g Trockensauerteig (Seite 22)
4 g Salz
2 g frische Backhefe

EINLAGE

30 g gemischte Körner und Samen (Sesamsamen, gelber und brauner Leinsamen, Hirse, Mohnsamen)
15 g Haselnusskerne
30 g Wasser
15 g getrocknete Feigen

TAG 1

1 Körner, Samen und Haselnüsse auf einem Blech im 180 °C heißen Ofen 10 Minuten rösten und abkühlen lassen. In einer Schüssel mit dem Wasser vermengen und bei Raumtemperatur einweichen.

TAG 2

2 Mehl, Wasser, Sauerteig, Salz und die zerkrümelte Hefe in der Küchenmaschine 4 Minuten auf Geschwindigkeitsstufe 1 mischen und anschließend auf mittlerer Stufe 6 Minuten kneten (Seite 32). Der Teig sollte sich vom Schüsselrand lösen. (Zum Mischen und Kneten von Hand siehe Seite 30.)

3 Haselnüsse, Körner und Samen sowie die geviertelten Feigen dazugeben und auf Stufe 1 in den Teig einarbeiten.

4 Den Teig in eine Schüssel legen, mit Frischhaltefolie bedecken und bei Raumtemperatur 30 Minuten gehen lassen. Den Teig falten (Seite 37), wieder in die Schüssel legen und mit Folie bedeckt weitere 30 Minuten gehen lassen.

5 Den Teig mit dem Teigabstecher in sechs Portionen zu je etwa 75 g teilen, rundlich vorformen (Seite 38) und auf der bemehlten Arbeitsfläche unter einem Tuch 30 Minuten ruhen lassen.

6 Die Teiglinge zu runden Brötchen formen (Seite 42) und mit dem Schluss nach unten auf einen Bogen Pergamentpapier setzen. Mit einem Tuch bedecken und bei 25–28 °C weitere 1½–2 Stunden gehen lassen (Stückgare).

7 Die Brötchen kreuzweise einschneiden (Seite 50–51). Den Backofen mit einem Blech und einer Schale Wasser auf 240 °C vorheizen. Die Brötchen samt Pergamentpapier auf das vorgeheizte Blech ziehen. Den Boden des Ofens mit Wasser besprühen (die Wasserschale verbleibt im Ofen) und die Brötchen 15 Minuten backen.

MÜSLIBRÖTCHEN

Schon gewusst?

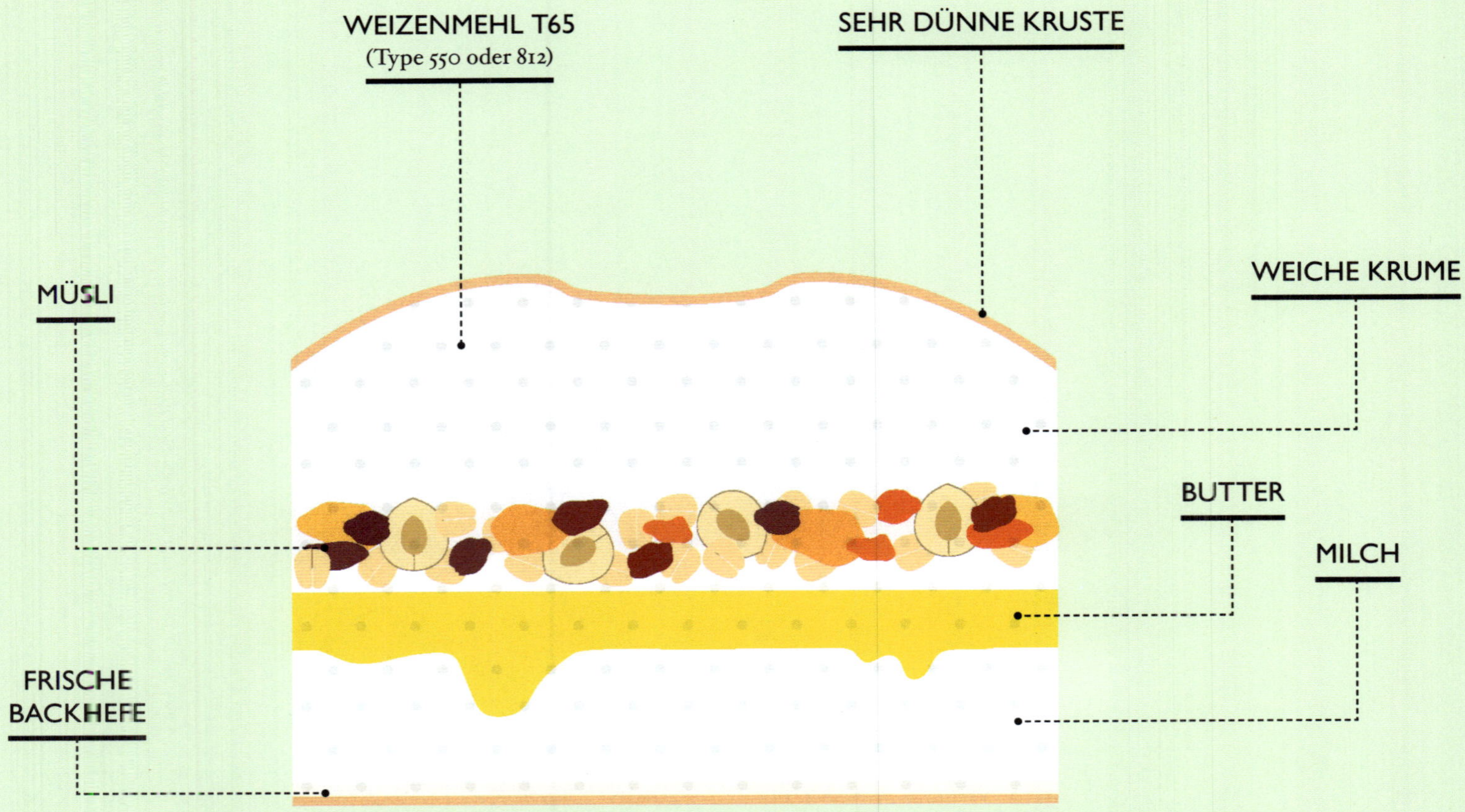

KURZ UND KNAPP ERKLÄRT

Wiener Baguetteteig mit einer Einlage aus Müsli, zu Brötchen geformt.

MERKMALE

Gewicht: 80 g
Größe: 10 cm im Durchmesser
Krume: weich
Kruste: sehr dünn und geschmeidig

DAUER DER ZUBEREITUNG

Vorbereitung: 30 Minuten
Gare (Gehzeit): 8 Stunden (30 Minuten Stockgare plus weitere 5 Stunden im Kühlschrank, 30 Minuten Teigruhe, 2 Stunden Stückgare)
Backzeit: 15 Minuten

ARBEITSMATERIAL

Küchenmaschine mit Flachrührer und Knethaken (optional)
Teigabstecher
Sieb
Pinsel

TECHNIKEN

Mischen & Kneten (Seite 32)
Falten (Seite 37)
Vorformen (Rundwirken, Seite 38)
Runde Brötchen formen (Seite 42)
Abglänzen (Seite 48)
Einschneiden (Rauten, Seite 50–51)

TIPP

Verwenden Sie ein Müsli mit Haferflocken und meiden Sie frische Früchte, die den Teig zu wässrig werden lassen.

GESCHAFFT

Wenn die Brötchen goldbraun gebacken sind.

HALTBARKEIT

Maximal 1–2 Tage

Schritt für Schritt

ERGIBT 6 BRÖTCHEN

WIENER BAGUETTETEIG

240 g Weizenmehl T65 (Type 550 oder 812)
150 g Milch
5 g Salz
5 g frische Backhefe
20 g Zucker
40 g Butter

EINLAGE

60 g Müsli (Haferflocken, Haselnüsse, Rosinen und exotische Trockenfrüchte)

EISTREICHE

1 Ei
3 g Milch
1 Prise Salz

1 Einen Wiener Baguetteteig zubereiten (Seite 60).

2 Das Müsli dazugeben und auf niedriger Stufe gleichmäßig in den Teig einarbeiten.

3 Den Teig in eine Schüssel legen, mit Frischhaltefolie bedecken und 30 Minuten gehen lassen.

4 Den Teig falten (Seite 37), zurück in die Schüssel legen und direkt auf der Oberfläche mit Frischhaltefolie bedecken (Seite 285). Im Kühlschrank weitere 5 Stunden gehen lassen.

5 Den Teig mit dem Teigabstecher in sechs Portionen zu je etwa 80 g teilen und rundlich vorformen (Seite 38). Auf der bemehlten Arbeitsfläche unter einem Tuch 30 Minuten ruhen lassen.

6 Die Teiglinge zu runden Brötchen formen (Seite 42) und mit dem Schluss nach unten auf einen Bogen Pergamentpapier setzen.

7 Die Eistreiche anrühren und die Brötchen mit einem Pinsel abglänzen (Seite 48). Rauten einschneiden (Seite 50–51), mit einem Tuch bedecken und bei 25–28 °C noch einmal 2 Stunden gehen lassen (Stückgare).

8 Den Backofen und ein Blech auf 200 °C vorheizen. Die Brötchen samt Pergamentpapier auf das Blech ziehen, falls nötig noch einmal abglänzen, und 15 Minuten backen.

KÄSEBROT

Schon gewusst?

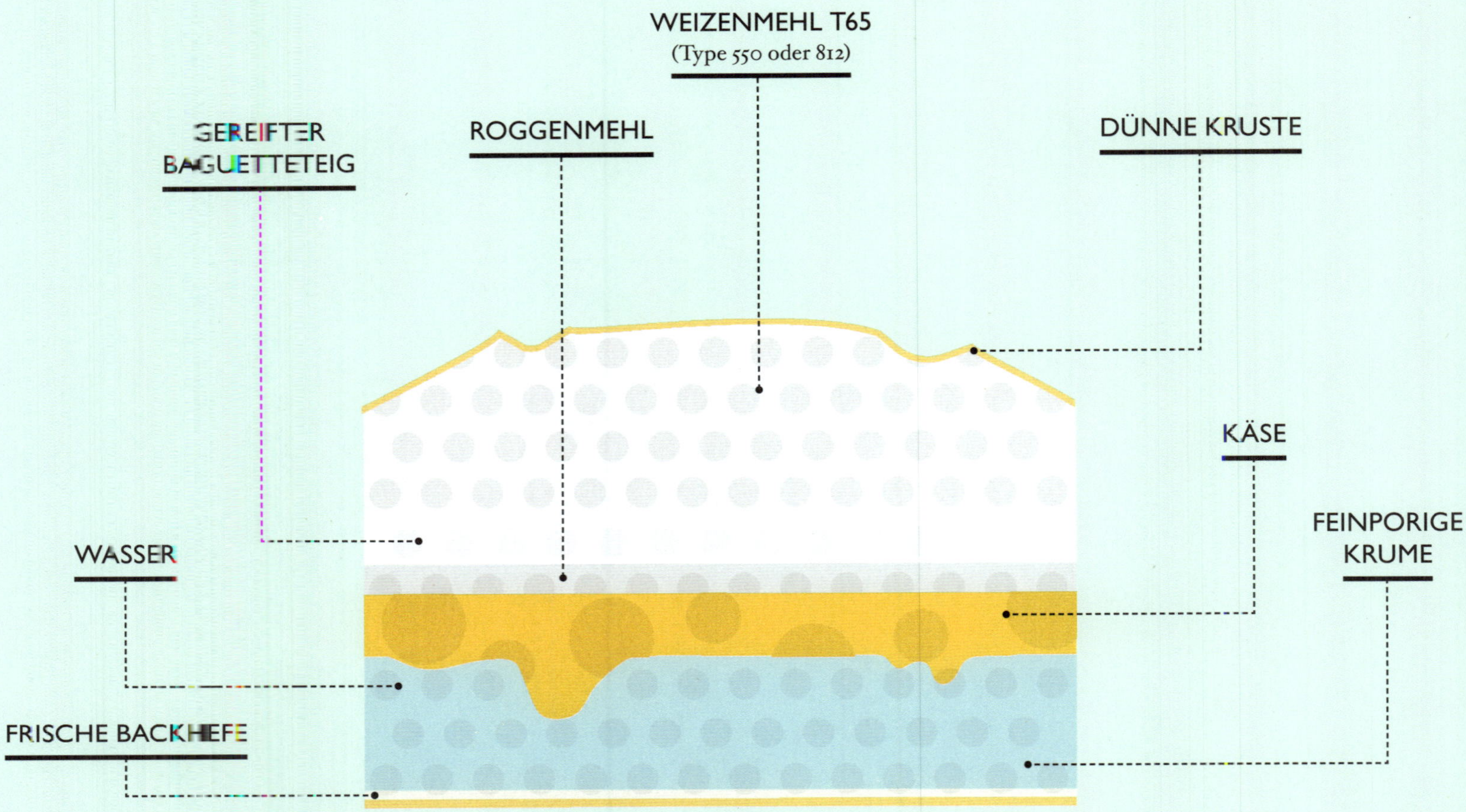

KURZ UND KNAPP ERKLÄRT

Gereifter Baguetteteig (Seite 54), ergänzt durch Weizen- und Roggenmehl, mit Käse angereichert und zu länglichen Laiben (Bâtards) geformt.

MERKMALE

Gewicht: 200 g
Länge: 15 cm
Krume: feinporig
Kruse: dünn

DAUER DER ZUBEREITUNG

Vorbereitung: 30 Minuten
Gare (Gehzeit): 2½ Stunden
(1 Stunde Stockgare, 30 Minuten Teigruhe, 1 Stunde Stückgare)
Backzeit: 20–25 Minuten

ARBEITSMATERIAL

Küchenmaschine mit Flachrührer und Knethaken (optional)
Teigabstecher
Bäckermesser

SCHWIERIGKEIT

Das Käsebrot sollte gut durchgebacken werden, jedoch weich und saftig bleiben.

TECHNIKEN

Mischen & Kneten (Seite 32)
Vorformen (Rundwirken; Seite 38)
Bâtards formen (Seite 45)
Einschneiden (schräge Schnitte, Seite 50–51)

TIPP

Die Brote sind ausreichend gegangen und backfertig, wenn der Teig auf leichten Fingerdruck vollständig zurückfedert.

GESCHAFFT

Sobald die Brote goldbraun sind und hohl klingen, wenn man gegen den Boden klopft.

HALTBARKEIT

2–3 Tage

Schritt für Schritt

ERGIBT 3 BROTE

TEIG

60 g gereifter Baguetteteig (Seite 54)
250 g Weizenmehl T65 (Type 550 oder 812)
30 g Roggenmehl
200 g Wasser (20–25 °C)
5 g Salz
15 g gehackte Walnusskerne (optional)
3 g frische Backhefe

EINLAGE

120 g Comté oder Cantal

ZUM BESTAUBEN

15 g Weizenmehl T65 (Type 550 oder 812)

1 Den gereiften Teig, Weizen- und Roggenmehl, Wasser, Salz, Walnüsse (optional) und die zerkrümelte Hefe in der Küchenmaschine 4 Minuten auf Geschwindigkeitsstufe 1 mischen und anschließend 6 Minuten auf mittlerer Stufe kneten (Seite 32). Der Teig sollte sich mit der Zeit vom Schüsselrand lösen. (Zum Mischen und Kneten von Hand siehe Seite 30.)

2 Den Käse in 1 cm große Würfel schneiden und gleichmäßig unter den Teig kneten.

3 Den Teig in eine Schüssel legen.

4 Die Schüssel mit einem Tuch bedecken und den Teig 1 Stunde bei 25–28 °C gehen lassen.

5 Den Teig mit einem Teigabstecher in drei Portionen zu je 200 g teilen und rundlich vorformen (Seite 38). Zugedeckt auf der bemehlten Arbeitsfläche 30 Minuten ruhen lassen.

6 Die Teiglinge zu länglichen Laiben (Bâtards) formen (Seite 45).

7 Die Brote mit dem Schluss nach unten auf einen Bogen Pergamentpapier platzieren, mit einem Tuch bedecken und bei 25–28 °C noch einmal 1 Stunde gehen lassen (Stückgare).

8 Den Backofen mit einem Blech und einer Schale Wasser auf 250 °C vorheizen. Die Brote samt Pergamentbogen auf das heiße Blech ziehen und in engen Abständen über die gesamte Länge diagonal einschneiden (Seite 50–51). Den Boden des Ofens mit Wasser besprühen (die Wasserschale verbleibt im Ofen) und die Brote 20–25 Minuten backen.

ITALIENISCHE BRÖTCHEN

Schon gewusst?

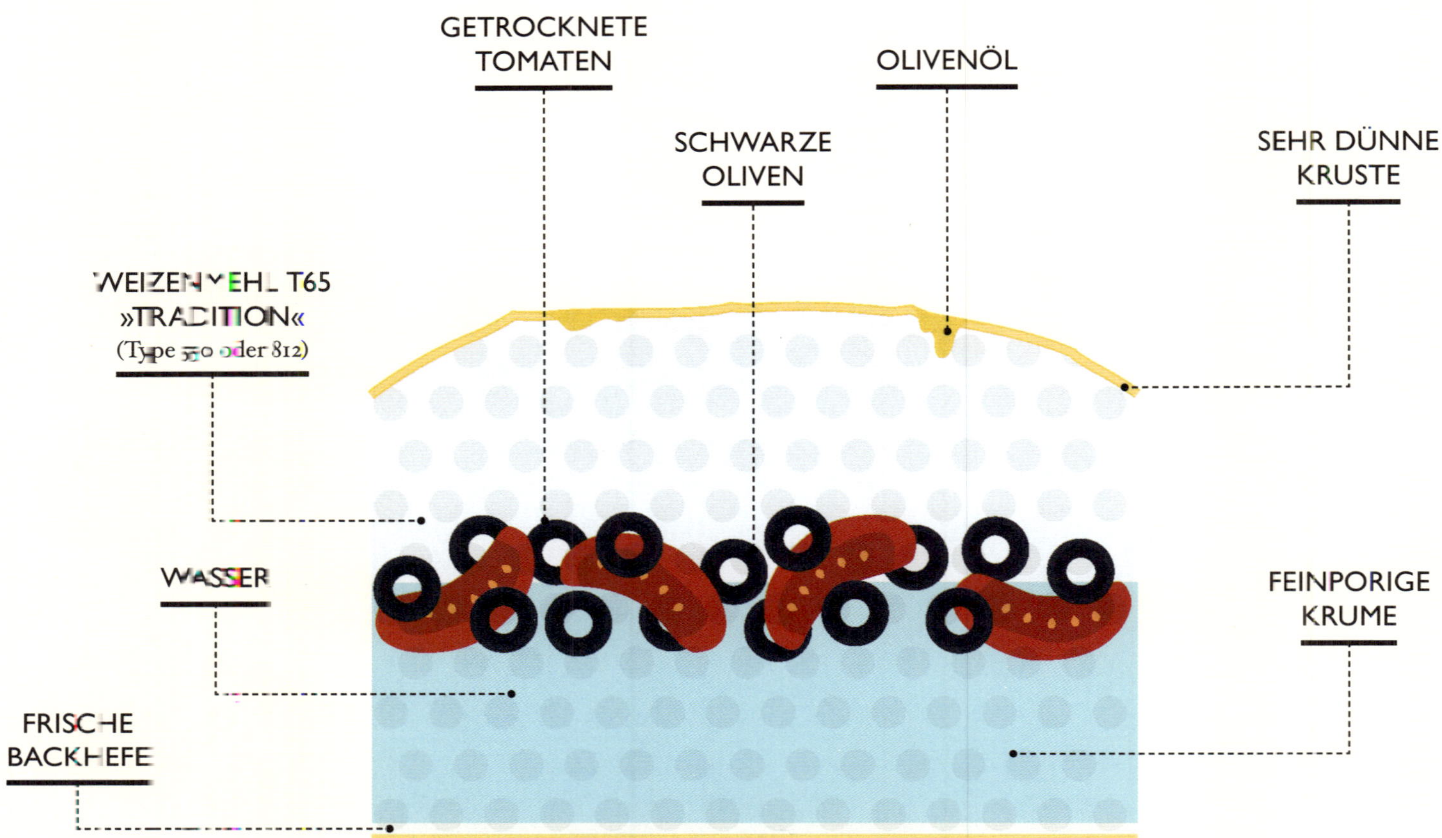

KURZ UND KNAPP ERKLÄRT

Traditioneller Baguetteteig, der mit Oliven und getrockneten Tomaten angereichert, mit Kräutern der Provence gewürzt und zu Brötchenstangen geformt wird.

MERKMALE

Gewicht: 85 g
Länge: 20 cm
Krume: feinporig
Kruste: sehr dünn und zart

DAUER DER ZUBEREITUNG

Vorbereitung: 25 Minuten
Gare (Gehzeit): 3½ Stunden
(1½ Stunden Stockgare, 30 Minuten Teigruhe, 1½ Stunden Stückgare)
Backzeit: 10 Minuten

ARBEITSMATERIAL

Küchenmaschine mit Flachrührer und Knethaken (optional)
Teigabstecher
Bäckermesser
Pinsel

TECHNIKEN

Mischen & Kneten (Seite 32)
Falten (Seite 37)
Vorformen (Langwirken, Seite 38)
Stangen formen (Seite 44)

GESCHAFFT

Sobald die Brötchen goldbraun gebacken sind.

HALTBARKEIT

1 Tag

Schritt für Schritt

ERGIBT 6 BRÖTCHEN

TRADITIONELLER BAGUETTETEIG (410 G)

245 g Weizenmehl T65 »Tradition« (ohne Zusätze; Type 550 oder 812)
160 g Wasser
4 g Salz
4 g frische Backhefe

EINLAGE

60 g entsteinte schwarze Oliven
40 g in Öl eingelegte getrocknete Tomaten
1 Prise Kräuter der Provence

Olivenöl zum Bepinseln

1 Die Oliven und die getrockneten Tomaten sorgfältig abtropfen lassen und zerkleinern. Einen Baguetteteig traditioneller Machart zubereiten (Seite 56). Tomaten, Oliven und die Kräuter der Provence dazugeben und auf Geschwindigkeitsstufe 1 unter den Teig kneten, bis sie vollständig eingearbeitet sind.

2 Den Teig in eine Schüssel legen, mit Frischhaltefolie bedecken und bei Raumtemperatur 30 Minuten gehen lassen.

3 Den Teig falten (Seite 37), zurück in die Schüssel legen und, mit Folie bedeckt, 1 weitere Stunde bei Raumtemperatur gehen lassen.

4 Den Teig mit einem Teigabstecher in sechs Portionen zu je etwa 85 g teilen und leicht länglich vorformen (Seite 38).

5 Die Teiglinge auf der bemehlten Arbeitsfläche mit einem Tuch bedecken und 30 Minuten ruhen lassen.

6 Die Teiglinge zu Stangen formen (Seite 44) und mit dem Schluss nach unten auf einen Bogen Pergamentpapier legen. Mit einem Tuch bedecken und bei 25–28 °C noch einmal 1½ Stunden gehen lassen (Stückgare).

7 Den Backofen mit einem Blech und einer Schale Wasser auf 240 °C vorheizen. Die Brötchenstangen samt Pergamentpapier auf das heiße Blech ziehen, den Boden des Ofens mit Wasser besprühen (die Wasserschale verbleibt im Ofen) und 10 Minuten backen.

8 Die Brötchen aus dem Ofen nehmen und mit etwas Olivenöl bepinseln.

KÄSESTANGEN

Schon gewusst?

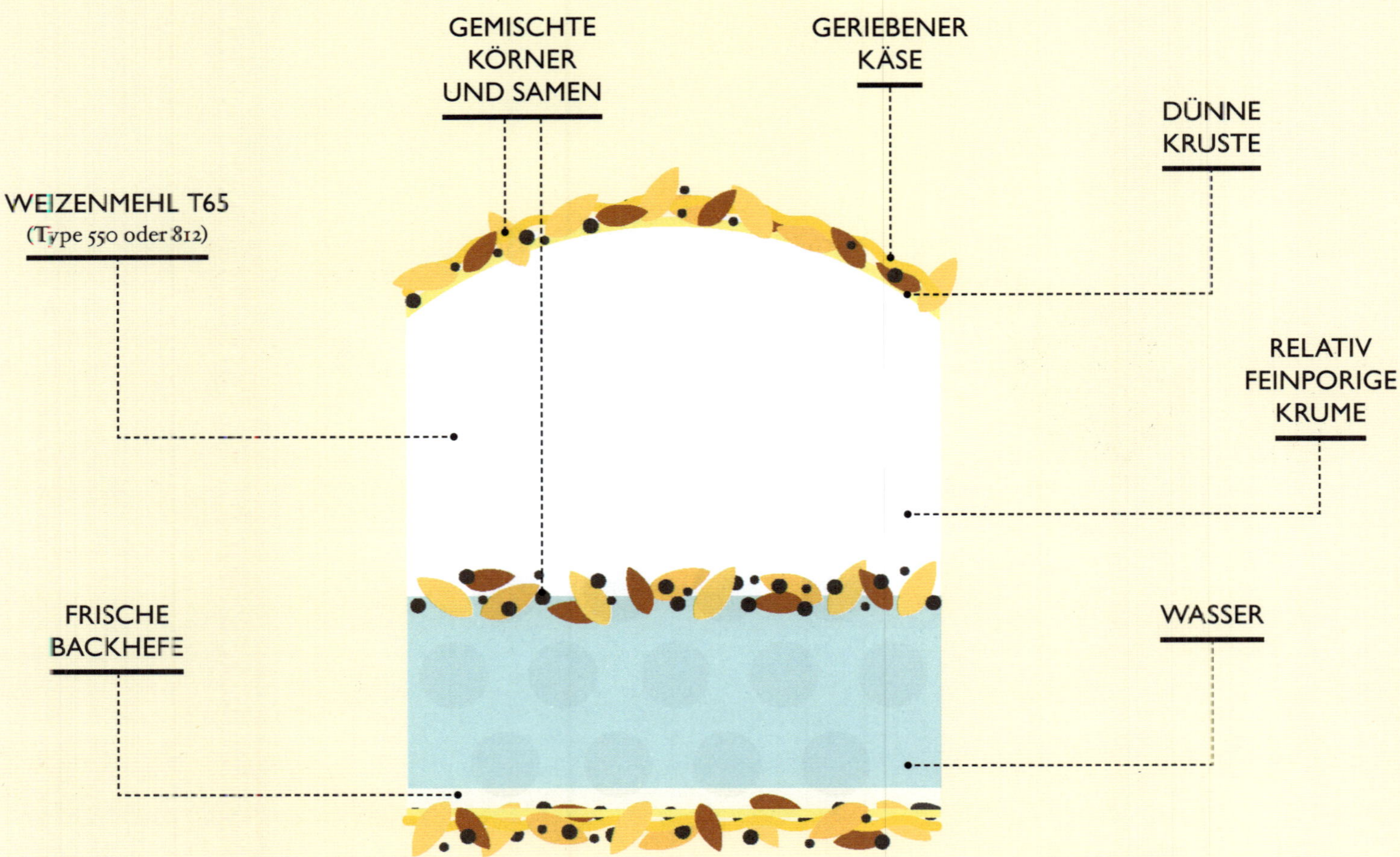

KURZ UND KNAPP ERKLÄRT

Mit Sahne angereicherter Weißbrotteig, der zu dünnen Stangen geformt und vor dem Backen in einer Mischung aus geriebenem Käse, Salzblüte und Körnern gewendet wird.

MERKMALE

Gewicht: 120 g
Länge: 25 cm
Krume: relativ feinporig, regelmäßig
Kruste: dünn

DAUER DER ZUBEREITUNG

Vorbereitung: 2 × 20 Minuten (an 2 Tagen)
Gare (Gehzeit): 1 Stunde 20 Minuten
(20 Minuten Stockgare, 1 Stunde Stückgare)
Backzeit: 15–20 Minuten

ARBEITSMATERIAL

Küchenmaschine mit Flachrührer
und Knethaken (optional)
Teigabstecher
Pinsel

SCHWIERIGKEIT

Die Körnermischung und der Käse müssen vor dem Backen möglichst gleichmäßig und deckend auf den Teigstangen verteilt werden.

TECHNIKEN

Mischen & Kneten (Seite 32)
Stangen formen (Seite 44)

GESCHAFFT

Sobald die Käsestangen goldbraun gebacken sind.

Käsestangen backen

1

2

3

ERGIBT 4 KÄSESTANGEN

1 GEREIFTER BAGUETTETEIG

125 g Weizenmehl T65 (Type 550 oder 812)
65 g Wasser
2 g Salz
1 g frische Backhefe

2 FICELLE-TEIG

190 g Weizenmehl T65 (Type 550 oder 812)
40 g Wasser
190 g gereifter Baguetteteig (Seite 54)
100 g flüssige Sahne
4 g Salz
3 g frische Backhefe
70 g gemischte Körner und Samen (Leinsamen, Sesamsamen, Mohnsamen ...)

3 GARNITUR

60 g gemischte Körner und Samen (Leinsamen, Sesamsamen, Mohnsamen ...)
50 g geriebener Käse
2 g Salzblüte

Schritt für Schritt

TAG 1

1 Den Baguetteteig zubereiten (Seite 54) und mindestens 24 Stunden reifen lassen.

TAG 2

2 Mehl, Wasser, Baguetteteig, Sahne, Salz und die zerkrümelte Hefe in der Küchenmaschine 4 Minuten auf Geschwindigkeitsstufe 1 mischen und anschließend auf mittlerer Stufe 6 Minuten kneten (Seite 32). (Zum Mischen und Kneten von Hand siehe Seite 30.)

3 Die Körner und Samen dazugeben und auf Stufe 1 gleichmäßig in den Teig einarbeiten.

4 Den Teig in eine Schüssel legen, mit einem Tuch bedecken und 20 Minuten gehen lassen.

5 Den Teig mit einem Teigabstecher in vier Portionen zu je 145 g teilen und zu Stangen formen (Seite 44).

6 Die Teigstangen an der unteren Seite (mit dem Schluss) mit einem Pinsel mit Wasser benetzen. Anschließend in einer Schale in der Körner-Salz-Käse-Mischung wenden, bis sie rundherum gleichmäßig bedeckt sind.

7 Die Käsestangen mit dem Schluss nach unten auf ein mit Pergamentpapier bedecktes Blech platzieren. Mit einem Tuch bedecken und bei 25–28 °C noch einmal 1 Stunde gehen lassen (Stückgare).

8 Den Backofen mit einem Blech und einer Schale Wasser auf 240 °C vorheizen. Die Käsestangen samt Pergamentpapier auf das heiße Blech ziehen. Den Boden des Ofens mit Wasser besprühen (die Wasserschale verbleibt im Ofen) und die Käsestangen 15–20 Minuten backen.

ÜBERRASCHUNGSBROT

Schon gewusst?

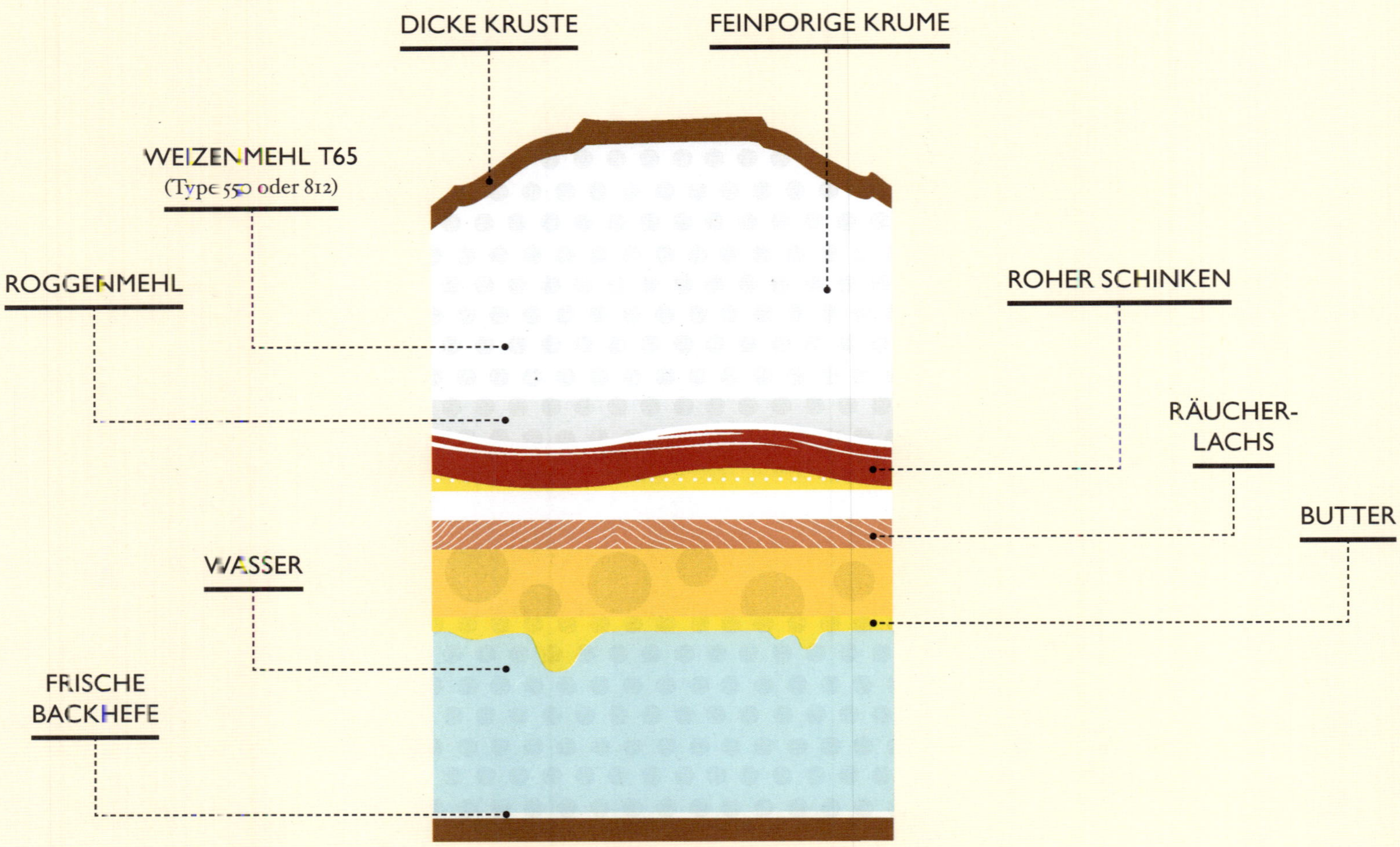

KURZ UND KNAPP ERKLÄRT

Brotteig aus Weizen- und Roggenmehl, der in einem hohen Ring gebacken, anschließend garniert und in Sandwiches geschnitten wird.

MERKMALE

Höhe: 35 cm
Gewicht: 2 kg
Krume: feinporig
Kruste: dick

DAUER DER ZUBEREITUNG

Vorbereitung: 40 Minuten
Gare (Gehzeit): 2 Stunden (30 Minuten Stockgare, 1½ Stunden Stückgare)
Backzeit: 1 Stunde 20 Minuten

ARBEITSMATERIAL

Küchenmaschine mit Flachrührer und Knethaken (optional)
Mehlsieb
Bäckermesser, Sägemesser
Backring von 12 cm Höhe und 16 cm Durchmesser
Pinsel

SCHWIERIGKEIT

Die Krume herauszulösen, ohne sie zu beschädigen.

TECHNIKEN

Mischen & Kneten (Seite 32)
Falten (Seite 37)
Rundwirken (Seite 42)
Einschneiden (Rauten, Seite 50–51)

TIPP

Das Brot nach 30 Minuten im Ofen mit Pergamentpapier bedecken, damit die Kruste nicht zu dunkel wird.

GESCHAFFT

Wenn die Kruste kräftig gebräunt ist und sich die Risslinien zwischen den Rauten erweitert haben.

HALTBARKEIT

Luftdicht verpackt 4–5 Tage.

Überraschungsbrot backen

1

2/3

4

ERGIBT 1 ÜBERRASCHUNGSBROT: 60–70 KLEINE SANDWICHES

1 BROTTEIG

725 g Weizenmehl T65 (Type 550 oder 812)
80 g Roggenmehl T170 (Type 1740)
525 g kaltes Wasser
15 g Salz
12 g frische Backhefe

2 ZUM BESTAUBEN

20 g Weizenmehl T65 (Type 550 oder 812)

3 FÜR DIE FORM

40 g *beurre pommade* (Seite 284)

4 GARNITUR

25 g *beurre pommade* (Seite 284)
25 g gesalzene Butter
6 Scheiben Bayonner Schinken (oder anderer roher Schinken)
150 g Comté
100 g Frischkäse
4 Scheiben Räucherlachs

Schritt für Schritt

1 Weizen- und Roggenmehl, Wasser, Salz und die zerkrümelte Hefe in der Küchenmaschine 4 Minuten auf Geschwindigkeitsstufe 1 mischen und anschließend 6 Minuten auf mittlerer Stufe kneten (Seite 32). Der Teig sollte sich mit der Zeit vom Schüsselrand lösen. (Zum Mischen und Kneten von Hand siehe Seite 30.)

2 Den Teig auf der bemehlten Arbeitsfläche unter einem Tuch bei Raumtemperatur 30 Minuten gehen lassen. Dabei nach 15 Minuten den Teig falten (Seite 37).

3 Den Teig zu einem runden Laib formen (Seite 42). Den Backring mithilfe eines Pinsels mit der Butter einfetten, auf ein Blech stellen und den Teig einfüllen.

4 Den Teig mit einem Tuch bedecken und an einem 25–28 °C warmen Ort 1½ Stunden gehen lassen (Stückgare) – er sollte ein wenig über den Formrand hinaus aufgehen.

5 Den Backofen mit einer Schale Wasser auf 240 °C vorheizen. Das Brot durch ein Sieb mit dem Mehl bestauben (Seite 285) und den Teig mit einem Bäckermesser rautenförmig einschneiden (Seite 50–51).

6 Den Boden des Ofens mit Wasser besprühen (die Wasserschale verbleibt im Ofen) und das Brot 40 Minuten backen. Die Temperatur auf 180 °C reduzieren und weitere 40 Minuten backen. Die letzten 5–10 Minuten die Ofentür einen Spaltbreit öffnen. Das Brot aus dem Ring lösen und auf einem Gitter abkühlen lassen.

7 Mit einem großen Sägemesser den Krustendeckel des Brotes abschneiden und den Boden 1 cm dick abtrennen. Die Klinge eines langen spitzen Messers am Rand zwischen Kruste und Krume senkrecht einführen und rundherum mit vertikalen Schnittbewegungen voneinander trennen. Die Krume behutsam durch leichten Druck von unten in einem Stück herauslösen. Den ausgehöhlten Rand und den Deckel beiseitelegen.

8 Die Krume auf die Seite legen und in etwa 5 mm dünne Scheiben schneiden – insgesamt 20 Scheiben.

9 Die ersten vier Scheiben mit der *beurre pommade* bestreichen und mit dem Schinken belegen, drei weitere mit gesalzener Butter bestreichen und mit dem Comté belegen, weitere drei Scheiben mit Frischkäse bestreichen und mit Räucherlachs garnieren.

10 Die belegten Scheiben mit je einer weiteren Brotscheibe bedecken, sodass große runde Sandwiches entstehen. Diese in je sechs kleine Dreiecke schneiden.

11 Den ausgehöhlten Brotring auf eine Platte stellen und die kleinen Sandwiches mit wechselnden Belägen nach und nach wieder einsetzen. Zuletzt den Deckel aufsetzen – fertig ist das Überraschungsbrot.

CIABATTA

Schon gewusst?

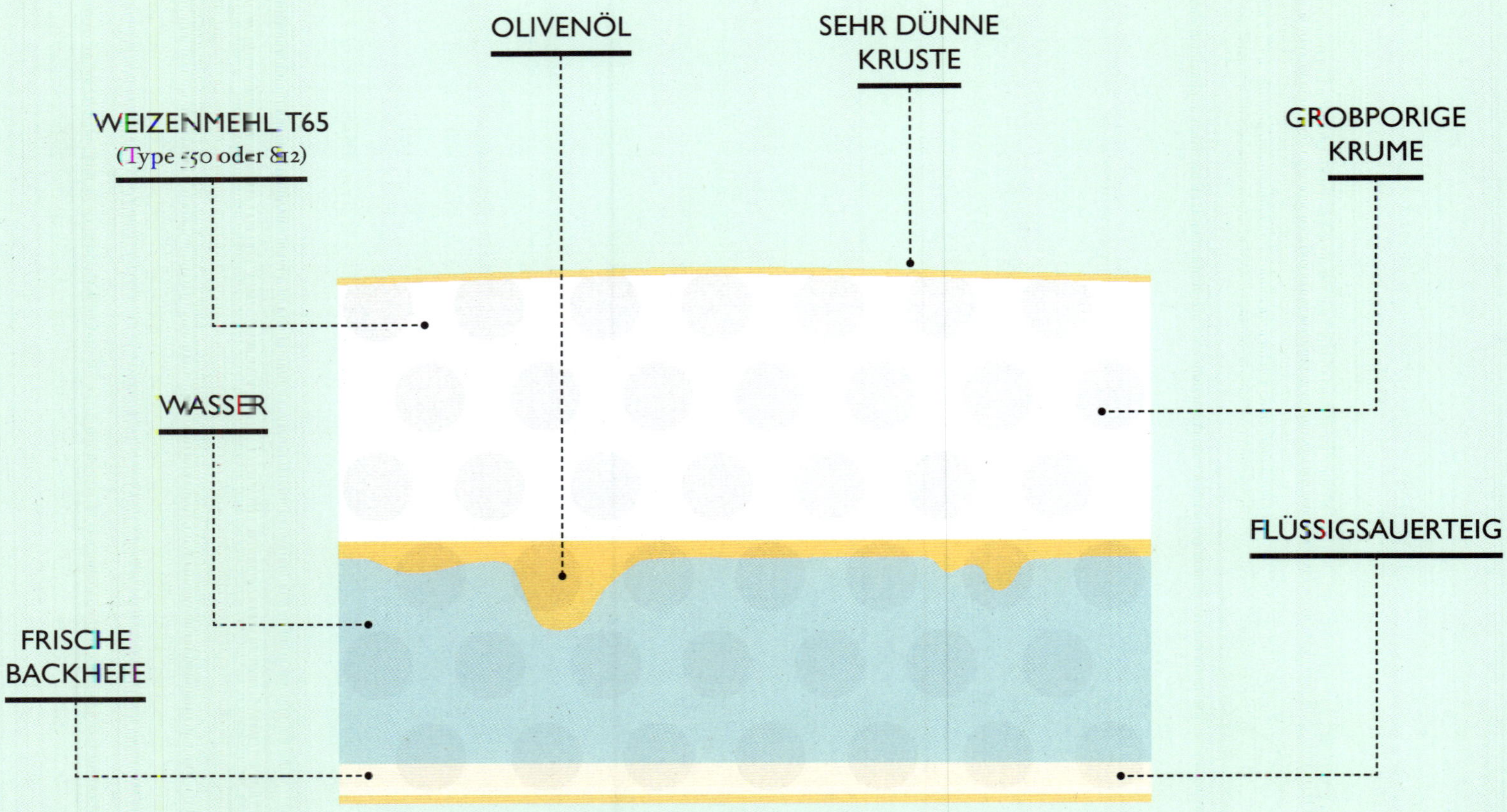

KURZ UND KNAPP ERKLÄRT

Brotteig aus Weizenmehl, Flüssigsauerteig und Olivenöl, der zu rechteckigen Fladen geformt wird.

MERKMALE

Gewicht: 200 g
Länge: 15 cm
Krume: grobporig
Kruste: sehr dünn und weich
Geschmack: nach Olivenöl, ganz leicht säuerlich

DAUER DER ZUBEREITUNG

Vorbereitung: 30 Minuten
Gare (Gehzeit): 3 Stunden (1 Stunde Stockgare, 2 Stunden Stückgare)
Backzeit: 15 Minuten

ARBEITSMATERIAL

Küchenmaschine mit Flachrührer und Knethaken (optional)

TECHNIKEN

Mischen & Kneten (Seite 32)
Falten (Seite 37)
Formen (Seite 40–41)

HALTBARKEIT

Luftdicht verpackt etwa 2 Tage.

GESCHAFFT

Sobald das Brot leicht Farbe zu nehmen beginnt.

Schritt für Schritt

ERGIBT 2 CIABATTAS

TEIG

205 g Weizenmehl T65 (Type 550 oder 812)
145 g Wasser
4 g Salz
25 g Flüssigsauerteig (Seite 20)
1 g frische Backhefe
20 g Olivenöl

ALTERNATIVE OHNE SAUERTEIG

220 g Weizenmehl T55 (Type 550)
155 g raumtemperiertes Wasser
4 g Salz
4 g frische Backhefe
18 g Olivenöl

ZUM BESTAUBEN

10 g Weizenmehl T65 (Type 550)

1 Mehl, Wasser, Salz, Sauerteig und die zerkrümelte Hefe in die Schüssel der Küchenmaschine geben.

2 Die Zutaten 4 Minuten auf Geschwindigkeitsstufe 1 mischen und anschließend 6 Minuten auf mittlerer Stufe kneten (Seite 32). (Zum Mischen und Kneten von Hand siehe Seite 30.)

3 Bei laufendem Gerät nach und nach das Olivenöl einträufeln und auf niedriger Stufe gleichmäßig einarbeiten.

4 Den Teig in eine Schüssel legen, mit einem Tuch bedecken und 30 Minuten bei 25–28 °C gehen lassen.

5 Den Teig falten (Seite 37) und, mit einem Tuch bedeckt, bei 25–28 °C weitere 30 Minuten gehen lassen.

6 Den Teig in zwei Portionen zu je 200 g zerteilen und zu Rechtecken formen (Seite 40–41).

7 Die Teiglinge mit dem Schluss nach unten auf einen Bogen Pergamentpapier legen und unter einem Tuch bei 25–28 °C noch einmal 2 Stunden gehen lassen (Stückgare).

8 Den Backofen mit einem Blech und einer Schale Wasser auf 260 °C vorheizen. Die Ciabattas durch ein Sieb mit dem Mehl bestauben (Seite 285) und mit dem Pergamentpapier auf das heiße Blech ziehen. Den Boden des Ofens mit Wasser besprühen (die Wasserschale verbleibt im Ofen), die Temperatur auf 240 °C reduzieren und die Ciabattas 15 Minuten backen.

FOCACCIA

Schon gewusst?

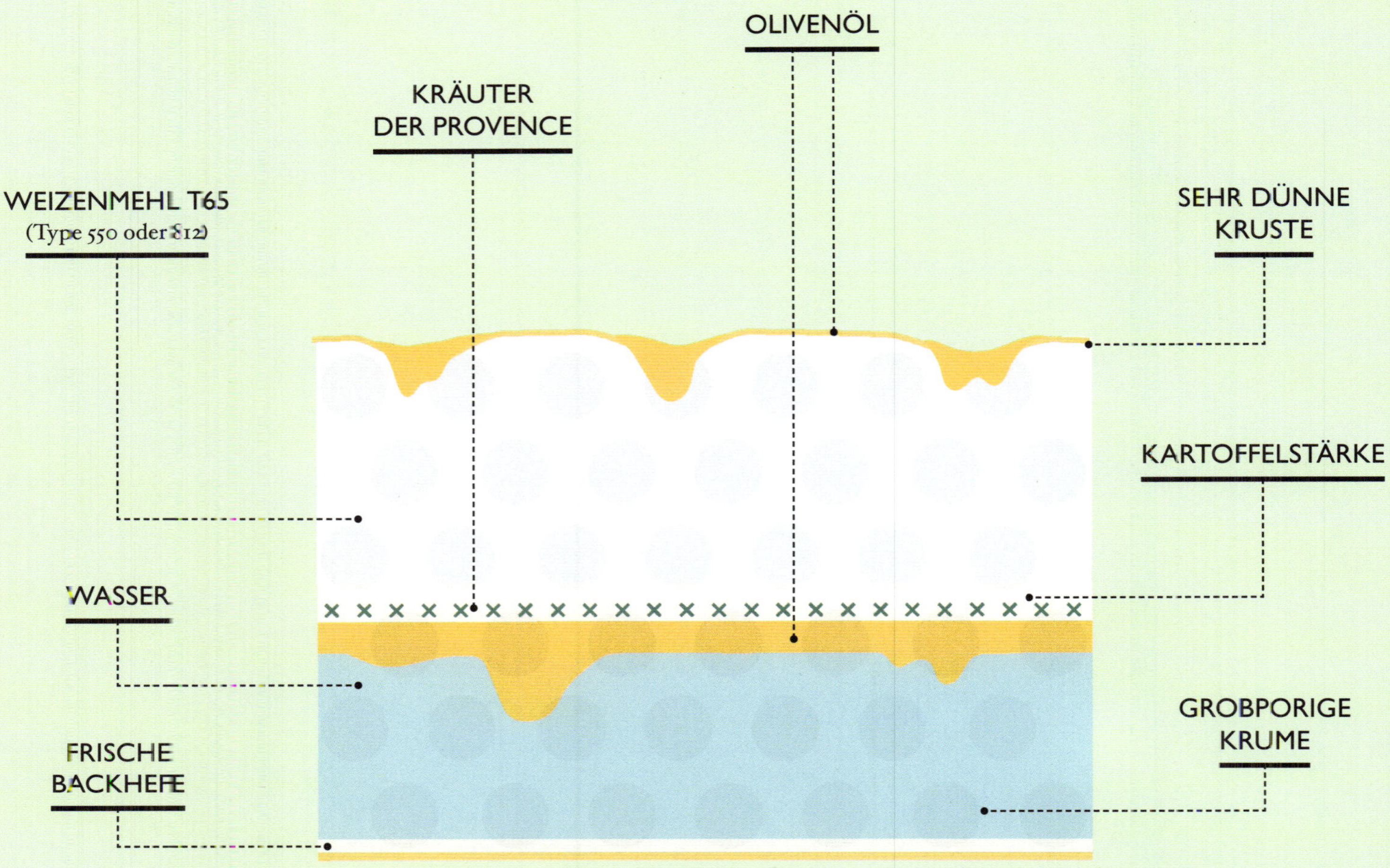

KURZ UND KNAPP ERKLÄRT

Brotteig, der mit Olivenöl angereichert und zu einem rechteckigen Fladen geformt wird.

MERKMALE

Gewicht: 200 g
Größe: etwa 20 × 15 cm
Krume: grobporig
Kruste: sehr dünn und weich

DAUER DER ZUBEREITUNG

Vorbereitung: 20 Minuten
Gare (Gehzeit): 2½ Stunden
(1 Stunde Stockgare, 30 Minuten Teigruhe, 1 Stunde Stückgare)
Backzeit: 10 Minuten

ARBEITSMATERIAL

Küchenmaschine mit Flachrührer und Knethaken (optional)
Teigabstecher
Pinsel
Wellholz

ABWANDLUNG

Garnierte Focaccia im Stil einer Pizza.

SCHWIERIGKEIT

Den Teig beim Eindrücken der Mulden nicht durchlöchern.

TECHNIKEN

Mischen & Kneten (Seite 32)
Falten (Seite 37)
Vorformen (Rundwirken; Seite 38)

GESCHAFFT

Wenn die Focaccias goldbraun, aber noch weich sind.

HALTBARKEIT

Der Teig lässt sich, mit Frischhaltefolie bedeckt, 24 Stunden im Kühlschrank aufbewahren.

WAS IST DER UNTERSCHIED ZWISCHEN CIABATTA UND FOCACCIA?

Focaccia enthält keinen Sauerteig, darum fehlt ihr die säuerliche Note. Außerdem ist die Gehphase kürzer, was zu einer weniger luftigen Krume führt.

Focaccia backen

1

2

3

ERGIBT 2 FOCACCIAS

1 TEIG

190 g Weizenmehl T65 (Type 550 oder 812)
140 g Wasser
35 g Kartoffelstärke
4 g Salz
6 g frische Backhefe

2 EINLAGE

2 g Kräuter der Provence
25 g Olivenöl

3 ZUM BETRÄUFELN

5 g Olivenöl

Schritt für Schritt

1 Mehl, Wasser, Kartoffelstärke, Salz, die zerkrümelte Hefe und die Kräuter der Provence in der Küchenmaschine 4 Minuten auf Geschwindigkeitsstufe 1 mischen und anschließend 6 Minuten auf mittlerer Stufe kneten (Seite 32). (Zum Mischen und Kneten von Hand siehe Seite 30.)

2 Nach und nach das Olivenöl einträufeln und auf Stufe 1 gleichmäßig in den Teig einarbeiten.

3 Den Teig in eine Schüssel legen, mit einem Tuch bedecken und an einem 25–28 °C warmen Ort 30 Minuten gehen lassen. Den Teig falten (Seite 37), zurück in die Schüssel legen und unter einem Tuch bei 25–28 °C weitere 30 Minuten gehen lassen.

4 Den Teig mit einem Teigabstecher in zwei Portionen zu je 200 g teilen.

5 Die beiden Teigportionen zu straffen Kugeln vorformen (Rundwirken; Seite 38).

6 Die Teiglinge auf einen Bogen Pergamentpapier platzieren und bei 25–28 °C unter einem Tuch 30 Minuten ruhen lassen.

7 Die Teiglinge etwa 2 cm dick zu Rechtecken von 20 × 15 cm Größe ausrollen.

8 Die Teigfladen mit einem Tuch bedecken und bei 25–28 °C noch einmal etwa 1 Stunde gehen lassen (Stückgare).

9 Den Backofen mit einem Blech und einer Schale Wasser auf 260 °C vorheizen. Die Focaccias samt Pergamentpapier auf das heiße Blech ziehen und mit den Fingern etwa 30 kleine Mulden hineindrücken, jedoch nicht durchlöchern. Die Mulden mithilfe eines Pinsels mit etwas Olivenöl füllen.

10 Den Boden des Ofens mit Wasser besprühen (die Wasserschale verbleibt im Ofen) und die Focaccias 10 Minuten backen.

FOUGASSE

Schon gewusst?

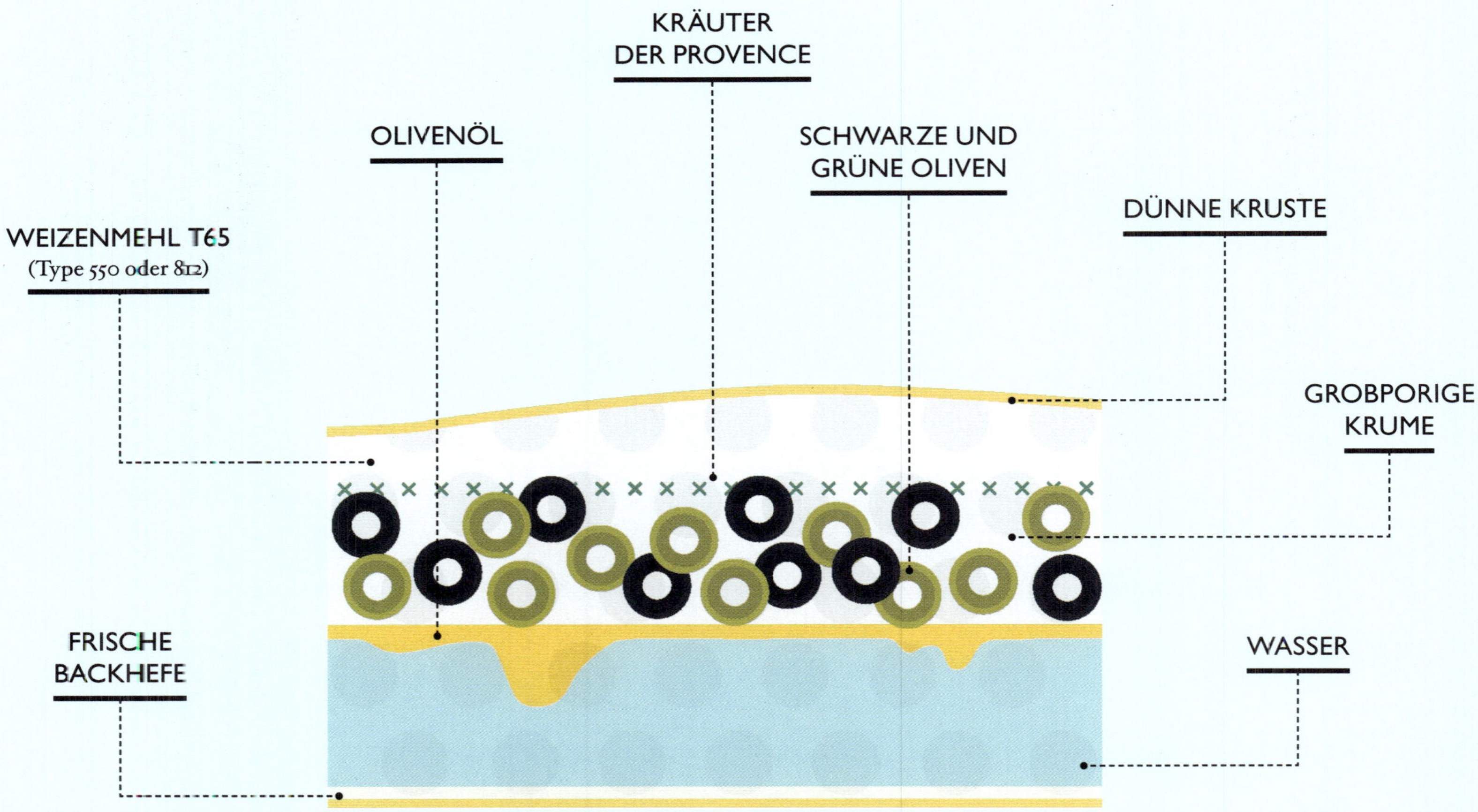

KURZ UND KNAPP ERKLÄRT

Brotteig aus hellem Mehl, Hefe und Olivenöl, der mit Kräutern der Provence gewürzt, mit Oliven angereichert, zu rechteckigen Fladen geformt und eingeschnitten wird.

MERKMALE

Gewicht: 300 g
Größe: 15 × 30 cm
Krume: grobporig
Kruste: dünn

DAUER DER ZUBEREITUNG

Vorbereitung: 45 Minuten
Gare (Gehzeit): 2½ Stunden
(45 Minuten Stockgare, 30 Minuten Teigruhe, 1¼ Stunden Stückgare)
Backzeit: 12 Minuten

ARBEITSMATERIAL

Küchenmaschine mit Flachrührer und Knethaken (optional)
Wellholz
Bäckermesser

SCHWIERIGKEIT

Die Einschnitte anbringen.

TECHNIKEN

Mischen & Kneten (Seite 32)
Einschneiden (schräge Schnitte, Seite 50–51)

WOZU DIENEN DIE EINSCHNITTE?

Sie vergrößern die Oberfläche der Kruste, so wird das Brot insgesamt knuspriger und das Verhältnis zwischen Kruste und Krume ausgewogener.

Fougasse backen

1

2

ERGIBT 1 FOUGASSE

1 FOUGASSE-TEIG

140 g Weizenmehl T65 (Type 550 oder 812)
95 g Wasser
3 g Salz
3 g frische Backhefe
5 g Kräuter der Provence
10 g Olivenöl

2 EINLAGE

60 g entsteinte schwarze und grüne Oliven, in Scheibchen geschnitten

Schritt für Schritt

1

2

3

4

5

6

1 Mehl, Wasser, Salz, die zerkrümelte Hefe und die Kräuter der Provence in der Küchenmaschine 4 Minuten auf Geschwindigkeitsstufe 1 mischen und anschließend auf mittlerer Stufe 6 Minuten kneten (Seite 32). Der Teig sollte sich mit der Zeit vom Schüsselrand lösen. (Zum Mischen und Kneten von Hand siehe Seite 30.)

2 Nach und nach das Olivenöl einträufeln und auf niedriger Stufe gleichmäßig in den Teig einarbeiten. Die Oliven dazugeben und unter den Teig kneten.

3 Den Teig in eine Schüssel legen, mit Frischhaltefolie bedecken und an einem 25–28 °C warmen Ort 45 Minuten gehen lassen.

4 Den Teig zu einem großen rechteckigen Fladen (etwa 15 × 30 cm) formen und auf einen Bogen Pergamentpapier legen.

5 Den Fladen leicht schräg zum Körper platzieren und etwa 2 cm dünn ausrollen. Anschließend mit einem Bäckermesser quer vier Einschnitte anbringen und mit den Händen etwas erweitern.

6 Den Backofen und ein Blech auf 260 °C vorheizen. Den Teigfladen samt Pergamentpapier auf das heiße Blech ziehen und 12 Minuten backen.

GRISSINI

Schon gewusst?

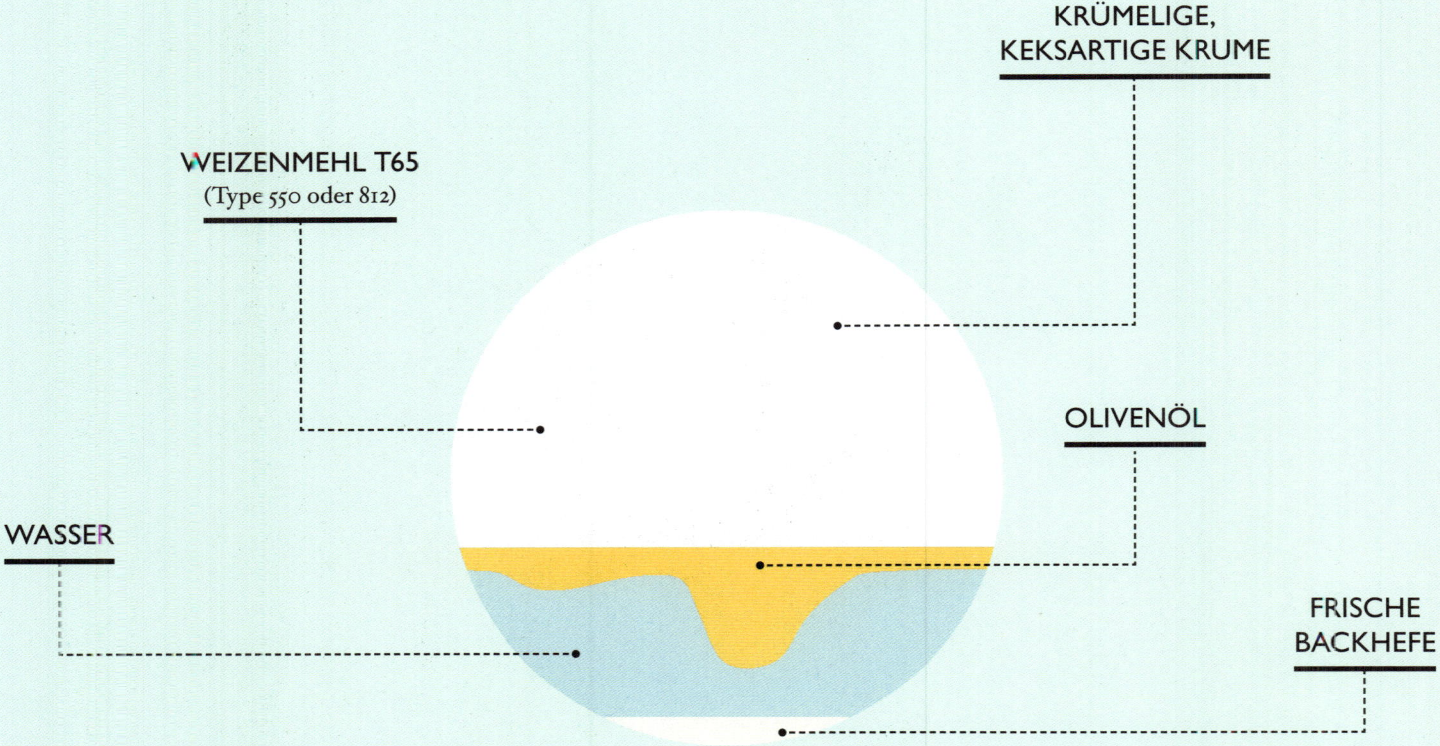

KURZ UND KNAPP ERKLÄRT

Brotteig, der zu langen dünnen Stangen geformt und mit Olivenöl bestrichen wird. Die ursprünglich aus Turin stammenden Grissini können zusätzlich mit Kräutern, Gewürzen oder verschiedenen Samen aromatisiert und ergänzt werden.

MERKMALE

Gewicht: 20 g
Länge: etwa [illegible]0 cm
Krume: keksartig
Kruste: keine

DAUER DER ZUBEREITUNG

Vorbereitung: 30 Minuten
Gare (Gehzeit): 30 Minuten
Backzeit: 10–15 Minuten

ARBEITSMATERIAL

Küchenmaschine mit Flachrührer und Knethaken (optional)
Wellholz
Pinsel

TECHNIK

Mischen & Kneten (Seite 32)

TIPP

Die Enden der Grissini mit befeuchteten Händen zusammendrücken, damit sie beim Backen plan liegen bleiben.

GESCHAFFT

Sobald die Grissini kräftig gebräunt und trocken sind.

HALTBARKEIT

4–5 Tage

Schritt für Schritt

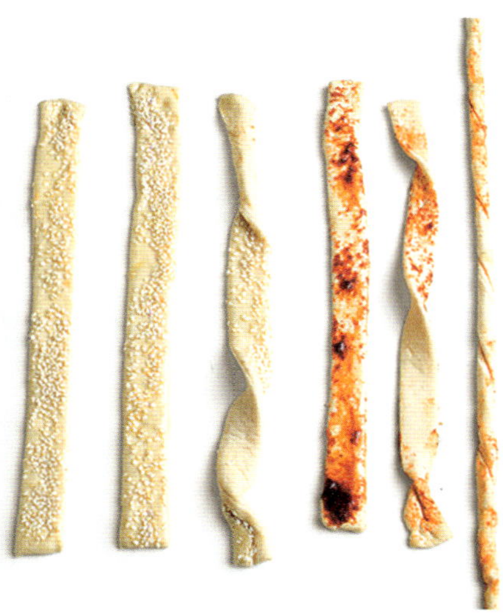

ERGIBT 15–20 GRISSINI

TEIG

225 g Weizenmehl T65 (Type 550 oder 812)
135 g Wasser (20–25 °C)
5 g Salz
7 g frische Backhefe

OPTIONEN ZUM WÜRZEN

40 g Salzblüte, Paprikapulver, Knoblauch, Sesamsamen, Pfeffer, Tomatensauce oder Tandoori-Gewürz
20 g Olivenöl

1 Mehl, Wasser, Salz und die zerkrümelte Hefe in die Schüssel der Küchenmaschine geben.

2 Die Zutaten 4 Minuten auf Geschwindigkeitsstufe 1 mischen und anschließend auf mittlerer Stufe 6 Minuten kneten (Seite 32), bis sich der Teig vom Schüsselrand löst. (Zum Mischen und Kneten von Hand siehe Seite 30.)

3 Den Teig in eine Schüssel legen. Direkt auf der Oberfläche mit Frischhaltefolie bedecken (Seite 285) und bei Raumtemperatur 30 Minuten gehen lassen.

4 Den Backofen auf 270 °C vorheizen. Den Teig mit dem Wellholz 1 cm dünn ausrollen und in 1 cm breite Bänder schneiden.

5 Die Teigbänder mit den gewählten Gewürzen bestreuen oder bestreichen (Salzblüte, Paprika, Knoblauch, Sesam, Pfeffer, Tomatensauce, Tandoori-Gewürz). Die Enden mit den Händen aufnehmen, die Bänder in sich verdrehen und dabei in die Länge ziehen, bis sie 50–60 cm lang sind. Die Grissini auf ein mit Pergamentpapier bedecktes Blech legen.

6 Die Grissini mit dem Olivenöl bestreichen.

7 Die Grissini 10–15 Minuten backen.

TOASTBROT

Schon gewusst?

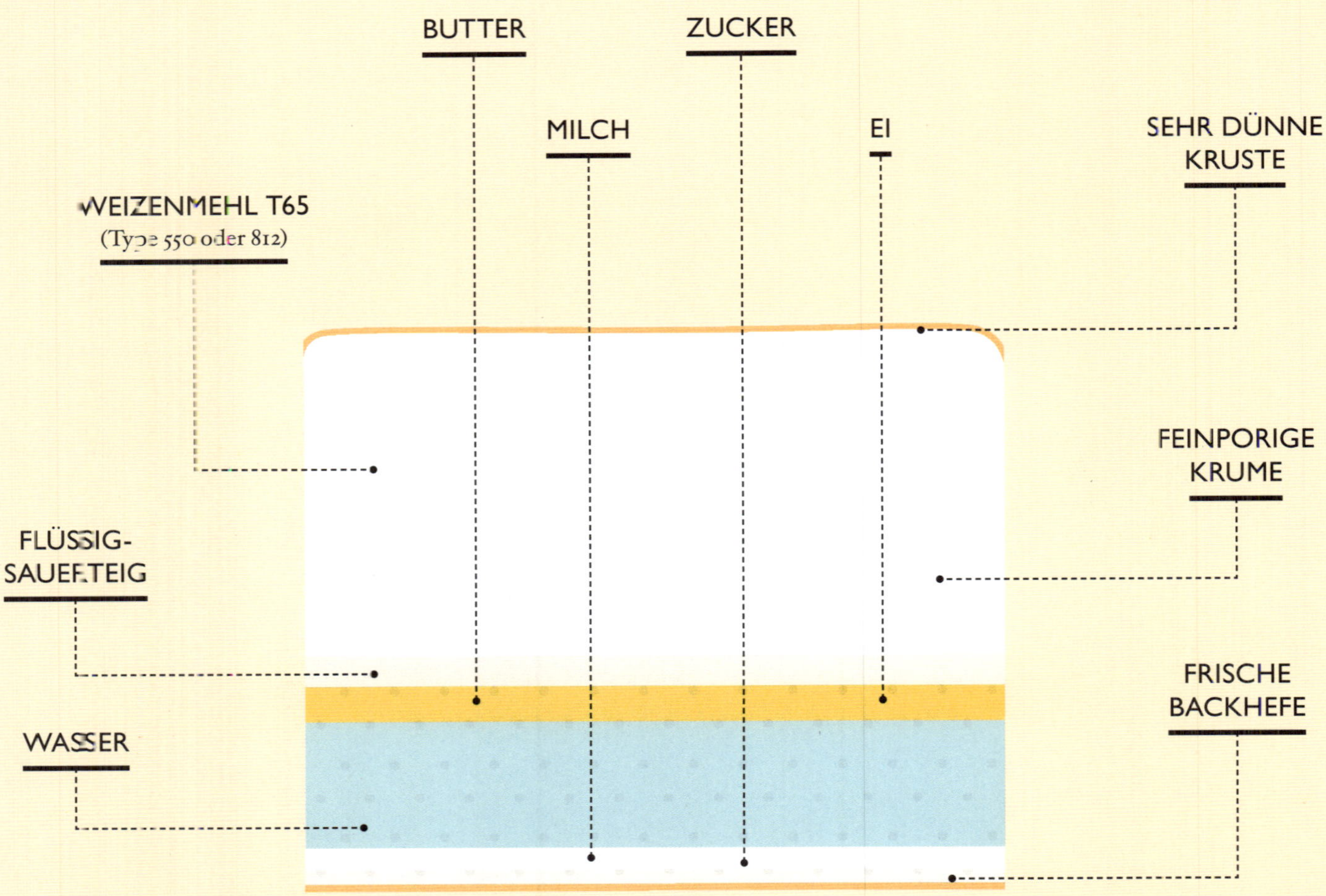

KURZ UND KNAPP ERKLÄRT

Leicht gesüßter Weißbrotteig, der in einer Kastenform gebacken wird.

MERKMALE

Gewicht: 450 g
Größe: 45 cm
Krume: feinporig, weich
Kruste: sehr dünn und weich

DAUER DER ZUBEREITUNG

Vorbereitung: 25 Minuten
Gare (Gehzeit): 2½–3 Stunden (1½ Stunden Stockgare, 1–1½ Stunden Stückgare)
Backzeit: 25 Minuten

ARBEITSMATERIAL

Küchenmaschine mit Flachrührer und Knethaken (optional)
Kastenbrotform mit Deckel (18 cm lang und 8 cm hoch)
Wellholz
Pinsel

SCHWIERIGKEITEN

Das richtige Timing beim Einschieben und Backen des Brotes: Der Teig darf weder zu wenig noch zu lange gegangen sein, das Brot sollte beim Backen zart und weich bleiben.

TECHNIKEN

Mischen & Kneten (Seite 32)
Falten (Seite 37)
Vorformen (Rundwirken; Seite 38)
Formen (Seite 40)

TIPP

Ist kein Deckel vorhanden, die Form mit einem Blech bedecken und mit einem Gewicht beschweren.

GESCHAFFT

Wenn die Kruse eine appetitliche goldbraune Farbe angenommen hat.

HALTBARKEIT

Im Kühlschrank (um Schimmelbildung zu vermeiden) 3 Tage.

Schritt für Schritt

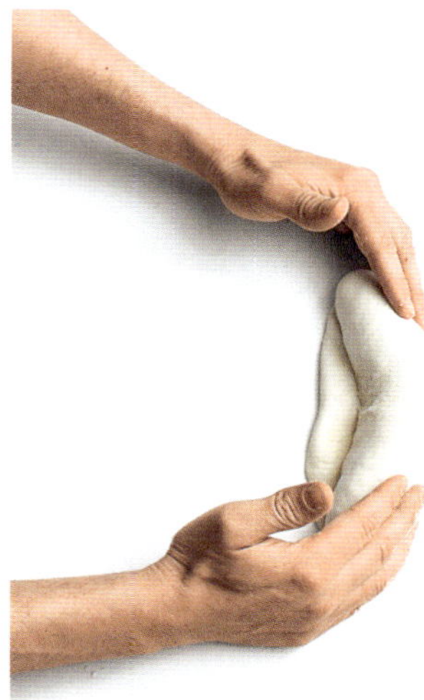

ERGIBT 1 BROT

170 g Weizenmehl T65 (Type 550 oder 812)
80 g kaltes Wasser
20 g Flüssigsauerteig (Seite 20)
3 g frische Backhefe
15 g Zucker
10 g Milch
3 g Salz
10 g verquirltes Ei
25 g Butter
15 g *beurre pommade* für die Form (Seite 284)

1 Sämtliche Zutaten (außer der Butter) in der Küchenmaschine 6 Minuten auf Geschwindigkeitsstufe 1 mischen und anschließend 5 Minuten auf Stufe 2 kneten (Seite 32). Der Teig sollte sich vom Schüsselrand lösen. (Zum Mischen und Kneten von Hand siehe Seite 30.) Die Butter dazugeben und auf Stufe 1 gleichmäßig in den Teig einarbeiten.

2 Den Teig mit einem Tuch bedecken und an einem 25–28 °C warmen Ort 1½ Stunden gehen lassen. Dabei nach 45 Minuten den Teig falten (Seite 37).

3 Den Teig rundlich vorformen (Seite 38) und anschließend zu einem länglichen Laib von etwa der Größe der Form formen (Seite 40).

4 Die Form mit der *beurre pommade* einfetten und den Teig mit dem Schluss nach unten einsetzen.

5 Die Form mit dem Deckel verschließen und den Teig bei 25–28 °C noch einmal 1–1½ Stunden gehen lassen (Stückgare). Anschließend sollte er die Form fast vollständig ausfüllen.

6 Den Backofen auf 200 °C vorheizen und das Brot in der zugedeckten Form 25 Minuten backen.

BAGELS

Schon gewusst?

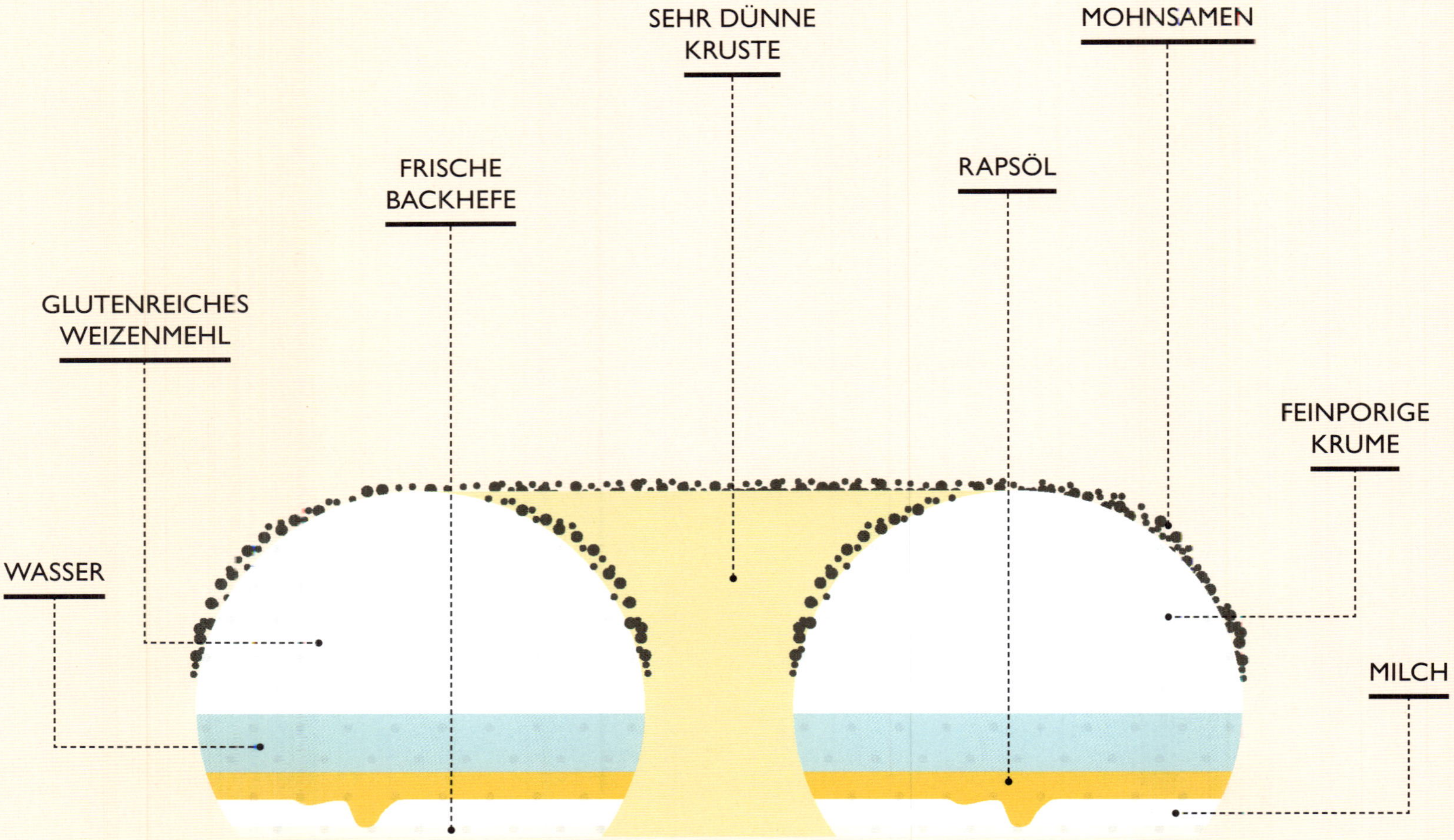

KURZ UND KNAPP ERKLÄRT

Leicht gesüßter Brotteig aus glutenreichem Weizenmehl und Milch, der zu Kringeln geformt, anschließend pochiert und dann gebacken wird.

MERKMALE

Gewicht: 150 g
Größe: 15 cm im Durchmesser
Krume: feinporig, weich
Kruste: sehr dünn und zart

DAUER DER ZUBEREITUNG

Vorbereitung: 1 Stunde
Gare (Gehzeit): 1¾–2¼ Stunden (15 Minuten Stockgare, 30 Minuten Teigruhe, 1–1½ Stunden Stückgare)
Pochier- und Backzeit: etwa 15 Minuten

ARBEITSMATERIAL

Küchenmaschine mit Flachrührer und Knethaken (optional)
Teigabstecher

SCHWIERIGKEITEN

Formen
Pochieren

TECHNIKEN

Mischen & Kneten (Seite 32)
Vorformen (Rundwirken; Seite 38)
Kringel formen (Seite 46)

GESCHAFFT

Wenn die Bagels leicht gebräunt sind.

HALTBARKEIT

2 Tage

WARUM WERDEN DIE BAGELS VOR DEM BACKEN POCHIERT?

Das kochende Wasser lässt die Stärke an der Oberfläche verkleistern und sorgt so für eine auch nach dem Backen glatte Kruste. Außerdem geht der Teig beim Pochieren durch den sich bildenden Wasserdampf auf und entwickelt eine besonders zarte Beschaffenheit.

Bagels backen

1

2/3

ERGIBT 8 BAGELS

1 TEIG

700 g glutenreiches Weizenmehl T45
(*farine de gruau*; Type 405)
300 g Wasser
50 g Milch
15 g Zucker
15 g Salz
25 g frische Backhefe
50 g Rapsöl

2 ZUM POCHIEREN

1 EL weißer Essig

3 ZUM BESTREUEN

30 g Mohnsamen

Schritt für Schritt

4

5

6

7

8

9

1 Mehl, Wasser, Milch, Zucker, Salz und die zerkrümelte Hefe in der Küchenmaschine auf Geschwindigkeitsstufe 1 mischen, bis die Masse homogen ist, anschließend 6 Minuten auf maximaler Stufe kneten (Seite 32). (Zum Mischen und Kneten von Hand siehe Seite 30.)

2 Das Rapsöl dazugeben und auf Stufe 1 gleichmäßig einarbeiten.

3 Den Teig mit einem Tuch bedecken und bei Raumtemperatur 15 Minuten gehen lassen.

4 Den Teig mit einem Teigabstecher in acht Portionen zu je 150 g teilen und rundwirken (Seite 38). Die Teiglinge unter einem Tuch 30 Minuten ruhen lassen.

5 Mit dem Daumen ein Loch durch die Mitte der Teiglinge bohren, zum Formen der Kringel die Finger leicht mit Mehl bestauben.

6 Die Teiglinge zu Kringeln mit einem Außendurchmesser von 15 cm formen (Seite 46).

7 Die Bagels zu je vier Stück auf zwei Bögen Pergamentpapier platzieren, mit einem Tuch bedecken und an einem 25–28 °C warmen Ort 1–1½ Stunden gehen lassen, bis sie ihr Volumen fast verdoppelt haben (Stückgare).

8 Den Backofen auf 240 °C vorheizen. In einem großen Topf Wasser mit dem Essig zum Kochen bringen. Je zwei Bagels auf einmal hineingeben und von jeder Seite 30 Sekunden pochieren. Mit einer Schaumkelle herausnehmen und auf einem Gitter abtropfen lassen.

9 Die pochierten Bagels in den Mohnsamen wenden und auf ein mit Pergamentpapier bedecktes Blech legen.

10 Die Bagels im vorgeheizten Ofen 12–13 Minuten backen.

SESAMBRÖTCHEN (BUNS)

Schon gewusst?

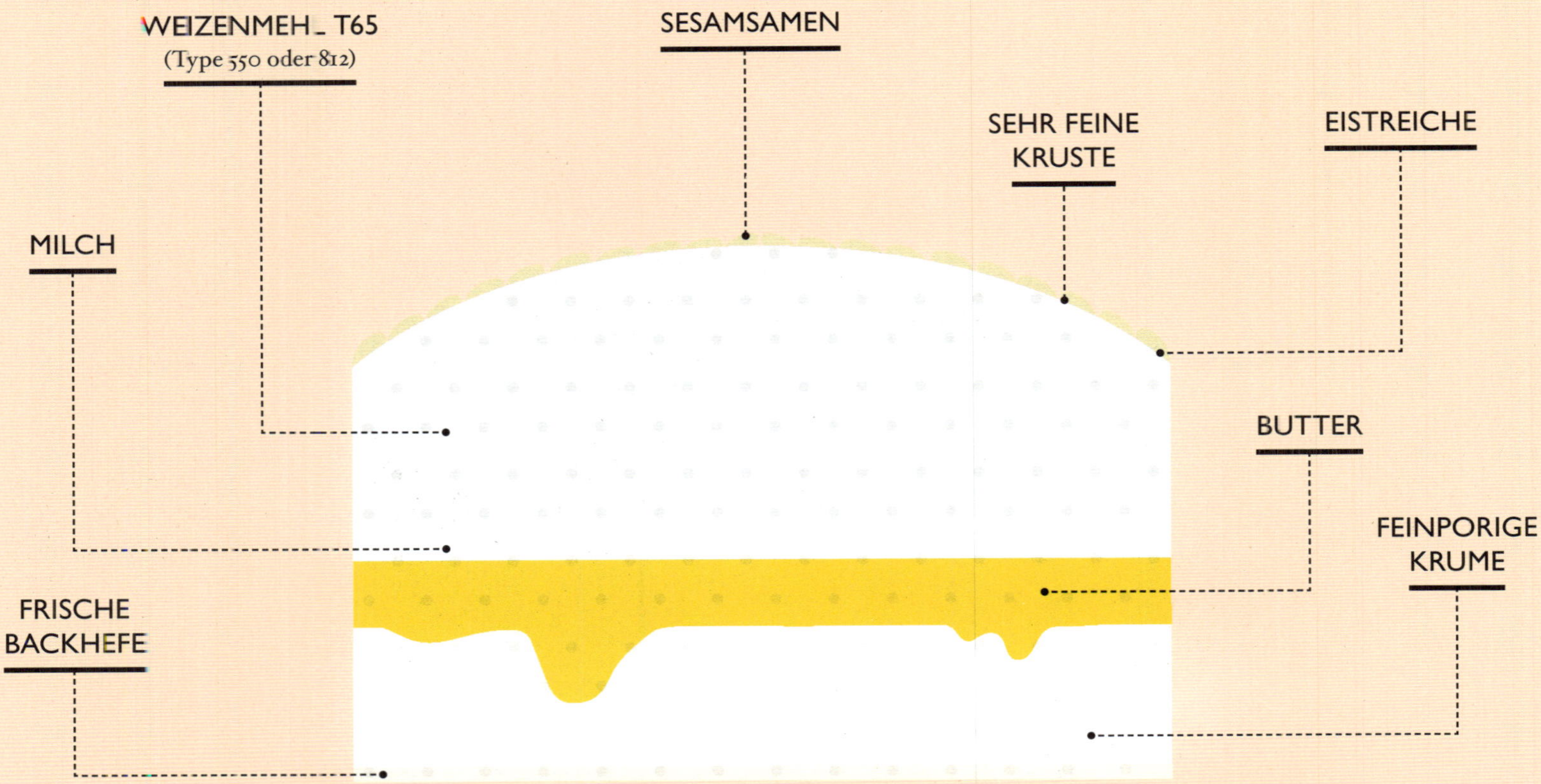

KURZ UND KNAPP ERKLÄRT

Wiener Baguetteteig, der zu runden Brötchen geformt und mit Sesamsamen bestreut wird.

MERKMALE

Gewicht: 80 g
Größe: 10 cm im Durchmesser
Krume: feinporig
Kruste: sehr dünn und zart

DAUER DER ZUBEREITUNG

Vorbereitung: 3 Stunden
Gare (Gehzeit): 6 Stunden (4 Stunden Stockgare im Kühlschrank, 30 Minuten Teigruhe im Kühlschrank, 1½ Stunden Stückgare)
Backzeit: 10–15 Minuten

ARBEITSMATERIAL

Küchenmaschine mit Flachrührer und Knethaken (optional)
Teigabstecher
Sieb
Pinsel

SCHWIERIGKEIT

Die abschließende Formgebung: Werden die Brötchen zu flach geformt, entweichen die Gärgase beim Backen, und sie sinken zusammen.

TECHNIKEN

Mischen & Kneten (Seite 32)
Rundwirken (Seite 42)
Abglänzen (Seite 48)

GESCHAFFT

Wenn die Brötchen kräftig gebräunt sind.

HALTBARKEIT

Raumtemperiert gelagert maximal 2 Tage, tiefgefroren einige Wochen.

WIE ERKLÄRT SICH DIE ZARTE KONSISTENZ DER BRÖTCHEN?

Dafür sorgen Butter und Milch im Wiener Teig. Allerdings enthält der Teig hier weniger Butter als bei Milchbrot oder Brioche und vor allem keine Eier, beides Zutaten, die ein besonders luftiges Gebäck und eine seidige Konsistenz fördern.

Sesambrötchen backen

1

2

3

ERGIBT 4 BRÖTCHEN

1 WIENER BAGUETTETEIG

240 g Weizenmehl T65 (Type 550 oder 812)
145 g Milch
4 g Salz
20 g Zucker
4 g frische Backhefe
35 g raumtemperierte Butter

2 EISTREICHE

1 Ei
3 g Milch
1 Prise Salz

3 ZUM BESTREUEN

20 g weiße Sesamsamen (oder schwarze Sesamsamen und Mohnsamen)

Schritt für Schritt

1 Mehl, Milch, Salz, Zucker und die zerkrümelte Hefe in der Küchenmaschine 4 Minuten auf Geschwindigkeitsstufe 1 mischen und anschließend 6 Minuten auf mittlerer Stufe kneten (Seite 32). Der Teig sollte sich mit der Zeit vom Schüsselrand lösen. (Zum Mischen und Kneten von Hand siehe Seite 30.)

2 Die raumtemperierte Butter dazugeben und gleichmäßig einarbeiten.

3 Den Teig in eine Schüssel legen, mit Frischhaltefolie bedecken und 4 Stunden in den Kühlschrank stellen.

4 Den Teig mit einem Teigabstecher in vier Portionen zu je etwa 100 g teilen und rundwirken (Seite 42). Die Teiglinge mit dem Schluss nach unten auf ein mit Pergamentpapier bedecktes Blech legen und weitere 30 Minuten im Kühlschrank ruhen lassen.

5 Die Teiglinge durch sanften Druck mit der Handfläche leicht abflachen.

6 Die Eistreiche vorbereiten und die Brötchen mit einem Pinsel abglänzen (Seite 48). Mit dem Sesam bestreuen und bei 25–28 °C noch einmal 1½ Stunden gehen lassen (Stückgare).

7 Den Backofen mit einem Blech und einer Schale Wasser auf 260 °C vorheizen. Die Brötchen samt Pergamentpapier auf das heiße Blech ziehen. Den Boden des Ofens mit Wasser besprühen (die Wasserschale verbleibt im Ofen) und die Brötchen 10–15 Minuten backen.

CROISSANTS

Schon gewusst?

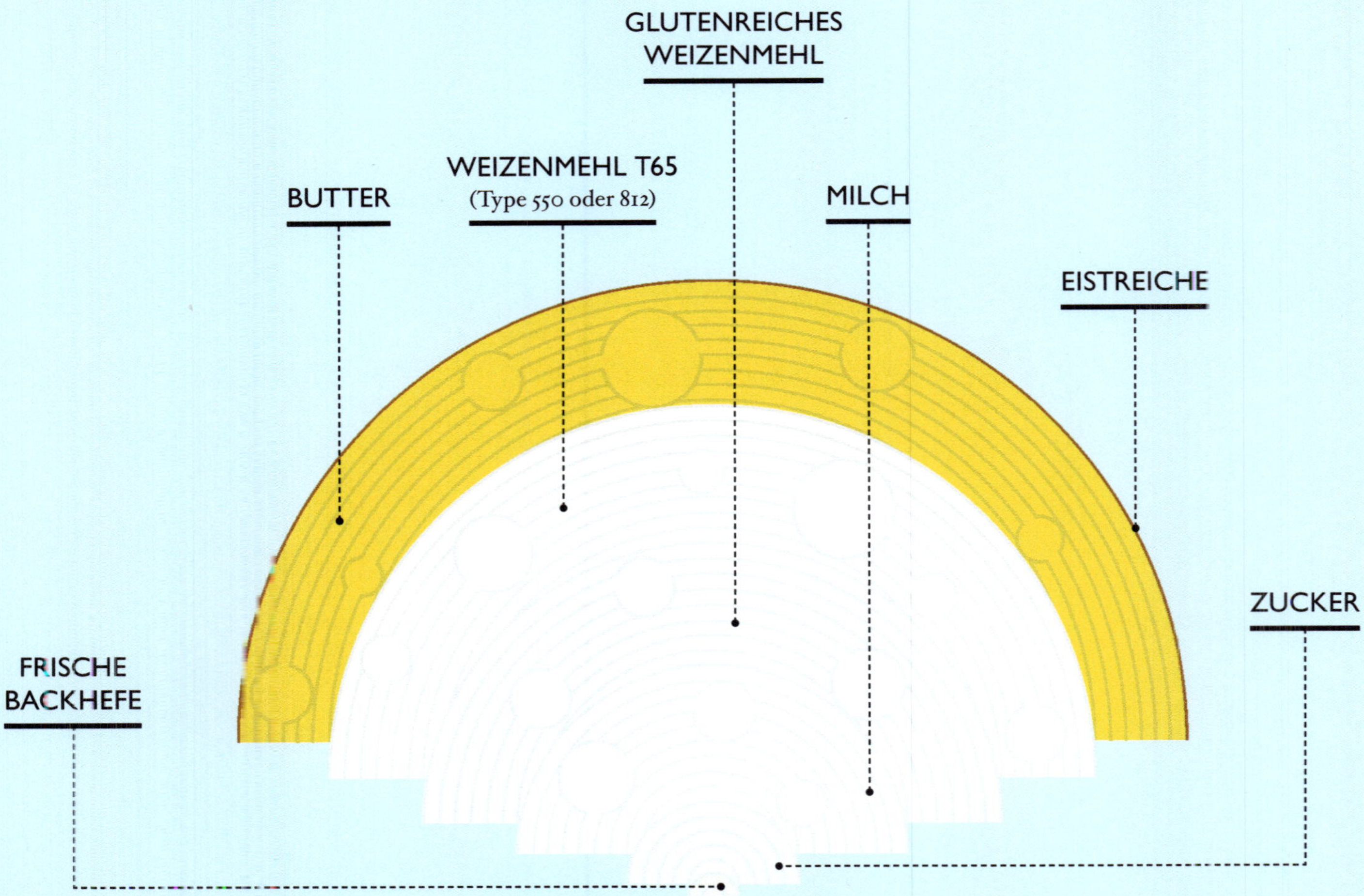

KURZ UND KNAPP ERKLÄRT

Plunderteig (Hefe-Blätterteig), der dreieckig zugeschnitten und aufgerollt wird.

MERKMALE

Gewicht: 80–90 g
Länge: 12 cm
Blättrigkeit: sehr locker und luftig

DAUER DER ZUBEREITUNG

Vorbereitung: 1½ Stunden
Gare (Gehzeit): 5½ Stunden
(3 Stunden Teigruhe im Kühl- bzw. Gefrierschrank, 2½ Stunden Stückgare)
Backzeit: 15 Minuten

ARBEITSMATERIAL

Küchenmaschine mit Flachrührer und Knethaken (optional)
Wellholz
Sieb
Pinsel

SCHWIERIGKEIT

Der Teig muss behutsam und mit wenig Druck ausgerollt werden, damit sich die Schichten aus Teig und Butter nicht vermischen, andernfalls entwickelt sich die blättrige Struktur nicht in dem gewünschten Maße.

TECHNIKEN

Mischen & Kneten (Seite 32)
Rundwirken (Seite 42)
Ausrollen (Seite 283)
Abglänzen (Seite 48)

GESCHAFFT

Wenn die Croissants goldbraun und aufgegangen sind.

WIE ERZIELT MAN DIE LUFTIG-LOCKERE KONSISTENZ DER CROISSANTS?

Durch die gleichmäßige Schichtung von Teig und Butter. Beim Backen trennen sich die äußeren Teigschichten voneinander und trocknen (dank der Butter, die sie wasserundurchlässig macht), sodass sich die typische blättrige Struktur ergibt, während die inneren Schichten feucht bleiben und eine brotartige Porung entwickeln.

Croissants backen

1

2

3

ERGIBT 6 CROISSANTS

1 GRUNDTEIG

110 g Weizenmehl T65 (Type 550 oder 812)
110 g glutenreiches Weizenmehl T45
(*farine de gruau*; Type 405)
30 g Zucker
4 g Salz
105 g kalte Milch
7 g frische Backhefe

2 TOURIEREN

120 g Butter

3 EISTREICHE

1 Ei
3 g Milch
1 Prise Salz

Schritt für Schritt

1

6

8

7

9

1 Die Mehle, Zucker, Salz, Milch und die zerkrümelte Hefe in der Küchenmaschine 5 Minuten auf Geschwindigkeitsstufe 1 mischen und anschließend 5 Minuten auf mittlerer Stufe kneten (Seite 32). (Zum Mischen und Kneten von Hand siehe Seite 30.) Den Teig zu einer sehr straffen Kugel formen (Seite 42), in Frischhaltefolie wickeln und 1 Stunde in den Kühlschrank legen.

2 Die Butter mit dem Wellholz geschmeidig klopfen und 1 cm dünn zu einem Quadrat von 8 cm Kantenlänge ausrollen.

3 Den Grundteig zu einem Rechteck ausrollen, das genauso breit und doppelt so lang ist wie das Butterquadrat (8 × 16 cm).

4 Das Butterquadrat in die Mitte des Grundteigs platzieren und die Teigenden so darüberschlagen, dass die Naht bündig schließt. Das Teigpaket um eine Vierteldrehung drehen, sodass die Naht eine Vertikale bildet.

5 Dem Teig eine einfache Tour geben: Den Teig vom Körper weg (mit der Naht als Vertikale) zu einem Rechteck von 24 cm Länge ausrollen. Das obere und untere Drittel über die Mitte falten, sodass sich wieder ein Quadrat ergibt. In Frischhaltefolie wickeln, 10 Minuten in den Gefrierschrank und dann weitere 30 Minuten in den Kühlschrank legen. Diesen Vorgang zweimal wiederholen.

6 Den Teig 2–3 mm dünn zu einem Rechteck von 24 cm Breite und etwa 32 cm Länge ausrollen (Seite 283) und in sechs Dreiecke schneiden, die an der Basis 9 cm und an den Seiten 24 cm lang sind.

7 Die Basis der Teigdreiecke in der Mitte 5 mm tief einkerben. Die Ecken der Basis anheben und das Teigdreieck nicht zu fest bis zur Spitze aufrollen.

8 Die Croissants in Abständen von 3–4 cm auf ein mit Pergamentpapier bedecktes Blech legen. Die Eistreiche anrühren und die Croissants mit einem Pinsel abglänzen (Seite 48).

9 Die Croissants unbedeckt an einem 25–28 °C warmen Ort 2½ Stunden ruhen lassen (Stückgare).

10 Den Backofen auf 180 °C Umluft vorheizen. Die Croissants erneut abglänzen und etwa 15 Minuten backen.

SCHOKO-CROISSANTS
(*PAINS AU CHOCOLAT*)

Schon gewusst?

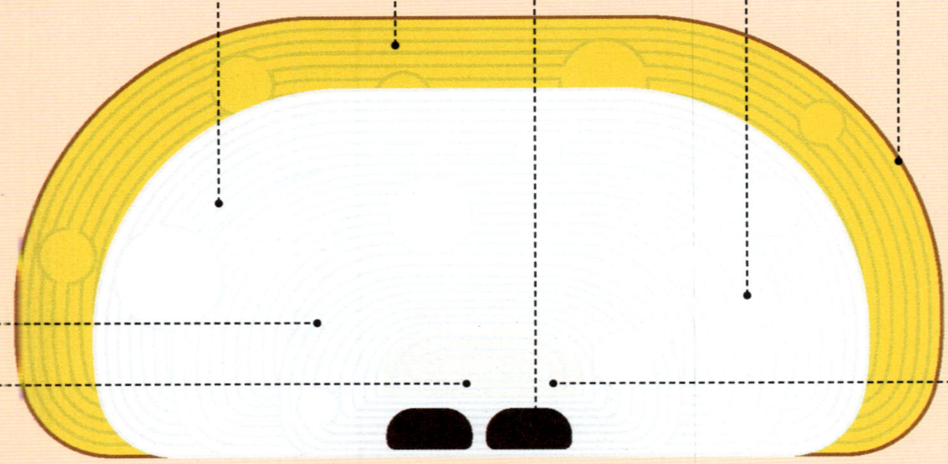

KURZ UND KNAPP ERKLÄRT

Plunderteig (Hefe-Blätterteig), der in Rechtecke geschnitten, mit Schokoriegeln gefüllt und aufgerollt wird.

MERKMALE

Gewicht: 80–90 g
Länge: 10 cm
Blättrigkeit: sehr luftig und locker

DAUER DER ZUBEREITUNG

Vorbereitung: 1 Stunde
Gare (Gehzeit): 5 Stunden (2½ Stunden Teigruhe im Kühlschrank, 2½ Stunden Stückgare)
Backzeit: 15 Minuten

ARBEITSMATERIAL

Küchenmaschine mit Flachrührer und Knethaken (optional)
Wellholz
Teigabstecher
Sieb
Pinsel

SCHWIERIGKEIT

Das Ausrollen des Teiges sollte behutsam und nicht zu druckvoll erfolgen, damit sich die Schichten aus Teig und Butter nicht vermischen, sonst entwickelt sich die blättrige Struktur nicht in dem gewünschten Maße.

TECHNIKEN

Mischen & Kneten (Seite 32)
Rundwirken (Seite 42)
Ausrollen (Seite 283)
Abglänzen (Seite 48)

TIPP

In Ermangelung der speziellen Schokostangen für *pains au chocolat* kann man auch zu Schokoriegeln aus Blockschokolade greifen.

GESCHAFFT

Wenn die Schoko-Croissants goldbraun und aufgegangen sind.

Schritt für Schritt

ERGIBT 6 SCHOKO-CROISSANTS

PLUNDERTEIG (HEFE-BLÄTTERTEIG)

110 g Weizenmehl T65 (Type 550 oder 812)
110 g glutenreiches Weizenmehl T45 (*farine de gruau*; Type 405)
30 g Zucker
4 g Salz
105 g Milch
7 g frische Backhefe
120 g Butter (zum Tourieren)

FÜLLUNG

12 Schokostangen für *pains au chocolat*

EISTREICHE

1 Ei
3 g Milch
1 Prise Salz

1 Einen Plunderteig zubereiten (Seite 62).

2 Den Teig 2–3 mm dünn zu einem Rechteck von 13 cm Breite und etwa 60 cm Länge ausrollen.

3 Den Teig in sechs Rechtecke von jeweils 13 cm Länge und 10 cm Breite schneiden. Je zwei Schokostangen auf die Teigrechtecke platzieren, die erste 2 cm unterhalb des oberen Randes, die andere 3 cm oberhalb des unteren Randes.

4 Den oberen Rand über die erste Schokostange legen und den Teig bis zum unteren Rand aufrollen, sodass der Saum unten liegt.

5 Die Eistreiche anrühren und die Schoko-Croissants mit einem Pinsel abglänzen (Seite 48). Unbedeckt an einem 25–28 °C warmen Ort 2½ Stunden ruhen lassen (Stückgare).

6 Den Backofen auf 180 °C vorheizen. Die Schoko-Croissants ein zweites Mal abglänzen, auf ein mit Pergamentpapier bedecktes Blech legen und 15 Minuten backen.

ROSINENSCHNECKEN

Schon gewusst?

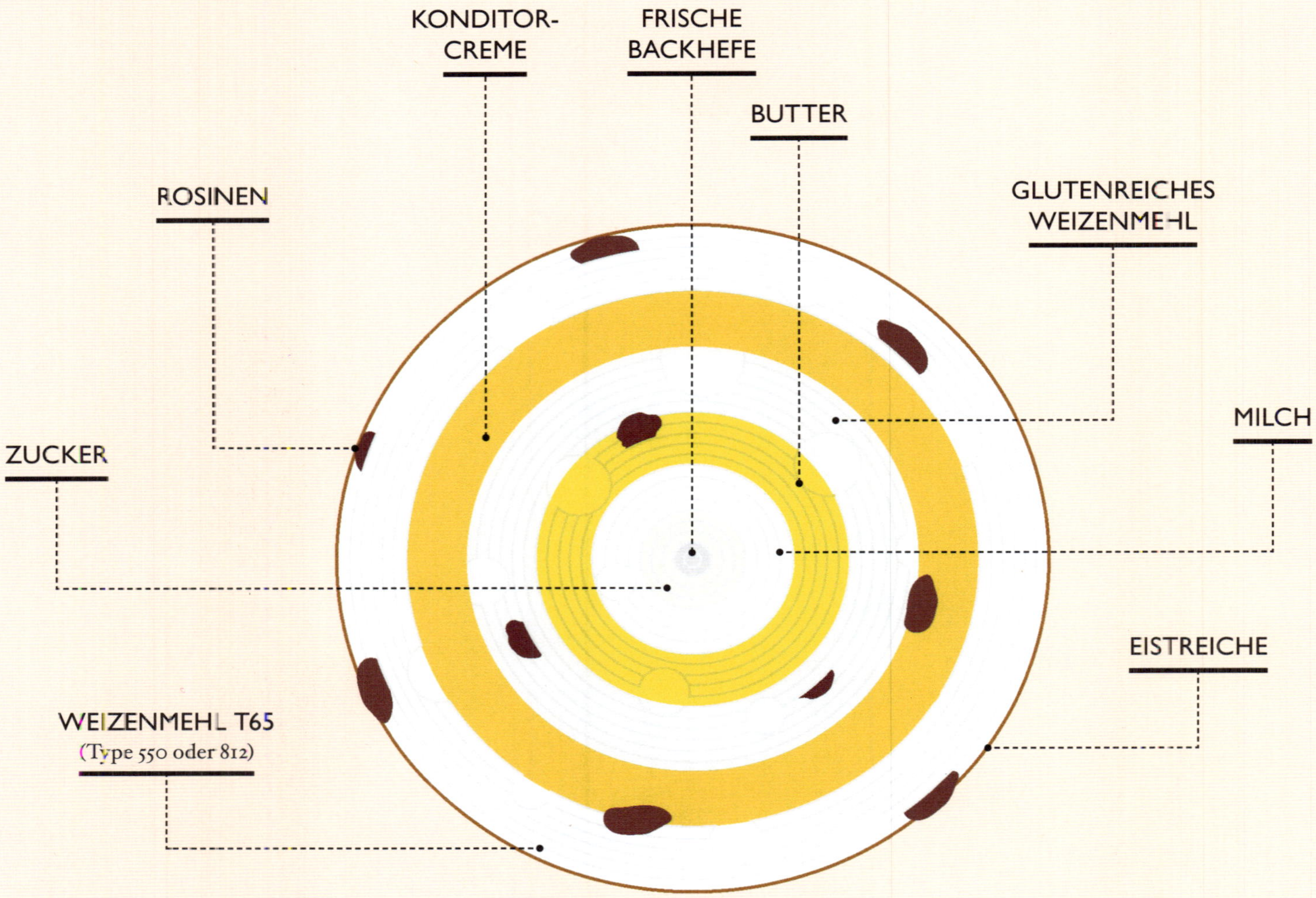

KURZ UND KNAPP ERKLÄRT

Plunderteig, der mit Konditorcreme und Rosinen gefüllt und zu Schnecken gerollt wird.

MERKMALE

Gewicht: 120 g
Größe: 20 cm im Durchmesser
Blättrigkeit: luftig und locker

DAUER DER ZUBEREITUNG

Vorbereitung: 1½ Stunden
Einweichen: 1 Nacht (für die Rosinen)
Kühlen: 1 Stunde (für die Creme)
Gare (Gehzeit): 5 Stunden
(2½ Stunden Teigruhe im Kühlschrank, 2½ Stunden Stückgare)
Backzeit: 15 Minuten

ARBEITSMATERIAL

Küchenmaschine mit Flachrührer und Knethaken (optional)
Wellholz
Teigabstecher
Sieb
Pinsel

SCHWIERIGKEITEN

Das Ausrollen des Teiges sollte behutsam und nicht zu druckvoll erfolgen, damit sich die Schichten aus Teig und Butter nicht vermischen, sonst entwickelt das Gebäck beim Backen nicht die typische blättrige Struktur. Die Füllung sollte in die Schnecken eingerollt werden.

TECHNIKEN

Eigelbe schaumig schlagen (Seite 284)
Mischen & Kneten (Seite 32)
Rundwirken (Seite 42)
Ausrollen (Seite 283)
Abglänzen (Seite 48)

GESCHAFFT

Wenn die Rosinenschnecken goldbraun und aufgegangen sind.

HALTBARKEIT

Maximal 1–2 Tage

Rosinenschnecken backen

1

2

3/4/5

ERGIBT 6 SCHNECKEN

1 PLUNDERTEIG

120 g Weizenmehl T65 (Type 550 oder 812)
120 g glutenreiches Weizenmehl T45 (*farine de gruau*; Type 405)
115 g Milch
30 g Zucker
5 g Salz
7 g frische Backhefe
120 g Butter (zum Tourieren)

2 KONDITORCREME

250 g Milch
100 g Zucker
2 Eier
25 g Maisstärke

3 EINLAGE

200 g Rosinen

4 EISTREICHE

1 Ei
3 g Milch
1 Prise Salz

5 SIRUP

25 g Wasser
25 g Zucker

Schritt für Schritt

2

3

5

6

9

10

7

TAG 1

1 Die Rosinen in lauwarmem Wasser über Nacht einweichen.

TAG 2

2 Eine Konditorcreme zubereiten (Seite 76). Auf ein Blech gießen, direkt auf der Oberfläche mit Frischhaltefolie bedecken (Seite 235) und 1 Stunde in den Kühlschrank stellen, damit sie etwas anzieht.

3 Einen Plunderteig zubereiten (Seite 62) und 2–3 mm dünn zu einem Rechteck von 30 cm Breite ausrollen (Seite 283). Die Konditorcreme gleichmäßig auf dem Teig verstreichen.

4 Die Rosinen abtropfen lassen und auf der Konditorcreme verstreuen, den unteren Rand (später der äußere Rand der Schnecken) etwas großzügiger bestreuen.

5 Den Teig mit der Füllung, am oberen Rand, beginnend fest zusammenrollen.

6 Die Teigrolle in sechs etwa 4 cm breite Schnecken schneiden.

7 Die äußere Teignaht unter die Schnecken stecken. Die Rosinenschnecken auf ein mit Pergamentpapier bedecktes Blech legen. Die Eistreiche anrühren und die Schnecken mit einem Pinsel abglänzen (Seite 48).

8 Die Schnecken an einem 25–28 °C warmen Ort 2½ Stunden gehen lassen (Stückgare).

9 Den Backofen auf 180 °C vorheizen. Die Rosinenschnecken noch einmal abglänzen und 15 Minuten backen.

10 Einen Zuckersirup zubereiten: Das Wasser mit dem Zucker in einem Topf kurz aufkochen und vom Herd nehmen. Die gebackenen Rosinenschnecken mithilfe eines Pinsels mit dem Sirup überglänzen.

GEFÜLLTE TEIGTASCHEN
(*PAINS SUISSES*)

Schon gewusst?

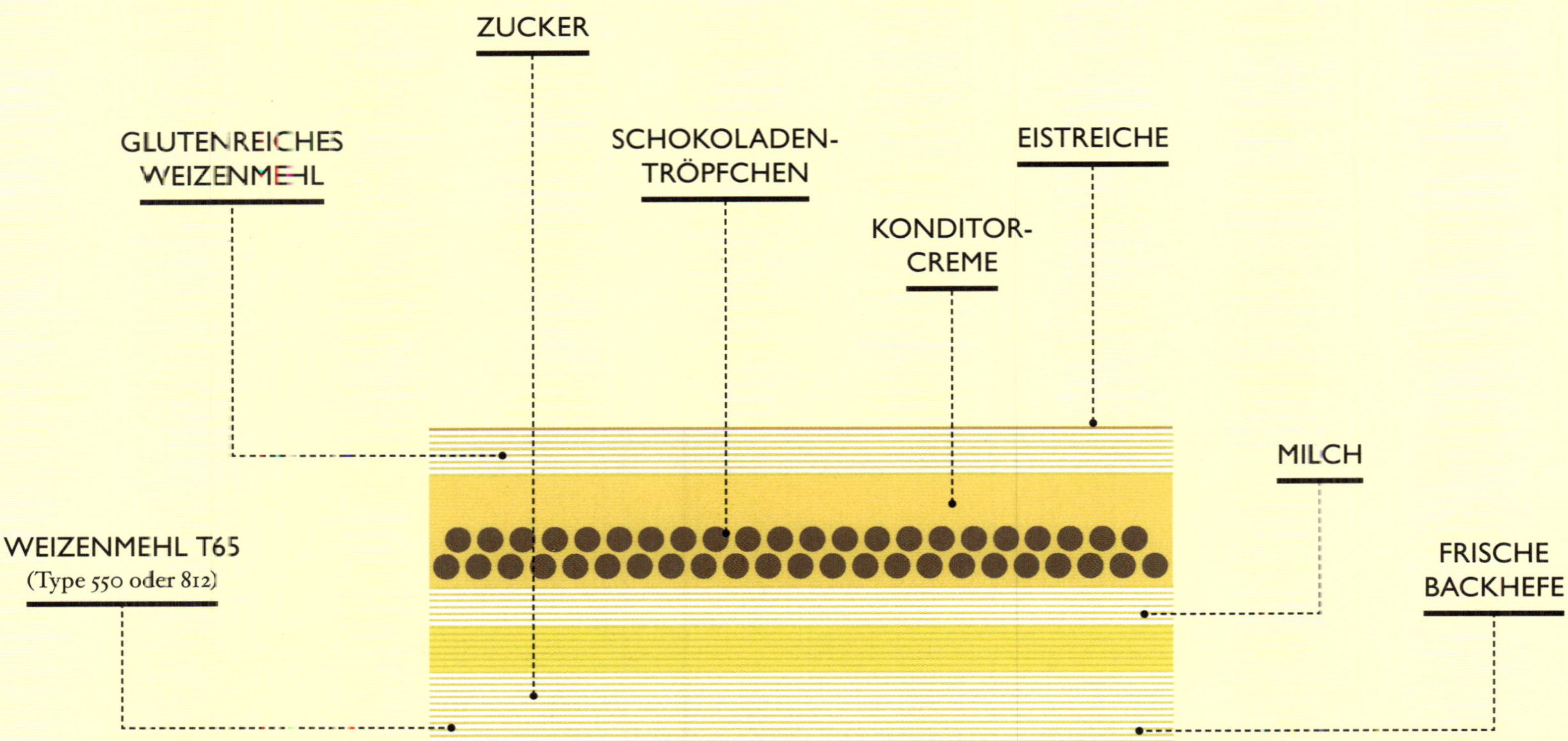

KURZ UND KNAPP ERKLÄRT

Zwei übereinandergeschichtete Lagen Plunderteig, die mit Konditorcreme und Schokoladentröpfchen gefüllt werden.

MERKMALE

Gewicht: 120 g
Länge: 10 cm
Blättrigkeit: luftig, grobporig

DAUER DER ZUBEREITUNG

Vorbereitung: 2 Stunden
Gare (Gehzeit): 3½ Stunden
(2½ Stunden Teigruhe im Kühlschrank, 1 Stunde)
Backzeit: 30 Minuten

ARBEITSMATERIAL

Küchenmaschine mit Flachrührer und Knethaken (optional)
Pinsel
Sieb
Teigabstecher

TECHNIKEN

Mischen & Kneten (Seite 32)
Ausrollen (Seite 283)
Abglänzen (Seite 48)

GESCHAFFT

Wenn die Teigtaschen goldbraun und leicht aufgegangen sind.

HALTBARKEIT

Bei Raumtemperatur gelagert 1–2 Tage.

Schritt für Schritt

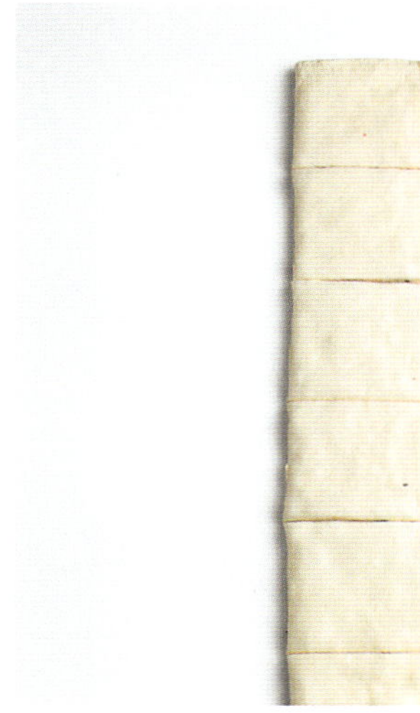

ERGIBT 6 GEFÜLLTE TEIGTASCHEN

PLUNDERTEIG

120 g Weizenmehl T65 (Type 550 oder 812)
120 g glutenreiches Weizenmehl T45
(*farine de gruau*; Type 405)
120 g Butter
30 g Zucker, 5 g Salz
115 g Milch
7 g frische Backhefe

KONDITORCREME

250 g Milch
50 g Zucker
2 Eier
25 g Maisstärke

EINLAGE

60 g Schokoladentröpfchen

EISTREICHE

1 Ei
3 g Milch oder Sahne
1 Prise Salz

1 Eine Konditorcreme zubereiten (Seite 76). Den Plunderteig zubereiten (Seite 62), mit dem Teigabstecher in zwei Portionen teilen und jeweils 2–3 mm dünn zu Rechtecken (60 cm lang, 10 cm breit) ausrollen (Seite 283).

2 Die Konditorcreme auf einem der beiden Teigbänder bis 0,5 cm an die Ränder heran verstreichen und mit den Schokoladentröpfchen bestreuen.

3 Das zweite Teigband darüberlegen.

4 Die gefüllten Teiglagen mit einem Messer in sechs 10 × 10 cm große Quadrate schneiden.

5 Die Teigtaschen auf einen Bogen Pergamentpapier setzen. Die Eistreiche anrühren und die Teigtaschen mit einem Pinsel abglänzen. Mit einem Tuch bedecken und an einem 25–28 °C warmen Ort 1 Stunde gehen lassen.

6 Den Backofen und ein Blech auf 180 °C vorheizen. Die Teigtaschen samt Pergamentpapier auf das heiße Blech ziehen, noch einmal abglänzen und 30 Minuten backen.

CROISSANTS
MIT MANDELCREME

Schon gewusst?

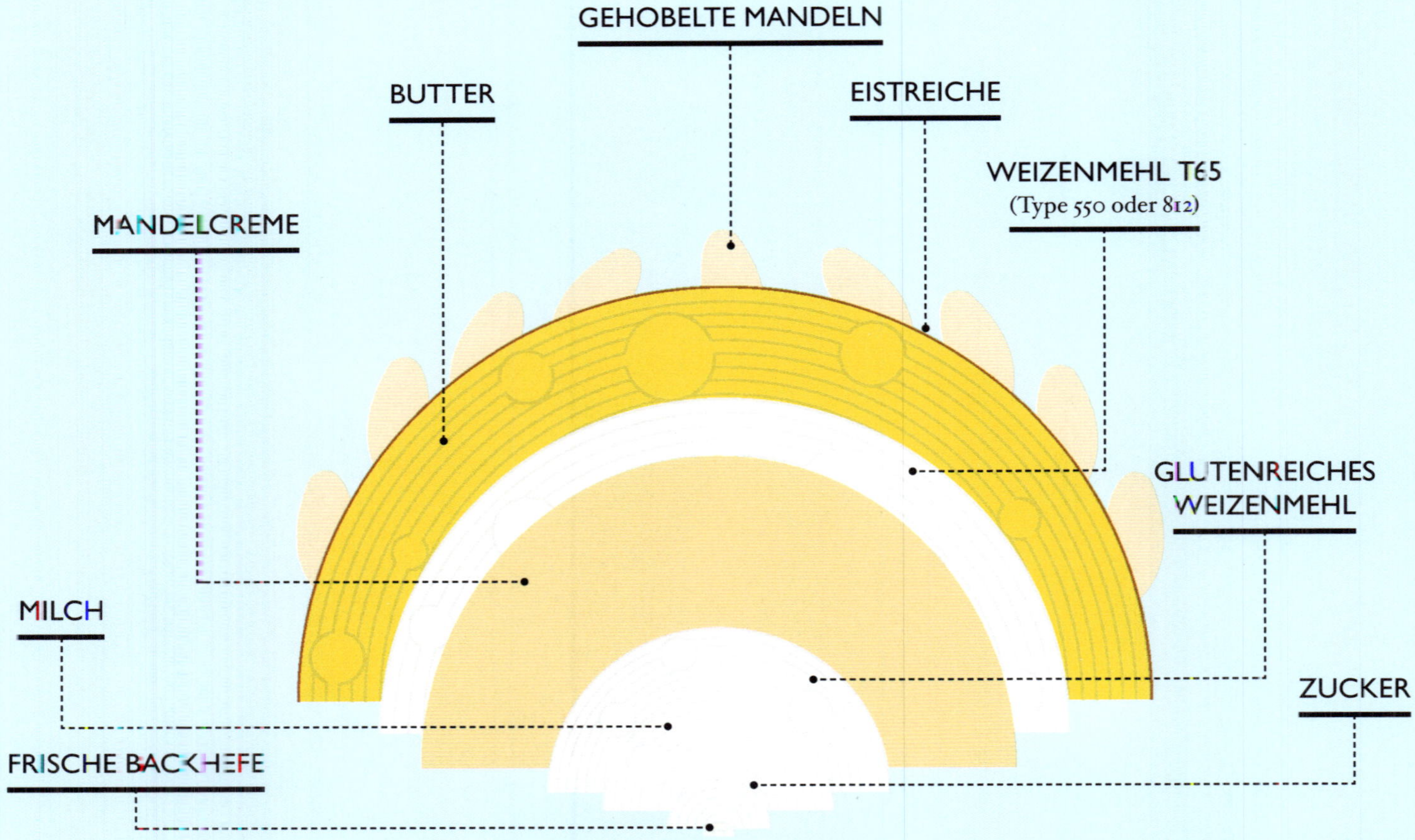

KURZ UND KNAPP ERKLÄRT
Croissants, die mit Mandelcreme gefüllt und bestrichen, mit gehobelten Mandeln bestreut und ein zweites Mal gebacken werden.

MERKMALE
Gewicht: etwa 100 g
Länge: 12 cm
Krume: blättrig und luftig-locker

DAUER DER ZUBEREITUNG
Vorbereitung: 30 Minuten
Backzeit: 30 Minuten

ARBEITSMATERIAL
Mehlsieb
Spritzbeutel mit Sternbandtülle
Pinsel
Sägemesser

TECHNIK
Eigelbe schaumig schlagen (Seite 284)

HALTBARKEIT
Maximal 1–2 Tage

GESCHAFFT
Wenn die Mandelcreme und die gehobelten Mandeln kräftig Farbe angenommen haben.

Schritt für Schritt

ERGIBT 6 CROISSANTS

GEBÄCK

6 Croissants oder Schoko-Croissants

MANDELCREME

50 g *beurre pommade* (Seite 284)
50 g gemahlene Mandeln
50 g Zucker
1 Ei
5 g Maisstärke

SIRUP

100 g Wasser
100 g Zucker

GARNITUR

60 g gehobelte Mandeln
Puderzucker

1 Für den Sirup das Wasser mit dem Zucker in einem Topf zum Kochen bringen. Sobald die Mischung aufwallt, vom Herd nehmen.

2 Den Backofen auf 180 °C vorheizen. Eine Mandelcreme zubereiten (Seite 78).

3 Die Croissants mit einem Sägemesser waagerecht aufschneiden, jedoch nicht ganz durchschneiden. Mit einem Pinsel von innen und außen großzügig mit dem Sirup bestreichen und auf ein mit Pergamentpapier bedecktes Blech legen.

4 Die Mandelcreme in einen Spritzbeutel mit Sternbandtülle füllen. Die Croissants mit einem Großteil der Creme füllen und wieder verschließen.

5 Die restliche Mandelcreme auf die gefüllten Croissants auftragen und mit den gehobelten Mandeln bestreuen. Die Mandeln mit den Fingern sanft andrücken, um sie in der Creme zu fixieren.

6 Die Croissants im vorgeheizten Ofen 15 Minuten backen, abkühlen lassen und mit Puderzucker bestauben.

APFELTASCHEN

Schon gewusst?

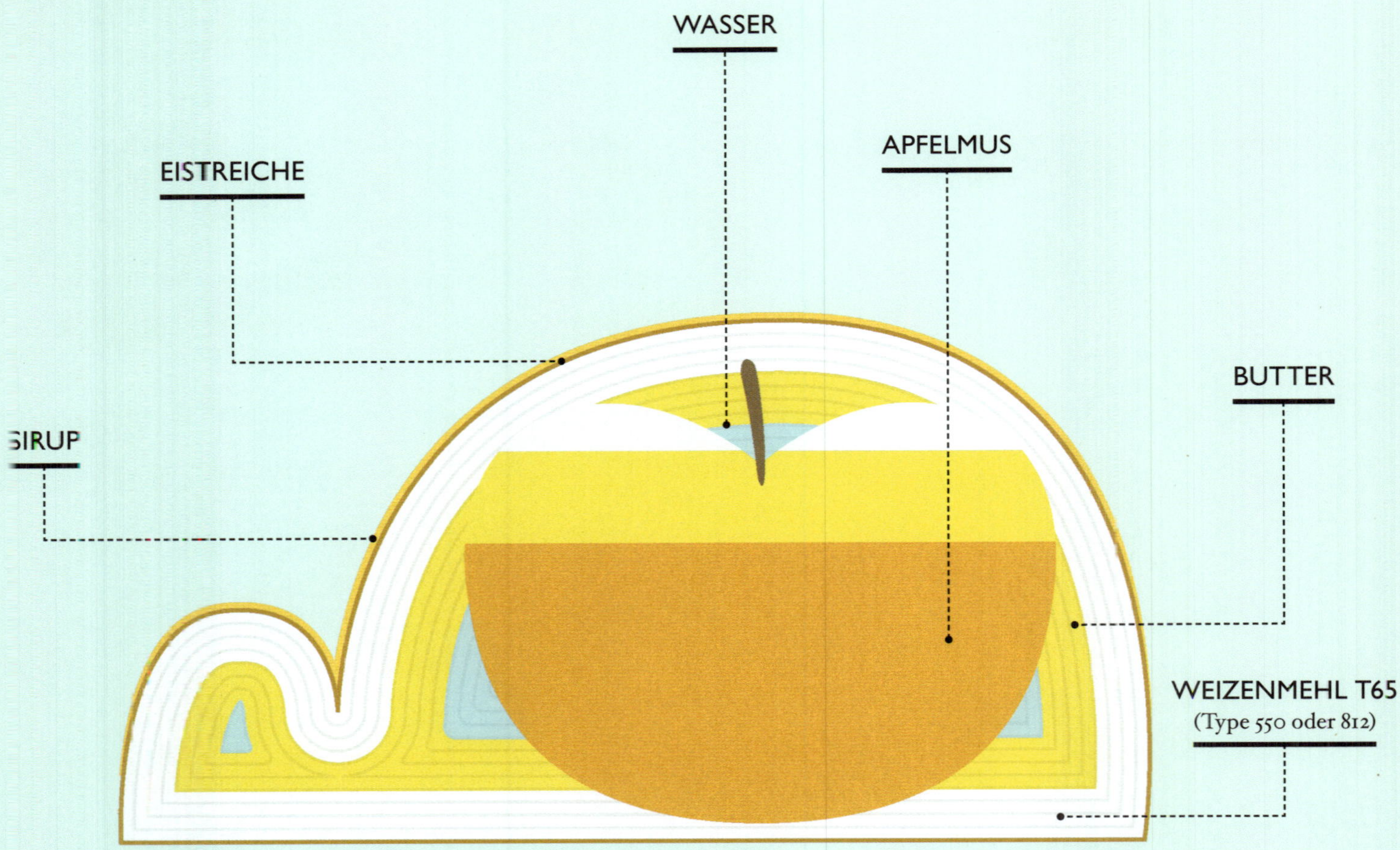

KURZ UND KNAPP ERKLÄRT

Umgekehrter Blätterteig, der mit Apfelmus gefüllt und zu Teigtaschen gefaltet wird.

MERKMALE

Gewicht: 100 g
Länge: 15 cm
Blättrigkeit: luftig, knusprig

DAUER DER ZUBEREITUNG

Vorbereitung: 1½ Stunden
Teigruhe: 12 Stunden im Kühlschrank
Gar- und Backzeit: 1½ Stunden

ARBEITSMATERIAL

Gewellter Ausstechring von 13 cm Durchmesser
Küchenmaschine mit Flachrührer
Wellholz
Pinsel

TECHNIKEN

Mischen & Kneten (Seite 32)
Ausrollen (Seite 283)
Abglänzen (Seite 48)
Einschneiden (schräge Schnitte, Seite 50–51)

TIPP

Die Teigtaschen vor dem Backen umdrehen, damit sie eine gleichmäßige Form erhalten.

GESCHAFFT

Wenn die Teigtaschen goldbraun sind.

HALTBARKEIT

Maximal 1–2 Tage

WODURCH ERHALTEN DIE APFELTASCHEN IHREN GLANZ?

Durch den nach dem Backen aufgetragenen Sirup. Wenn eine zuckerhaltige Lösung kocht, verdunsten die Wassermoleküle. Beim Abkühlen verbinden sich die gelösten Zuckermoleküle und bilden eine zusammenhängende glänzende Glasur.

Apfeltaschen backen

1

2

3

4

ERGIBT 8 APFELTASCHEN

1 UMGEKEHRTER BLÄTTERTEIG (300 G)

Mehlbutter
100 g weiche gewürfelte Butter
40 g Weizenmehl T65 (Type 550 oder 812)

Grundteig
30 g *beurre pommade* (Seite 284)
90 g Weizenmehl T65 (Type 550 oder 812)
5 g Salz
40 g kaltes Wasser
1 g weißer Essig

2 APFELMUS (600 G)

530 g Äpfel
30 g Zucker
40 g Butter
1 Vanilleschote

3 SIRUP

25 g Wasser
25 g Zucker

4 EISTREICHE

1 Ei
3 g Milch
1 Prise Salz

Schritt für Schritt

1

2

3

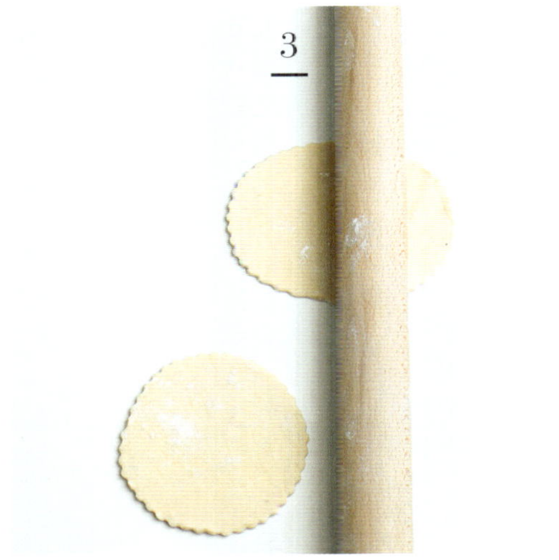

4

5

6

1 Das Apfelmus nach dem Rezept auf Seite 80 zubereiten.

2 Einen umgekehrten Blätterteig zubereiten (Seite 68). Den Backofen auf 180 °C vorheizen. Den Blätterteig 2–3 mm dünn ausrollen und mit einem gewellten Ring acht Kreise von 13 cm Durchmesser ausstechen.

3 Die Teigkreise mit dem Wellholz in eine leicht ovale Form bringen.

4 Die Eistreiche anrühren (Seite 48) und die Teigovale rundherum am Rand bestreichen.

5 Jeweils einen Löffel Apfelmus etwas seitlich der Mitte auf die Ovale setzen; am Rand mindestens 1 cm frei lassen. Den Teig über die Füllung schlagen und den Rand durch leichten Druck mit den Fingern versiegeln.

6 Die Teigtaschen umdrehen, mit der restlichen Eistreiche einpinseln und mit einem Messer in kleinen Abständen mehrmals leicht einschneiden.

7 Die Apfeltaschen im vorgeheizten Ofen 30 Minuten backen.

8 Für den Sirup das Wasser mit dem Zucker in einem Topf aufkochen und vom Herd nehmen. Die Apfeltaschen nach dem Backen mit dem Sirup überglänzen.

GEDECKTER GITTERAPFELKUCHEN

Schon gewusst?

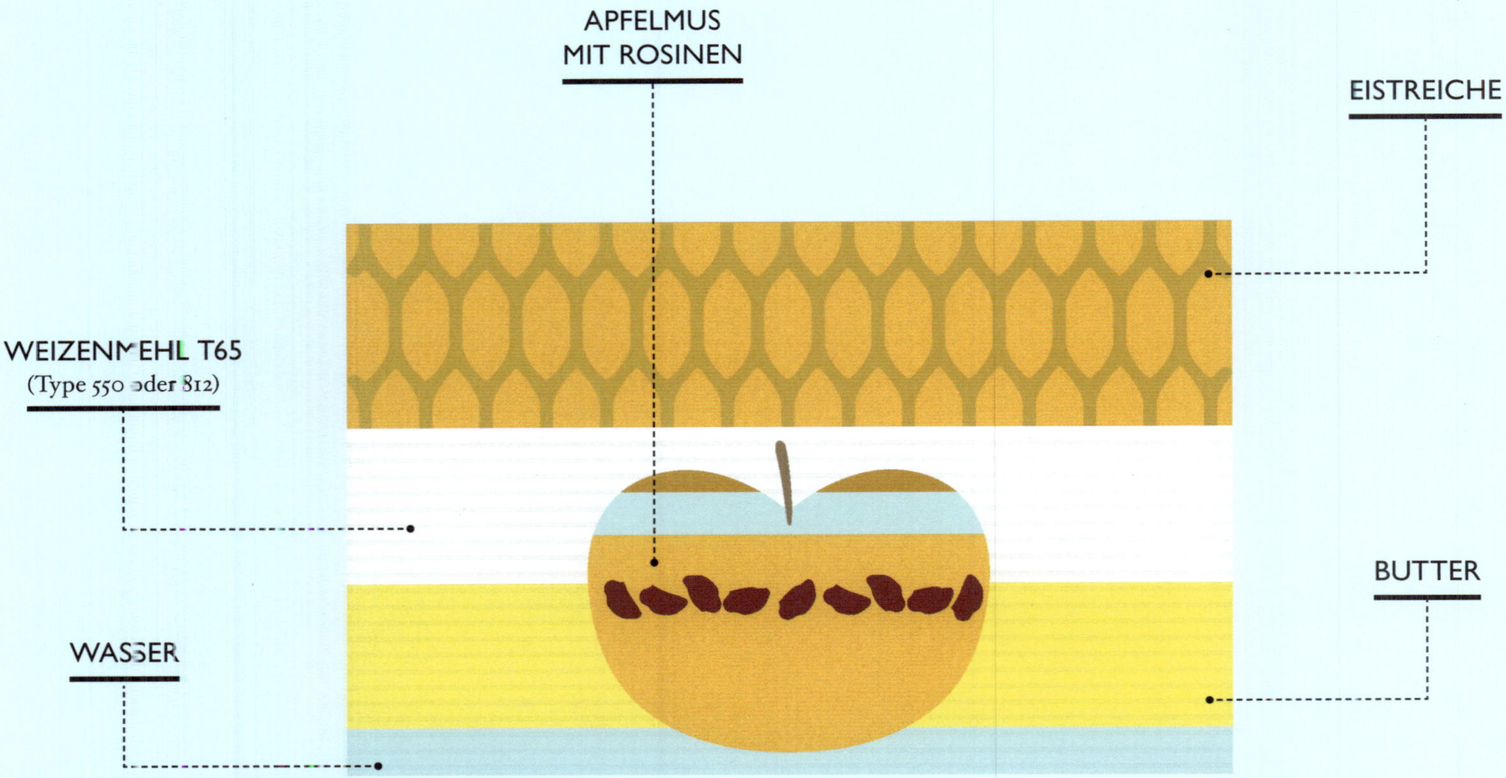

KURZ UND KNAPP ERKLÄRT

Umgekehrter Blätterteig, der mit Apfelmus garniert und mit einem Gitter aus Blätterteig gedeckt wird.

DAUER DER ZUBEREITUNG

Vorbereitung: 30 Minuten
Kühlen: 12 Stunden
Gar- und Backzeit: 45 Minuten für das Apfelmus, 45 Minuten für den Kuchen

ARBEITSMATERIAL

Küchenmaschine mit Flachrührer und Knethaken
Blech von 40 × 60 cm
Wellholz
Rautenrolle
Teigabstecher
Pinsel

SCHWIERIGKEIT

Die Verarbeitung des Teiggitters ist etwas tückisch.

TECHNIKEN

Mischen & Kneten (Seite 32)
Blech auskleiden (Seite 283)
Teig ausrollen (Seite 283)
Abglänzen (Seite 48)

TIPP

Stellen Sie den ausgerollten Teig eine Weile kalt, bevor Sie das Gittermuster anbringen, dann wird es gleichmäßiger. In Ermangelung einer Rautenrolle kann man den Teig auch in etwa 1,5 cm breite Bänder schneiden, diese rautenförmig einschneiden und den Überhang abtrennen.

GESCHAFFT

Wenn das Teiggitter goldbraun gebacken ist.

HALTBARKEIT

2–3 Tage

Gitterapfelkuchen backen

1

2

ERGIBT 8 STÜCKE

1 UMGEKEHRTER BLÄTTERTEIG (300 G)

Mehlbutter
100 g weiche Butter, gewürfelt
40 g Weizenmehl T65 (Type 550 oder 812)

Grundteig
90 g Weizenmehl T65 (Type 550 oder 812)
30 g *beurre pommade* (Seite 284)
5 g Salz
40 g kaltes Wasser
1 g weißer Essig

2 APFELMUS

1 kg Äpfel (Golden Delicious)
150 g Wasser
50 g brauner Rohrzucker
50 g Rosinen
1 Vanilleschote
2 g gemahlener Zimt

3 EISTREICHE

1 Ei
3 g Milch oder Sahne
1 Prise Salz

Schritt für Schritt

1

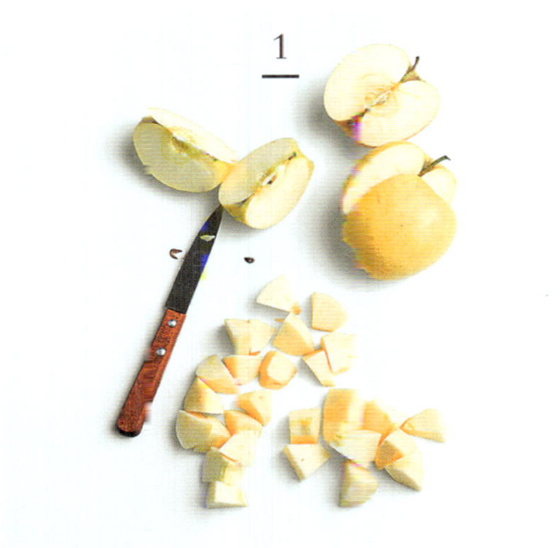

2

5

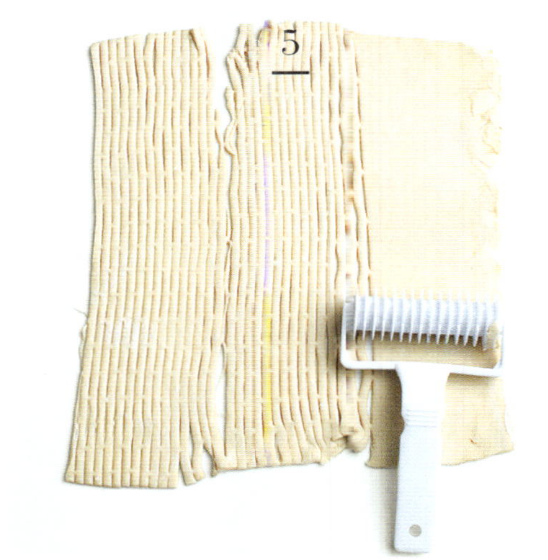

6

7

8

1 Einen umgekehrten Blätterteig zubereiten (Seite 68). Für das Apfelmus die Äpfel schälen, entkernen und in grobe Stücke schneiden.

2 Äpfel, Wasser, Zucker, Rosinen und Vanille (Schote und ausgekratztes Mark) in einen Topf geben. Zum Kochen bringen, dann bei geringer Temperatur etwa 30 Minuten köcheln lassen. Ab und zu umrühren. Den Zimt unterrühren und auf ganz kleiner Flamme weitere 15 Minuten garen. Das Apfelmus in ein anderes Gefäß umfüllen und abkühlen lassen.

3 Den Teig in zwei Portionen teilen und die eine Hälfte 2–3 mm dünn zu einem Rechteck ausrollen.

4 Ein Blech mit Pergamentpapier bedecken und mit dem ausgerollten Teig belegen. Das Apfelmus bis 1 cm an den Rand heran auf dem Teig verteilen; zur Mitte hin etwas dicker auftragen.

5 Die zweite Teighälfte 2 mm dünn ausrollen. Mit einer Rautenrolle ein Gittermuster in den Teig walzen und das Teiggitter mit den Händen leicht auseinanderziehen.

6 Das Teiggitter mit dem Wellholz aufnehmen und über dem Apfelmus wieder abrollen.

7 Den Backofen auf 160 °C vorheizen. Die Eistreiche anrühren und das Teiggitter mit einem Pinsel abglänzen (Seite 48).

8 Den Apfelkuchen im vorgeheizten Ofen 45 Minuten backen.

FEINE
APFEL-TARTELETTES

Schon gewusst?

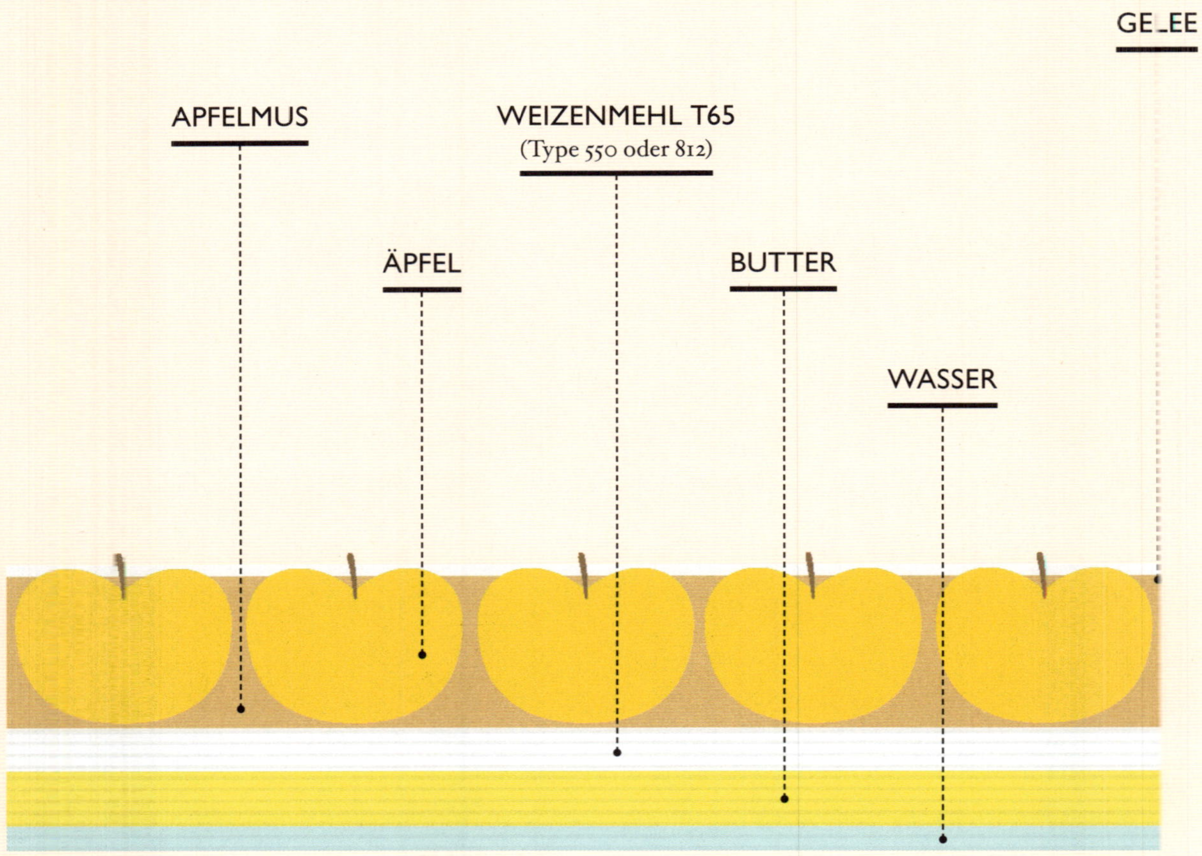

KURZ UND KNAPP ERKLÄRT

Tartelette-Böden aus umgekehrtem Blätterteig, die mit Apfelmus und feinen Apfelscheibchen garniert werden.

DAUER DER ZUBEREITUNG

Vorbereitung: 1¼ Stunden
Teigruhe: 12 Stunden im Kühlschrank
Backzeit: 25 Minuten

ARBEITSMATERIAL

Küchenmaschine mit Flachrührer
Wellholz
Ausstechring von 10 cm Durchmesser
Pinsel

ABWANDLUNGEN

Aprikosen
Mirabellen
Birnen/frische Feigen

SCHWIERIGKEIT

Die Äpfel in möglichst feine und gleichmäßige Scheibchen schneiden.

TECHNIK

Mischen & Kneten (Seite 32)

TIPP

Mischen Sie einige Apfelstücke unter das Apfelmus, so gewinnen die Tartelettes beim Backen an Volumen.

GESCHAFFT

Sobald die Apfelscheiben kräftig gebräunt sind und der Teig darunter goldgelb ist.

HALTBARKEIT

Kühl gelagert maximal 3 Tage.

Schritt für Schritt

ERGIBT 4 TARTELETTES

UMGEKEHRTER BLÄTTERTEIG (300 G)

Mehlbutter
100 g weiche gewürfelte Butter
40 g Weizenmehl T65 (Type 550 oder 812)

Grundteig
90 g Weizenmehl T65 (Type 550 oder 812)
30 g *beurre pommade* (Seite 284)
5 g Salz
40 g kaltes Wasser
1 g weißer Essig

APFELMUS

180 g Äpfel
10 g Zucker
15 g Butter
½ Vanilleschote

GARNITUR

2–3 Äpfel
10 g Apfel- oder Aprikosengelee

1 Das Apfelmus nach dem Rezept auf Seite 80 zubereiten.

2 Einen umgekehrten Blätterteig herstellen (Seite 68) und mit dem Wellholz 2 mm dünn ausrollen. Den Backofen auf 150 °C Umluft vorheizen.

3 Aus dem Teig mit einem runden Ausstecher vier Kreise von 10 cm Durchmesser ausstechen und auf ein mit Pergamentpapier bedecktes Blech legen.

4 Die Teigböden großzügig mit Apfelmus bestreichen. Das Mus zur Mitte hin etwas dicker auftragen, sodass eine Art Kuppel entsteht.

5 Die Äpfel schälen und entkernen. Anschließend halbieren und in ganz feine Scheibchen schneiden.

6 Die Apfelscheiben rosettenförmig von außen nach innen auf den Tartelettes arrangieren.

7 Die Tartelettes 25 Minuten im Ofen backen und anschließend mithilfe eines Pinsels mit Apfel- oder Aprikosengelee glasieren.

DREIKÖNIGSKUCHEN

(GALETTE DES ROIS)

Schon gewusst?

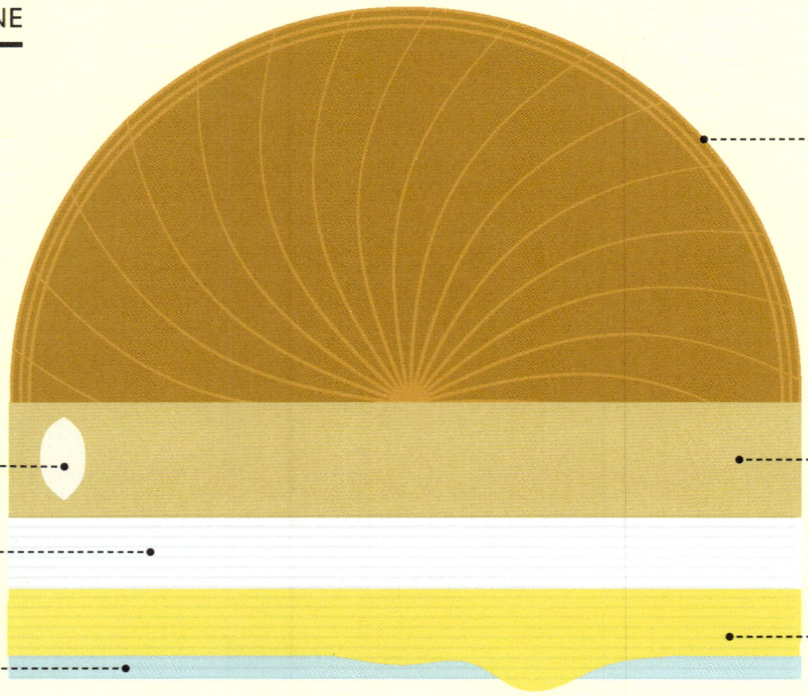

KURZ UND KNAPP ERKLÄRT

Zwei geschichtete und mit Mandelcreme gefüllte Blätterteigböden. Die versteckte Bohne ist ein alter Brauch: Wer sie in seinem Stück findet, ist »König« (frz. *roi*) am Dreikönigstag (6. Januar).

DAUER DER ZUBEREITUNG

Vorbereitung: 30 Minuten
Teigruhe: 12 Stunden im Kühlschrank
Backzeit: 40–45 Minuten

ARBEITSMATERIAL

Küchenmaschine mit Flachrührer
Wellholz
Ausstechring von 32 cm Durchmesser
Pinsel
Spritzbeutel mit Lochtülle (8 mm)

ABWANDLUNGEN

Galette mit Frangipane: 2 Drittel Mandelcreme + 1 Drittel Konditorcreme

TECHNIKEN

Mischen & Kneten (Seite 32)
Abglänzen (Seite 48)
Eigelbe schaumig schlagen (Seite 284)
Teigrand einkerben (Seite 283)

TIPPS

Bereiten Sie die Mandelcreme am Vortag zu, dann lässt sie sich mit dem Spritzbeutel leichter verarbeiten. Stellen Sie die Teigböden 1 Stunde vor dem Füllen des Kuchens kalt, dann geht es einfacher.

GESCHAFFT

Wenn der Dreikönigskuchen goldbraun gebacken ist.

HALTBARKEIT

Maximal 1–2 Tage (sonst wird die Creme trocken).

Dreikönigskuchen backen

1

2

3

ERGIBT 8 STÜCKE

1 UMGEKEHRTER BLÄTTERTEIG (600 G)

Mehlbutter
200 g weiche gewürfelte Butter
80 g Weizenmehl T65 (Type 550 oder 812)

Grundteig
180 g Weizenmehl T65 (Type 550 oder 812)
60 g *beurre pommade* (Seite 284)
10 g Salz
80 g kaltes Wasser
2 g weißer Essig

2 MANDELCREME (400 G)

100 g Butter
100 g gemahlene Mandeln
100 g Zucker
2 Eier
10 g Maisstärke

3 EISTREICHE

1 Ei
3 g Milch
1 Prise Salz

Schritt für Schritt

1 Einen umgekehrten Blätterteig herstellen (Seite 68) und 4 mm dünn ausrollen.

2 Aus dem Teig zwei Böden à 32 cm Durchmesser ausstechen.

3 Einen Teigboden auf ein mit Pergamentpapier bedecktes Blech legen. Die Eistreiche anrühren und rundherum einen 2 cm breiten Rand des Teigbodens bestreichen (Seite 48).

4 Eine Mandelcreme zubereiten (Seite 78). Die Creme in einen Spritzbeutel mit Lochtülle (8 mm) füllen und spiralförmig von innen nach außen auf den Teigboden auftragen. An einer beliebigen Stelle eine Bohne auf die Creme legen.

5 Das Wellholz und den zweiten Teigboden mit Mehl bestauben. Den Teig mit dem Wellholz aufnehmen und über der Cremeschicht abrollen. Den Rand rundherum durch leichten Druck mit den Fingern versiegeln.

6 Den Rand mit dem Rücken eines Messers rundherum leicht einkerben (Seite 283).

7 Den Dreikönigskuchen mithilfe eines Pinsels mit der restlichen Eistreiche bestreichen.

8 Den Backofen auf 180 °C vorheizen. Mit einem Messerrücken von der Mitte nach außen leicht gebogene Streifen in den Teig einritzen, sodass sich eine Rosette ergibt.

9 Den Dreikönigskuchen im vorgeheizten Ofen 40–45 Minuten backen.

SÜSSE HEFEBRÖTCHEN

Schon gewusst?

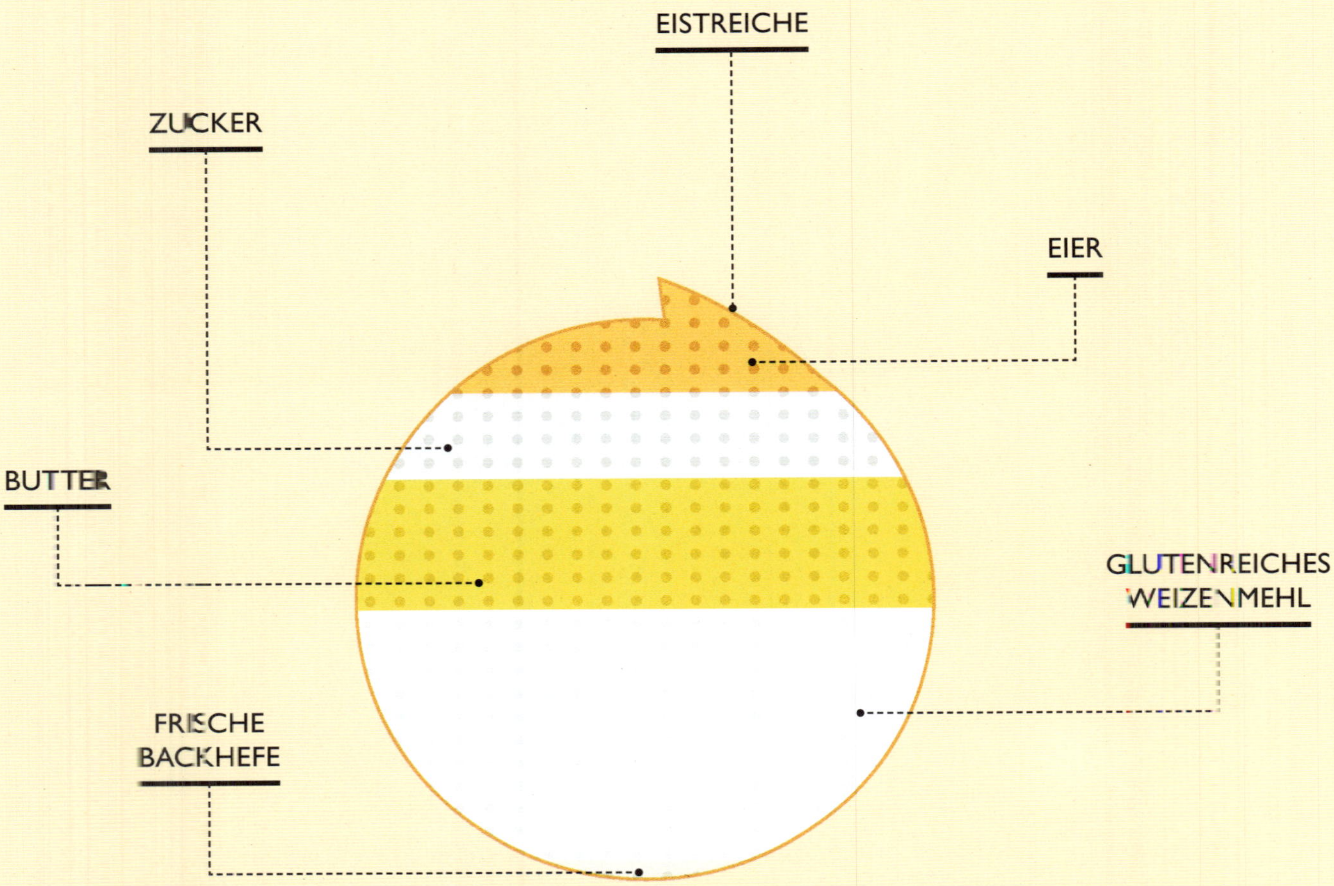

KURZ UND KNAPP ERKLÄRT

Länglich geformte Brötchen aus süßem Hefeteig.

MERKMALE

Gewicht: 50 g
Länge: 18 cm
Krume: feinporig, weich

ARBEITSMATERIAL

Küchenmaschine mit Flachrührer und Knethaken
Pinsel
Teigabstecher
Schere

DAUER DER ZUBEREITUNG

Vorbereitung: 45 Minuten
Gare (Gehzeit): etwa 14 Stunden (Stockgare über Nacht, 15 Minuten Teigruhe im Kühlschrank, 1½ Stunden Stückgare)
Backzeit: 10 Minuten

SCHWIERIGKEIT

Die Butter wird nach dem Kneten eingearbeitet, dabei darf sie nicht schmelzen, damit der Teig seine Konsistenz bewahrt.

TECHNIKEN

Mischen & Kneten (Seite 32)
Falten (Seite 37)
Vorformen (Rundwirken; Seite 38)
Bâtards formen (Seite 45)
Langwirken (Seite 40–41)
Abglänzen (Seite 48)

GESCHAFFT

Wenn die Brötchen goldbraun gebacken sind.

HALTBARKEIT

2–3 Tage

Schritt für Schritt

ERGIBT 16 BRÖTCHEN

HEFETEIG

450 g glutenreiches Weizenmehl T45
(*farine de gruau*; Type 405)
6 Eier
8 g Salz
60 g Zucker
14 g frische Backhefe
200 g weiche gewürfelte Butter

EISTREICHE

1 Ei
3 g Milch
1 Prise Salz

1 Sämtliche Zutaten zuvor über Nacht in den Kühlschrank stellen. Dann am Vortag Mehl, Eier, Salz, Zucker und die zerkrümelte Hefe in der Küchenmaschine 4 Minuten auf Geschwindigkeitsstufe 1 mischen und dann 6 Minuten auf mittlerer Stufe kneten (Seite 32). Der Teig sollte sich mit der Zeit vom Schüsselrand lösen. Anschließend auf Stufe 1 langsam die Butterwürfel unter den Teig kneten, bis sie vollständig eingearbeitet sind.

2 Den Teig in eine Schüssel legen, mit Frischhaltefolie bedecken und bei Raumtemperatur 30 Minuten gehen lassen. Den Teig falten (Seite 37), zurück in die Schüssel legen und, mit Frischhaltefolie bedeckt, über Nacht in den Kühlschrank stellen.

3 Den Teig in 16 Stücke zu je etwa 60 g zerteilen, zunächst rundwirken (Seite 38) und anschließend zu Bâtards vorformen (Seite 45). Mit Frischhaltefolie bedecken und 15 Minuten kalt stellen.

4 Die Teiglinge zu 18 cm langen Brötchen formen (Seite 40): Mit der Handfläche in der Mitte ansetzen und die Teiglinge von innen nach außen in die Länge rollen.

5 Die Teiglinge auf einen Bogen Pergamentpapier legen. Die Eistreiche anrühren und die Brötchen mit einem Pinsel abglänzen (Seite 48). Die Brötchen unbedeckt bei 25–28 °C noch einmal 1½ Stunden gehen lassen (Stückgare).

6 Eine Küchenschere in die Eistreiche tauchen (damit sie nicht klebt) und die Brötchen im 45-Grad-Winkel in regelmäßigen Abständen etwa 1 cm tief einschneiden, die Schere während des Schnitts nicht zurückziehen.

7 Den Backofen und ein Blech auf 180 °C vorheizen. Die Brötchen samt Papier auf das vorgeheizte Blech ziehen, noch einmal mit Eistreiche abglänzen und 10 Minuten backen.

WIENER BAGUETTE

Schon gewusst?

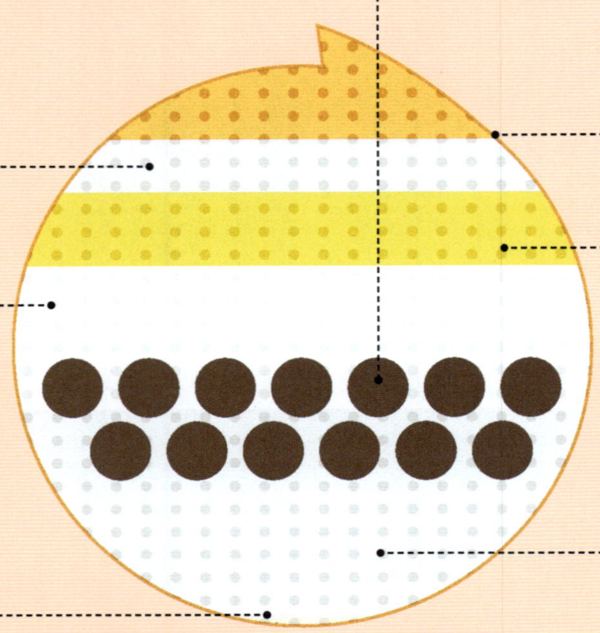

KURZ UND KNAPP ERKLÄRT

Leicht gesüßter Hefeteig (Wiener Baguetteteig), der zu kleinen Baguettes geformt und mit Schokoladentröpfchen angereichert wird.

MERKMALE

Gewicht: 120 g
Länge: 25 cm
Krume: feinporig, weich
Kruste: sehr dünn und zart

DAUER DER ZUBEREITUNG

Vorbereitung: 40 Minuten
Gare (Gehzeit): 5½ Stunden (4¼ Stunden Teigruhe im Kühlschrank, 1¼ Stunden Stückgare)
Backzeit: 15–20 Minuten

ARBEITSMATERIAL

Küchenmaschine mit Flachrührer und Knethaken (optional)
Sägemesser
Teigabstecher
Sieb
Pinsel

TECHNIKEN

Mischen & Kneten (Seite 32)
Baguette formen (Seite 43)
Abglänzen (Seite 48)
Einschneiden (schräge Schnitte, Seite 50–51)

GESCHAFFT

Wenn die Baguettes goldbraun sind.

HALTBARKEIT

2 Tage

Schritt für Schritt

ERGIBT 4 BAGUETTES

WIENER BAGUETTETEIG

340 g Weizenmehl T65 (Type 550 oder 812)
210 g Milch
30 g Zucker
7 g Salz
7 g frische Backhefe
55 g Butter

EINLAGE (OPTIONAL)

90 g Schokoladentröpfchen

EISTREICHE

1 Ei
3 g Milch
1 Prise Salz

1 Einen Wiener Baguetteteig zubereiten (Seite 60).

2 Für eine Version mit Schokolade die Schokotröpfchen nach dem Einarbeiten der Butter dazugeben und gleichmäßig in den Teig einarbeiten.

3 Den Teig in eine Schüssel legen, mit Frischhaltefolie bedecken und 4 Stunden in den Kühlschrank stellen.

4 Den Teig mit einem Teigabstecher in vier Portionen teilen (optional in drei, wenn die Baguettes länger werden sollen) und zu Baguettes formen (Seite 43). Mit Frischhaltefolie bedecken und 15 Minuten kalt stellen.

5 Die Eistreiche anrühren und die Baguettes mit einem Pinsel abglänzen (Seite 48).

6 Die Baguettes mit einem Bäckermesser über die gesamte Länge in geringen Abständen schräg einschneiden (Seite 51). Unbedeckt bei 25–28 °C noch einmal 1 1/4 Stunden gehen lassen (Stückgare).

7 Den Backofen und ein Blech auf 180 °C vorheizen und die Baguettes noch einmal mit Eistreiche abglänzen.

8 Die Baguettes samt Papier auf das heiße Blech ziehen und 15–20 Minuten backen.

GEFÜLLTE KRAPFEN

Schon gewusst?

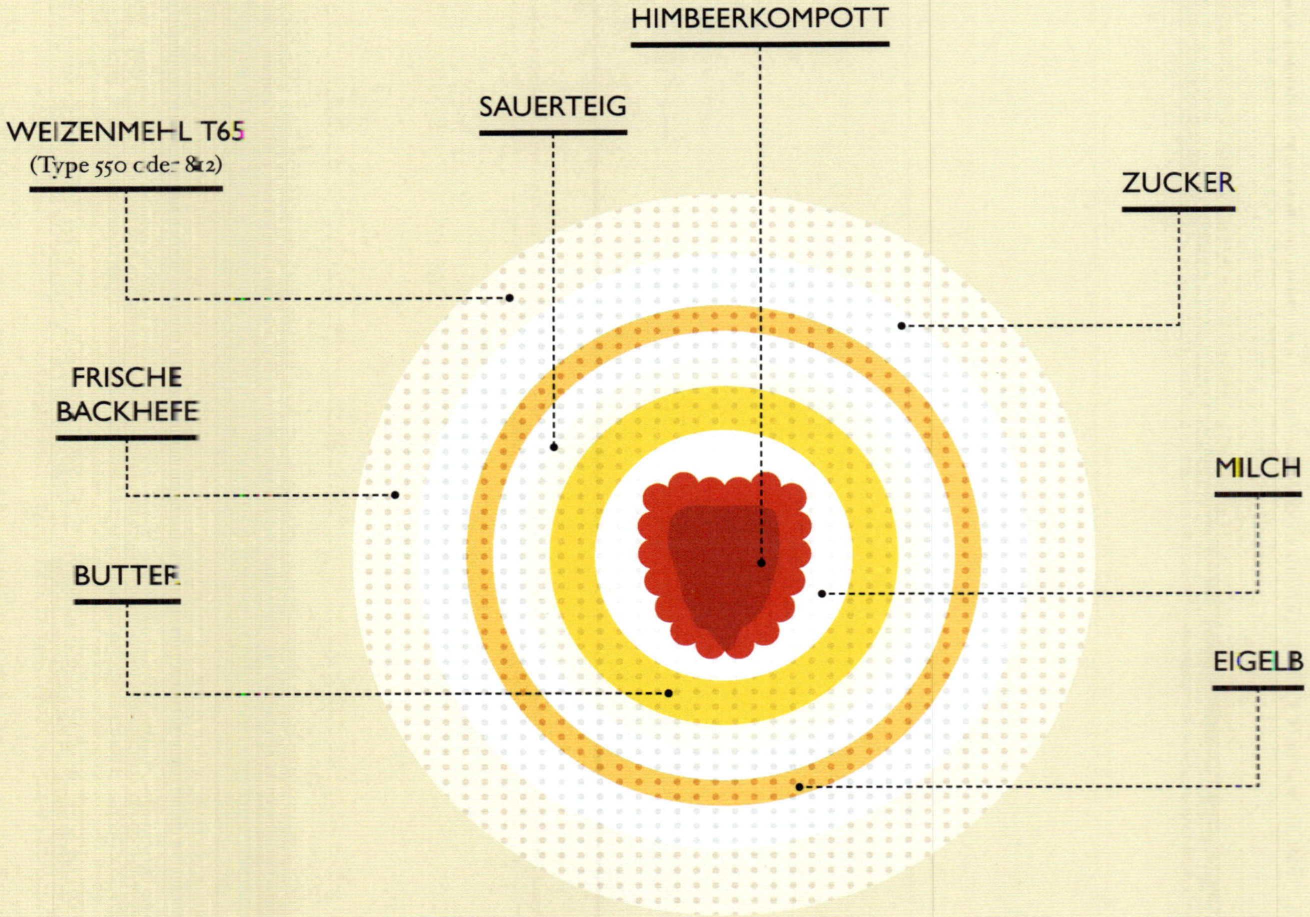

KURZ UND KNAPP ERKLÄRT

Süßer Hefeteig, ergänzt durch Sauerteig, zu runden Krapfen geformt, die frittiert, anschließend in Zucker und Zimt gewendet und mit Himbeerkompott gefüllt werden.

MERKMALE

Gewicht: 100 g
Größe: 10 cm im Durchmesser
Krume: feinporig, weich

DAUER DER ZUBEREITUNG

Vorbereitung: 1 Stunde
Gare (Gehzeit): 6–6½ Stunden (1½ Stunden Stockgare, 3 Stunden Teigruhe im Kühlschrank, 1½–2 Stunden Stückgare)
Garzeit: 20 Minuten

ARBEITSMATERIAL

Küchenmaschine mit Flachrührer und Knethaken
Teigabstecher
Spritzbeutel mit Lochtülle (6 mm)

ALTERNATIVE FÜLLUNGEN

Apfelmus
Konditorcreme
Nussnougatcreme

SCHWIERIGKEITEN

Das Öl zum Ausbacken der Krapfen muss richtig temperiert und möglichst konstant gehalten werden.
Das Füllen der Krapfen.

TECHNIKEN

Mischen & Kneten (Seite 32)
Rundwirken (Seite 42)

TIPP

Der Teig ist ausreichend gegangen, wenn er auf leichten Druck zurückfedert.

GESCHAFFT

Wenn die Krapfen goldbraun gebacken sind.

HALTBARKEIT

Bei Raumtemperatur gelagert 2 Tage.

Krapfen backen

WIE ERKLÄRT SICH DER HELLE STREIFEN IN DER MITTE DER KRAPFEN?

Die Krapfen werden schwimmend in Öl gebacken und müssen gewendet werden, damit sie von beiden Seiten garen. Der helle Streifen markiert die »Fettlinie«.

ERGIBT 12 KRAPFEN

1 HEFETEIG

125 g Weizenmehl T65 (Type 550 oder 812)
50 g Eigelb
35 g Zucker
30 g frische Backhefe
20 g Milch
6 g Salz
35 g Butter

2 SAUERTEIG

140 g Mehl
90 g Wasser
3 g frische Backhefe

3 ZUM FRITTIEREN

1 l Rapsöl

4 HIMBEERKOMPOTT (300 G)

250 g Himbeeren
120 g Zucker
3 g Pektin

5 ZUM FERTIGSTELLEN

100 g Zucker
10 g gemahlener Zimt

Schritt für Schritt

1

3

4

5

6

7

1 Den Sauerteig zubereiten: Mehl, Wasser und die zerkrümelte Hefe verrühren und 1½ Stunden bei 24 °C stehen lassen. Sämtliche Zutaten für den Hefeteig (außer der Butter) und den Sauerteig in der Küchenmaschine 6–8 Minuten auf Geschwindigkeitsstufe 1 mischen und anschließend weitere 6–8 Minuten auf Stufe 2 kneten (Seite 32). Zuletzt die gewürfelte Butter einarbeiten.

2 Sobald sich der Teig vom Schüsselrand löst, mit Frischhaltefolie bedecken und 3 Stunden im Kühlschrank durchkühlen lassen.

3 Den Teig in zwölf Portionen zu je etwa 40 g teilen, rundwirken (Seite 42) und auf ein gut bemehltes Tuch platzieren.

4 Die Krapfen mit einem weiteren Tuch bedecken und an einem 25–28 °C warmen Ort 1½–2 Stunden gehen lassen (Stückgare), bis sie ihr Volumen verdoppelt haben.

5 Das Öl in einem Topf auf 140–150 °C erhitzen. Die Krapfen portionsweise in das heiße Öl geben und von jeder Seite 30 Sekunden frittieren. Mit einer Schaumkelle herausheben und auf Küchenpapier abtropfen lassen.

6 Die abgekühlten Krapfen in der Zucker-Zimt-Mischung wenden.

7 Ein Himbeerkompott zubereiten (Seite 268). Abkühlen lassen und in einen Spritzbeutel mit Lochtülle (6 mm) füllen. Mit der Tülle seitlich ein Loch in die Krapfen bohren und jeweils etwas Kompott einspritzen.

PARISER BRIOCHE

Schon gewusst?

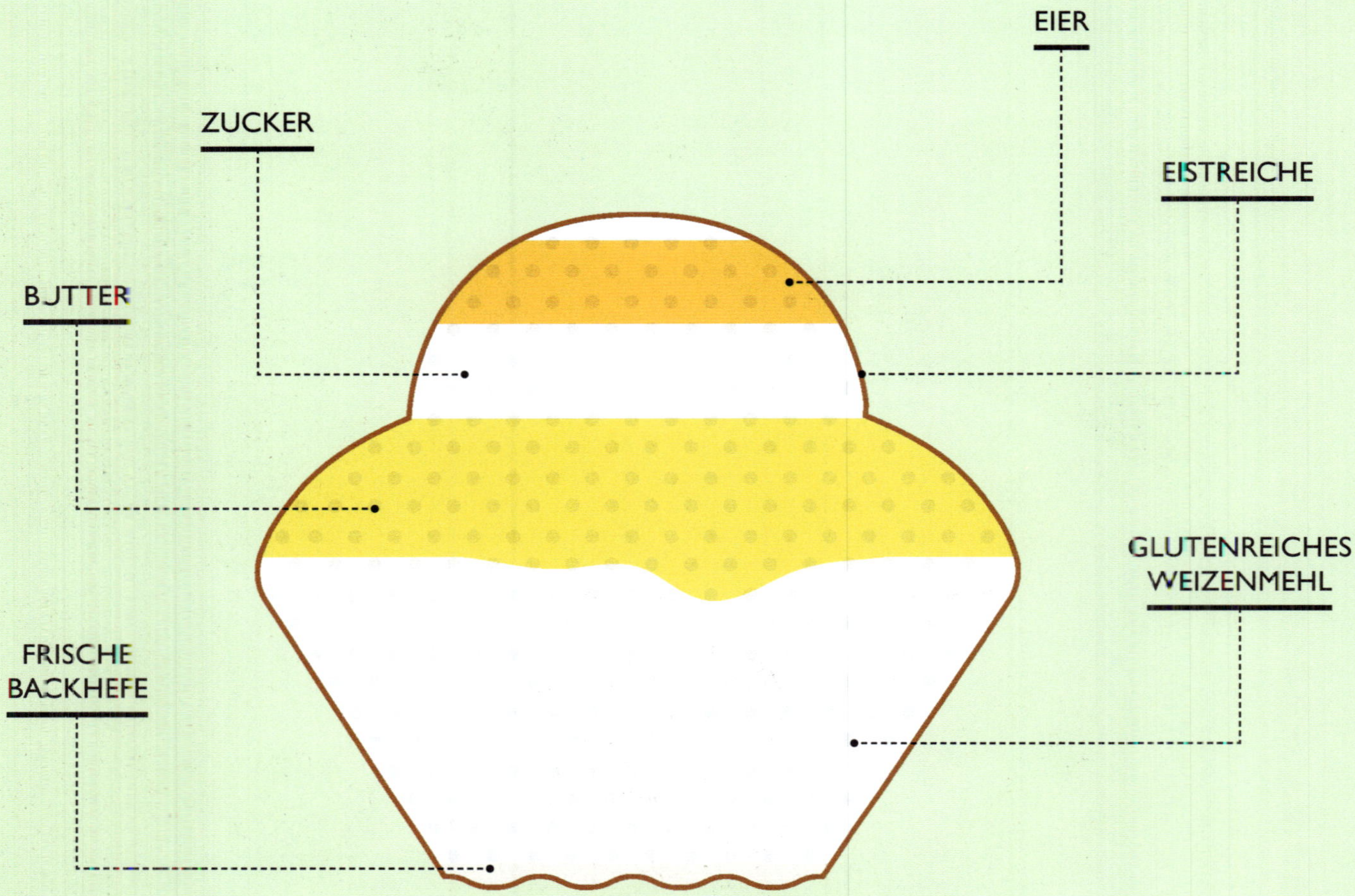

KURZ UND KNAPP ERKLÄRT

Brioche, die aus zwei Teilen, einem runden Kopf und einem geriffelten Unterbau, besteht.

MERKMALE

Kleine Brioches: 50 g
Große Brioche: 350 g
Krume: feinporig, seidig

DAUER DER ZUBEREITUNG

Vorbereitung: 1 Stunde 20 Minuten
Gare (Gehzeit): etwa 14 Stunden (Stockgare über Nacht, 15 Minuten Teigruhe im Kühlschrank, 2 Stunden Stückgare)
Backzeit: 10–15 Minuten

ARBEITSMATERIAL

4 geriffelte Brioche-Formen von 8 cm Durchmesser
1 Brioche-Form von 18 cm Durchmesser
Küchenmaschine mit Flachrührer und Knethaken
Teigabstecher
Sieb
Pinsel

SCHWIERIGKEIT

Das Formen der Brioche-Köpfe.

TECHNIKEN

Mischen & Kneten (Seite 32)
Falten (Seite 37)
Rundwirken (Seite 42)
Abglänzen (Seite 48)

TIPP

Die Ränder des Brioche-Kopfs mit den Fingern sorgfältig in den Körper drücken, damit er schön aufgeht; andernfalls fällt er beim Backen zusammen.

GESCHAFFT

Wenn der Kopf prall aufgegangen und die Brioche goldbraun ist.

HALTBARKEIT

2–3 Tage

Pariser Brioche backen

1

2

3

ERGIBT 4 BRIOCHES À 50 G UND 1 GROSSE BRIOCHE À 350 G

1 BRIOCHETEIG

240 g glutenreiches Weizenmehl T45 (*farine de gruau*; Type 405)
3 Eier
40 g Zucker
5 g Salz
8 g frische Backhefe
130 g Butter

2 EISTREICHE

1 Ei
3 g Milch
1 Prise Salz

3 FÜR DIE FORM

10 g *beurre pommade* (Seite 284)

Schritt für Schritt

1

2

3

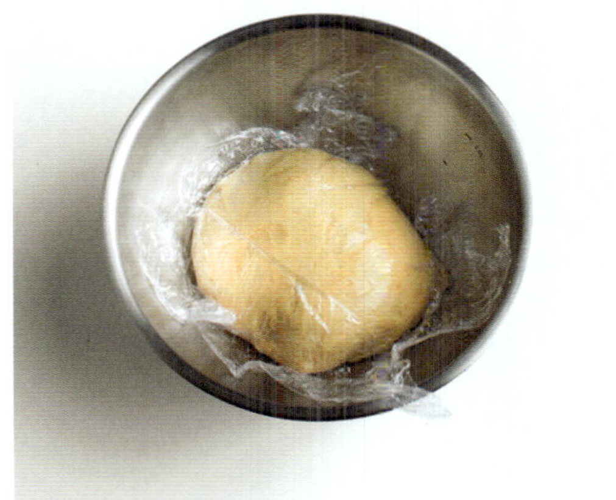

4

5

6

7

1 Sämtliche Zutaten zuvor über Nacht in den Kühlschrank stellen. Am Vortag Mehl, Eier, Zucker, Salz und die zerkrümelte Hefe in der Küchenmaschine 4 Minuten auf Geschwindigkeitsstufe 1 mischen und anschließend 6 Minuten auf mittlerer Stufe kneten (Seite 32). Der Teig sollte sich mit der Zeit vom Schüsselrand lösen.

2 Die gewürfelte Butter dazugeben und unter den Teig kneten, bis sie vollständig eingearbeitet ist.

3 Den Teig in eine Schüssel legen, direkt auf der Oberfläche mit Frischhaltefolie bedecken (Seite 285) und 30 Minuten gehen lassen. Den Teig falten (Seite 37), zurück in die Schüssel legen und wieder direkt auf der Oberfläche mit Folie bedecken. Über Nacht in den Kühlschrank stellen.

4 Den Teig mit einem Teigabstecher portionieren: in vier Stücke zu je 50 g, ein Stück von 300 g und ein weiteres von 100 g. Die Teiglinge rundwirken (Seite 42), mit Frischhaltefolie bedecken und 15 Minuten kalt stellen.

5 Die Formen mithilfe eines Pinsels mit der *beurre pommade* einfetten. Die vier kleinen Teiglinge jeweils in einem Stück zu Kegeln mit einem kleinen Kopf und einem etwas größeren Körper formen. Für die große Brioche den 300-g-Teigling zu einem Kranz formen (Seite 46) und den 100-g-Teigling in eine birnenähnliche Form bringen.

6 Die vier kleinen Kegel mit dem Kopf nach oben in die Formen einsetzen. Für die große Brioche den dünnen Teil der »Birne« durch den Kranz stecken, den Boden des Kranzes verschließen und anschließend in die Form einsetzen. Den Übergang zwischen den Köpfen und den Körpern mit den Fingern rundherum sanft glätten, um die Nahtstellen zu versiegeln.

7 Die Eistreiche anrühren und die Brioches mit einem Pinsel abglänzen (Seite 28). Die Brioches an einem 25–28 °C warmen Ort 2 Stunden gehen lassen (Stückgare).

8 Den Backofen und ein Blech auf 260 °C vorheizen. Die Brioches auf das heiße Blech stellen, noch einmal mit Eistreiche abglänzen und 10–15 Minuten backen. Vor dem Herauslösen mindestens 5 Minuten ruhen lassen.

BRIOCHE
MIT GEBRANNTEN MANDELN

Schon gewusst?

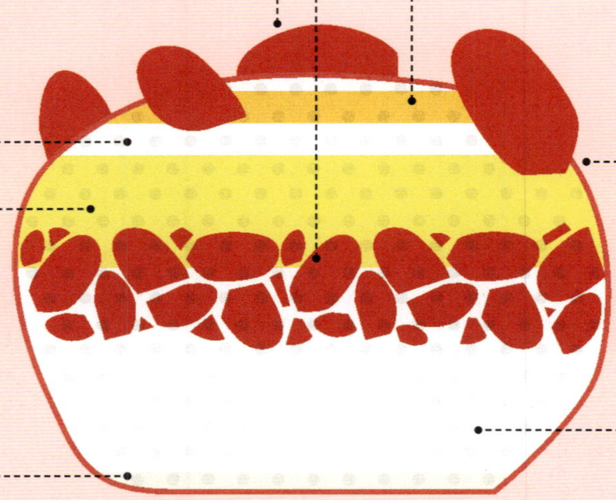

KURZ UND KNAPP ERKLÄRT

Briocheteig, der mit rosa gebrannten Mandeln angereichert und zu Kugeln geformt wird.

MERKMALE

Gewicht: 40 g
Größe: variabel
Krume: dicht, samtig

DAUER DER ZUBEREITUNG

Vorbereitung: 1 Stunde 10 Minuten
Gare (Gehzeit): etwa 15 Stunden (Stockgare über Nacht, 15 Minuten Teigruhe im Kühlschrank, 2½ Stunden Stückgare)
Backzeit: 10 Minuten

ARBEITSMATERIAL

Küchenmaschine mit Flachrührer und Knethaken
Pinsel
Teigabstecher
Sieb

SCHWIERIGKEIT

Das Formen der Brioches muss sorgfältig erfolgen, damit die gebrannten Mandeln beim Backen nicht austreten.

TECHNIKEN

Mischen & Kneten (Seite 32)
Falten (Seite 37)
Rundwirken (Seite 42)
Abglänzen (Seite 48)

ABWANDLUNG

Brioches mit Schokotröpfchen:
Die Schokotröpfchen nach der Butter in den Teig einarbeiten.

GESCHAFFT

Sobald die Brioches kräftig gebräunt sind.

HALTBARKEIT

2–3 Tage

Brioches mit gebrannten Mandeln backen

ERGIBT 4 BRIOCHES

1 BRIOCHETEIG

80 g glutenreiches Weizenmehl T45
(*farine de gruau*; Type 405)
1 Ei
15 g Zucker
2 g Salz
3 g frische Backhefe
40 g raumtemperierte Butter

2 EISTREICHE

1 Ei
3 g Milch oder Sahne
1 Prise Salz

3 EINLAGE & GARNITUR

60 g rosa gefärbte gebrannte Mandeln
(*pralines roses*), grob gehackt

Schritt für Schritt

1 Sämtliche Zutaten zuvor über Nacht in den Kühlschrank stellen. Am Vortag Mehl, Ei, Zucker, Salz und die zerkrümelte Hefe in der Küchenmaschine 4 Minuten auf Geschwindigkeitsstufe 1 mischen und anschließend 6 Minuten auf mittlerer Stufe kneten (Seite 32).

2 Die Geschwindigkeit auf Stufe 1 herunterstellen und langsam die gewürfelte weiche Butter unter den Teig kneten, bis sie vollständig eingearbeitet ist.

3 Den Teig bei Raumtemperatur 30 Minuten gehen lassen, anschließend falten (Seite 37). Die Schüssel mit Frischhaltefolie bedecken und über Nacht in den Kühlschrank stellen.

4 Den Teig in vier Portionen zu je etwa 50 g teilen und rundwirken (Seite 42). Die Teiglinge, wenn sie zu warm werden, weitere 15 Minuten in den Kühlschrank stellen.

5 Die Teiglinge zu Kreisen von 10 cm Durchmesser ausbreiten und mit etwa zwei Dritteln der gebrannten Mandeln bestreuen. Die Mandeln durch leichtes Andrücken fixieren.

6 Die Teigränder über die Mandeln falten und die Teiglinge wieder zu Kugeln formen, sodass die Mandeln vollständig darin eingeschlossen sind.

7 Die Brioches mit dem Schluss nach unten auf einen Bogen Pergamentpapier setzen. Die Eistreiche anrühren, die Brioches mit einem Pinsel abglänzen (Seite 48) und bei 25–28 °C noch einmal 2½ Stunden gehen lassen (Stückgare).

8 Den Backofen und ein Blech auf 180 °C vorheizen. Die Brioches mit dem Pergamentpapier auf das vorgeheizte Blech ziehen und erneut abglänzen. Die restlichen gebrannten Mandeln darauf verteilen, sanft andrücken und 10 Minuten bei 180 °C backen.

HEFEZOPF

Schon gewusst?

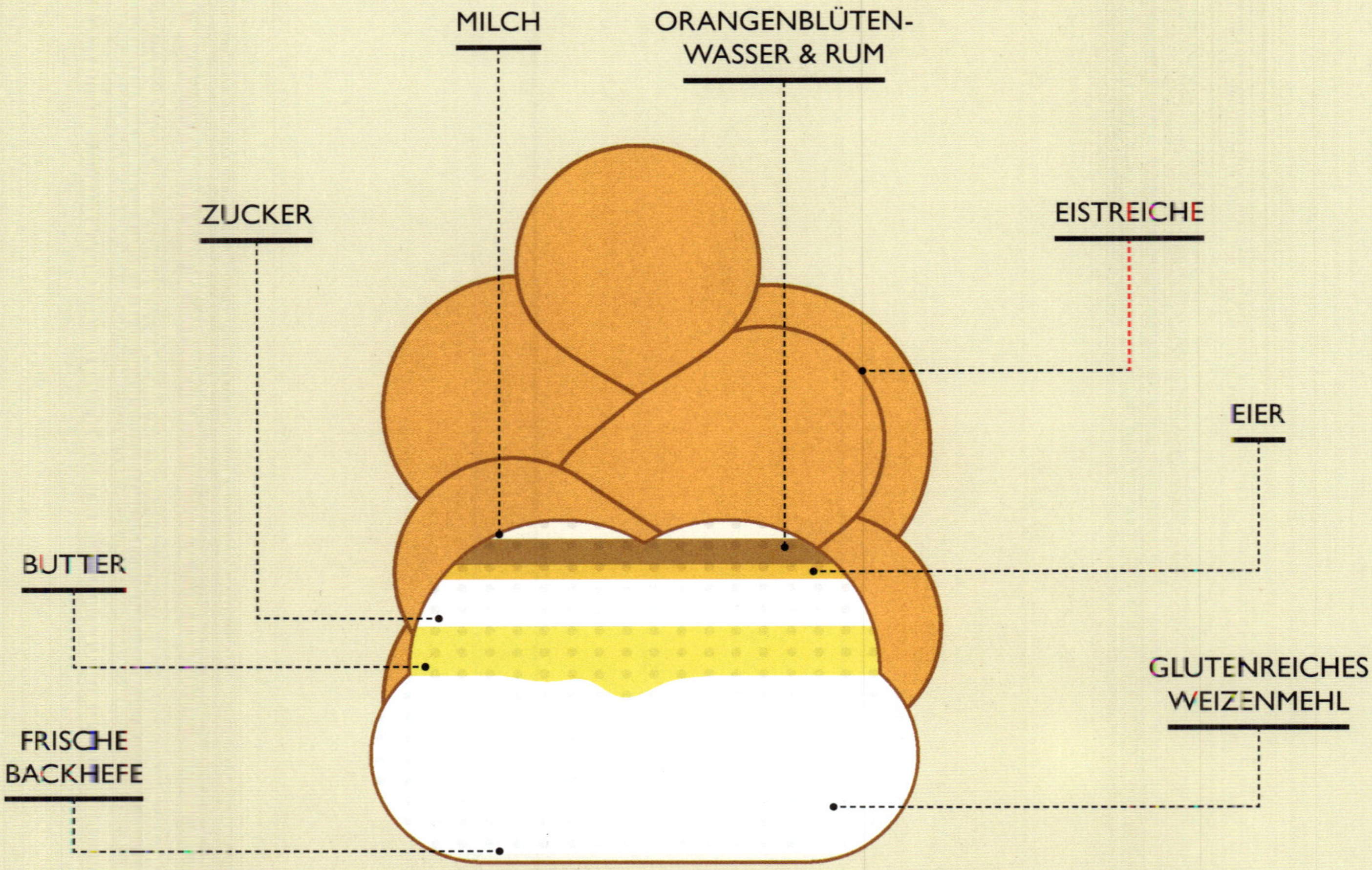

KURZ UND KNAPP ERKLÄRT

Briocheteig, der mit Orangenblütenwasser und Rum aromatisiert und zu einem Zopf mit drei Strängen geflochten wird.

MERKMALE

Gewicht: 350 g
Länge: 40 cm
Krume: faserig

DAUER DER ZUBEREITUNG

Vorbereitung: 2 × 1 Stunde (an 2 Tagen)
Gare (Gehzeit): etwa 16 Stunden (Stockgare über Nacht, 4 Stunden Stückgare)
Backzeit: 25–30 Minuten

ARBEITSMATERIAL

Küchenmaschine mit Flachrührer und Knethaken
Teigkarte
Teigabstecher
Sieb
Pinsel

SCHWIERIGKEIT

Die Teigstränge müssen ausreichend dick geflochten werden, damit der Zopf beim Backen Volumen entwickelt.

TECHNIKEN

Mischen & Kneten (Seite 32)
Arbeiten mit der Teigkarte (Seite 282)
Falten (Seite 37)
Abglänzen (Seite 48)

GESCHAFFT

Wenn die Kruste goldbraun und der Teig hellgelb und noch leicht feucht ist.

HALTBARKEIT

2–3 Tage

WIE ERKLÄRT SICH DIE FASERIGE KONSISTENZ DER KRUME?

Das Flechten verändert die Struktur des Klebergerüsts. Die Maschen der Teigstränge werden dabei in die Länge gezogen.

Hefezopf backen

1

2

ERGIBT 1 HEFEZOPF

1 BRIOCHETEIG

170 g glutenreiches Weizenmehl T45
(*farine de gruau*; Type 405)
2 Eier
40 g Zucker
10 g Milch
2 g Orangenblütenwasser
10 g Rum
10 g frische Backhefe
3 g Salz
50 g raumtemperierte Butter

2 EISTREICHE

1 Ei
3 g Milch
1 Prise Salz

Schritt für Schritt

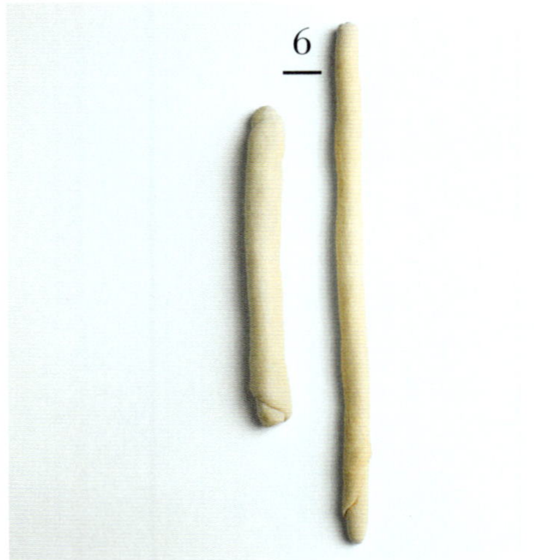

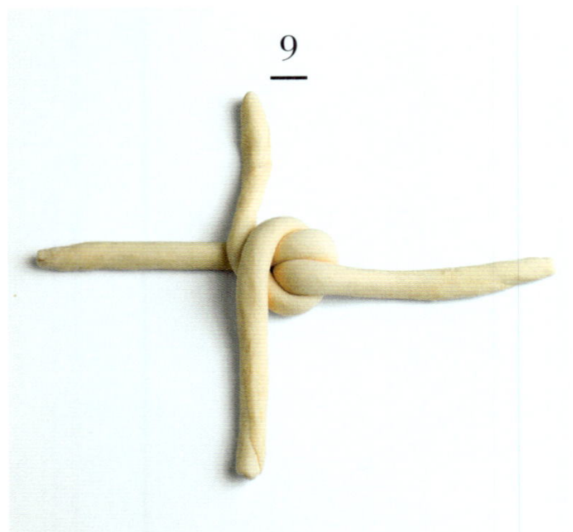

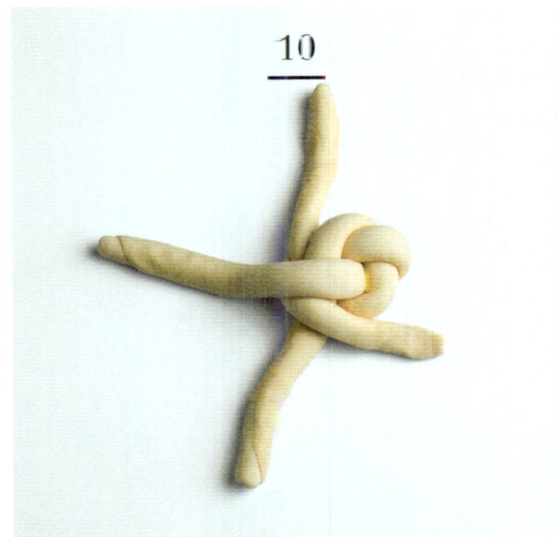

TAG 1

1 Alle Zutaten (außer der Butter) in die Schüssel der Küchenmaschine geben.

2 Die Zutaten 4 Minuten auf Geschwindigkeitsstufe 1 mischen und anschließend mindestens 8 Minuten auf mittlerer Stufe kneten (Seite 32), bis sich der Teig vom Schüsselrand löst. Den Schüsselrand regelmäßig mit einer Teigkarte säubern (Seite 282).

3 Die Geschwindigkeit wieder auf Stufe 1 herunterstellen und langsam die gewürfelte weiche Butter unter den Teig kneten, bis sie vollständig eingearbeitet ist.

4 Den Teig in eine bemehlte Schüssel legen, mit Frischhaltefolie bedecken und bei Raumtemperatur 1 Stunde gehen lassen.

5 Den Teig falten (Seite 37), zurück in die Schüssel legen, direkt auf der Oberfläche mit Folie bedecken (Seite 285) und über Nacht in den Kühlschrank stellen.

TAG 2

6 Den Teig mit einem Abstecher halbieren und die Teigportionen mit den Händen zu zwei Strängen von 60 cm Länge rollen.

7 Zum Flechten des Zopfes die beiden Teigstränge so übereinander auf die Arbeitsfläche legen, dass sie ein Kreuz bilden.

8 Den linken und den rechten Ast des Kreuzes so um die Senkrechte schlingen, dass die Positionen tauschen.

9 Nun die Positionen des oberen und des unteren Astes tauschen, sodass der obere Ast über dem unteren zu liegen kommt.

10 Von vorne beginnen: Den rechten über den linken Ast führen, sodass sie erneut die Positionen tauschen.

11 Anschließend wird wieder der obere Ast über den unteren geführt und der untere nach oben gelegt.

12 In dieser Weise fortfahren, bis das Ende der Teigstränge erreicht ist. Die Enden zum Verschließen zusammendrücken.

13 Die Eistreiche anrühren und den Hefezopf mit einem Pinsel abglänzen (Seite 48). Auf einem Bogen Pergamentpapier noch einmal 4 Stunden bei 25–28 °C Stunden gehen lassen (Stückgare).

14 Den Backofen und ein Blech auf 180 °C Umluft vorheizen. Den Hefezopf noch einmal abglänzen, samt Pergamentpapier auf das heiße Blech ziehen und 25–30 Minuten backen.

BLÄTTRIGE BRIOCHE
(BRIOCHE FEUILLETÉE)

Schon gewusst?

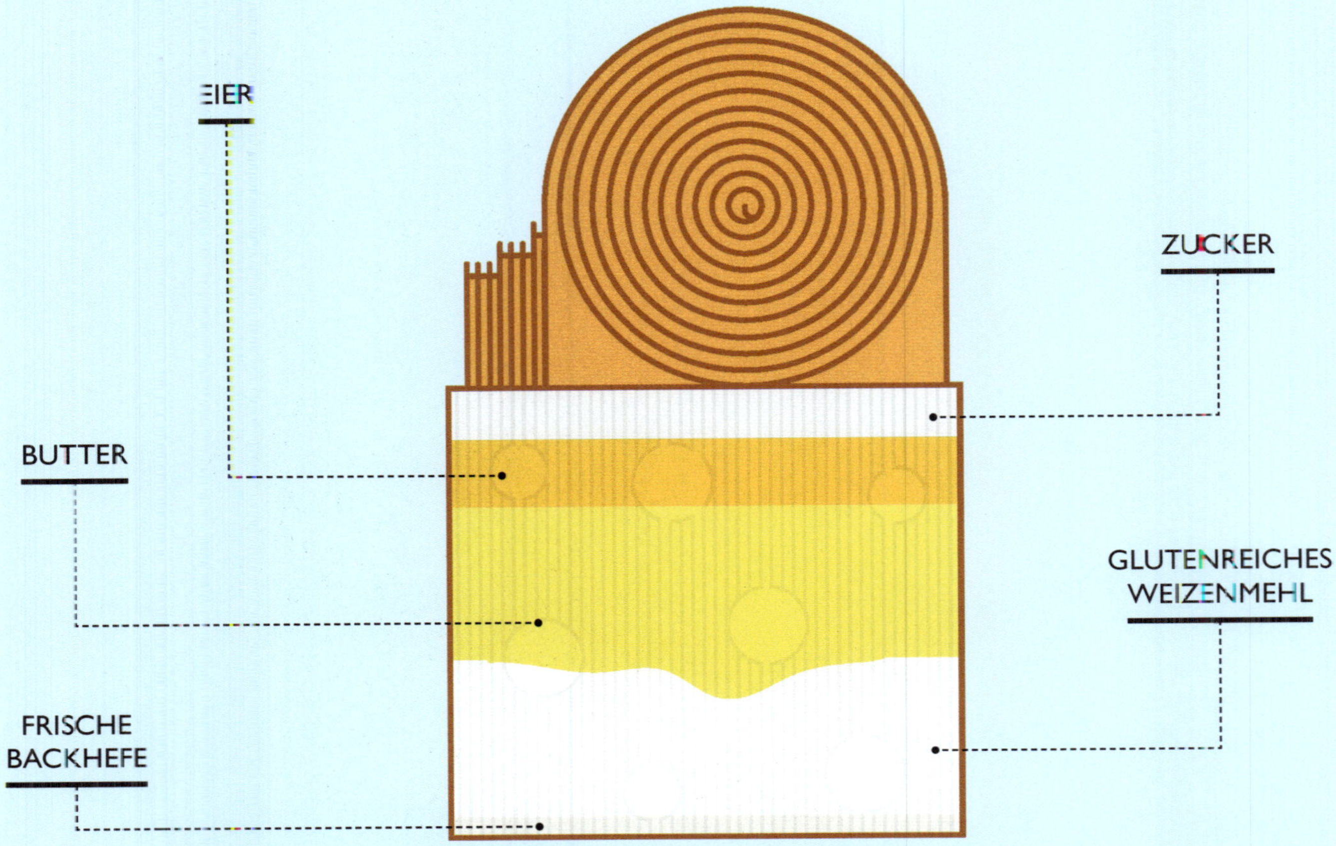

KURZ UND KNAPP ERKLÄRT

Briocheteig, in den Butter eingeschichtet wird, sodass sich beim Backen eine blättrige Struktur ergibt.

MERKMALE

Gewicht: 400 g
Größe: 15 cm im Durchmesser
Krume: luftig, grobporig
Kruste: blättrig, knusprig

DAUER DER ZUBEREITUNG

Vorbereitung: 45 Minuten
Gare (Gehzeit): 3 Stunden (30 Minuten Stockgare, 1 Stunde Teigruhe im Kühlschrank, 1½ Stunden Stückgare)
Backzeit: 35 Minuten

ARBEITSMATERIAL

Küchenmaschine mit Flachrührer und Knethaken (optional)
Wellholz
Backform aus Pergamentpapier von 15 cm Durchmesser
Sieb
Pinsel

SCHWIERIGKEIT

Der Teig darf nicht zu fest ausgerollt werden, damit sich die Teig- und Butterschichten nicht vermischen.

TECHNIKEN

Mischen & Kneten (Seite 32)
Falten (Seite 37)
Abglänzen (Seite 48)

GESCHAFFT

Wenn die Brioche aufgegangen und goldbraun ist.

HALTBARKEIT

Bei Raumtemperatur gelagert 1–2 Tage.

Blättrige Brioche backen

ERGIBT 1 BRIOCHE

1 BRIOCHETEIG

180 g glutenreiches Weizenmehl T45 (*farine de gruau*; Type 405)
2 Eier
3 g Salz
30 g Zucker
6 g frische Backhefe
90 g raumtemperierte Butter

2 ZUM TOURIEREN

100 g kalte Butter

3 EISTREICHE

1 Ei
3 g Milch
1 Prise Salz

4 ZUM BESTAUBEN

Puderzucker

Schritt für Schritt

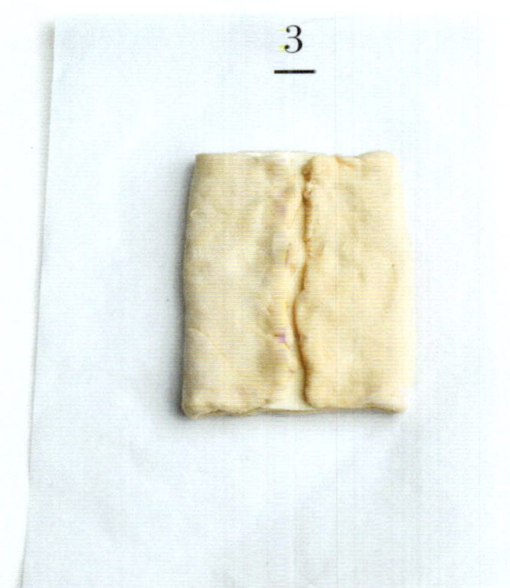

1 Einen Briocheteig zubereiten (Seite 66) und mit dem Wellholz zu einem Rechteck von 20 × 30 cm Größe ausrollen.

2 Die Butter mit dem Wellholz behutsam weich klopfen.

3 Die Butter zu einem 15 × 20 cm großen Rechteck ausrollen und in die Mitte des Teigrechtecks legen. Die Teigränder über die Butter falten, sodass die Naht in der Mitte eine Vertikale bildet.

4 Dem Teig eine einfache Tour geben: Den Teig vertikal (in Richtung der Naht) ausrollen, bis er dreimal so lang wie breit ist.

5 Das obere und untere Teigdrittel über das mittlere Drittel falten, sodass sie übereinanderliegen. In Frischhaltefolie wickeln und 20 Minuten kalt stellen. Dem Teig eine weitere einfache Tour geben: wie beschrieben ausrollen, falten und, in Folie gewickelt, weitere 20 Minuten kühlen. Den Teig anschließend noch ein letztes Mal einfach tourieren, wieder in Folie wickeln und 20 Minuten in den Kühlschrank legen.

6 Den Teig wieder vertikal in einer Breite von 10 cm und 0,5–1 cm dünn ausrollen.

7 Das Teigband nun fest zusammenrollen.

8 Die Teigrolle aufrecht in die Papierbackform stellen. Die Eistreiche anrühren und die Brioche mit einem Pinsel abglänzen (Seite 48). Mit einem Tuch bedecken und bei 25–28 °C noch einmal 1½ Stunden gehen lassen (Stückgare).

9 Den Backofen auf 180 °C vorheizen. Die Brioche noch einmal abglänzen und 35 Minuten backen. Abkühlen lassen und mit Puderzucker bestauben.

ZUCKERKÜCHLEIN

Schon gewusst?

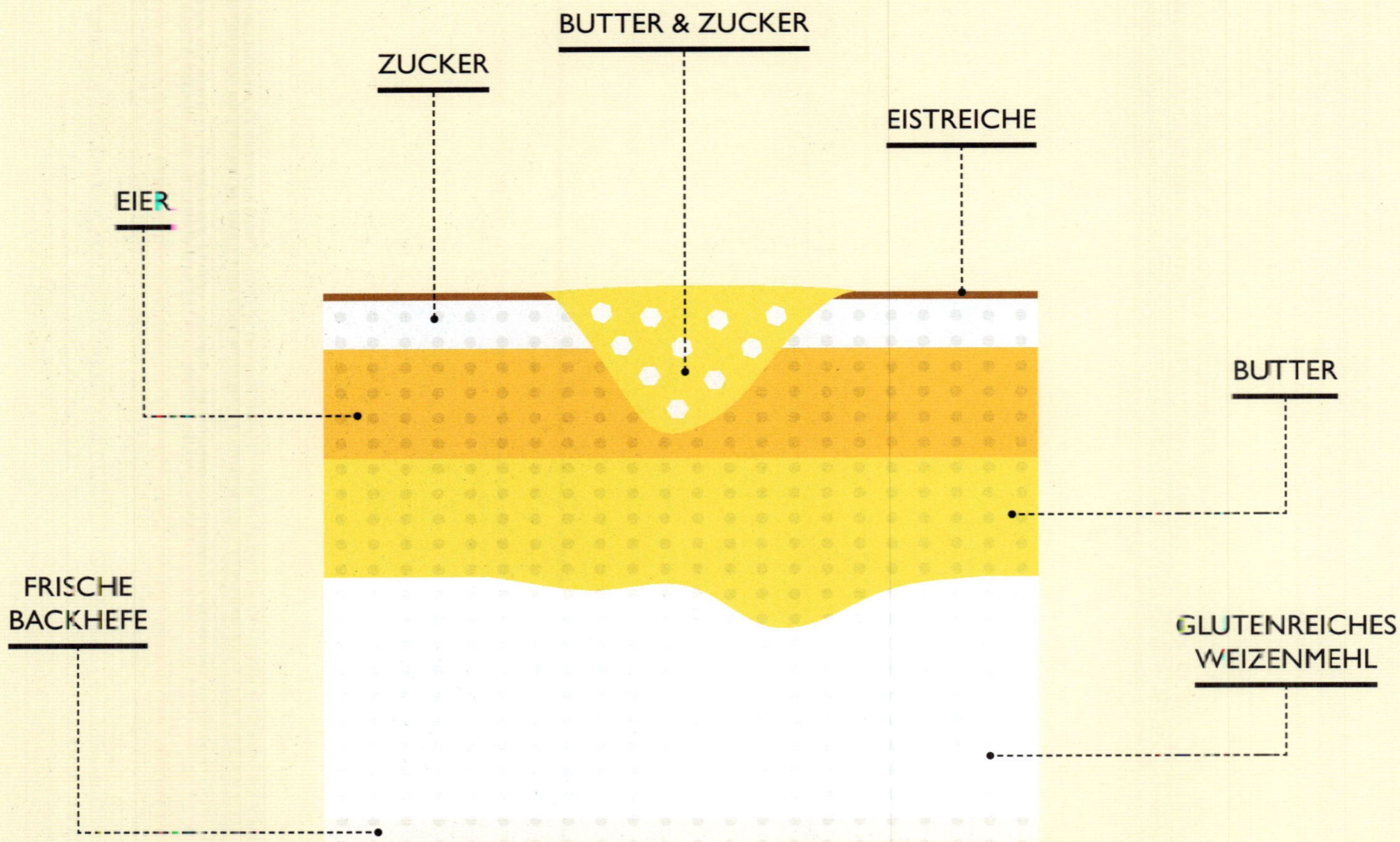

KURZ UND KNAPP ERKLÄRT

Briocheteig, der zu Tartelettes geformt und mit Butter und Zucker angereichert wird.

DAUER DER ZUBEREITUNG

Vorbereitung: 50 Minuten
Gare (Gehzeit): etwa 15 Stunden (Stockgare über Nacht, 30 Minuten Teigruhe im Kühlschrank, 2½ Stunden Stückgare)
Backzeit: 5–7 Minuten

MERKMALE

Gewicht: 50 g
Größe: 15 cm im Durchmesser
Krume: feinporig, weich

ARBEITSMATERIAL

Küchenmaschine mit Flachrührer und Knethaken (optional)
Teigabstecher
Wellholz
Sieb
Pinsel

SCHWIERIGKEIT

Das Ausrollen des Teiges.

TECHNIKEN

Mischen & Kneten (Seite 32)
Falten (Seite 37)
Vorformen (Rundwirken; Seite 33)
Abglänzen (Seite 48)

TIPP

Beim Ausrollen den Teig regelmäßig ein Stück weiterdrehen, damit die Böden eine gleichmäßig runde Form erhalten.

GESCHAFFT

Sobald die Küchlein goldgelb gebacken sind.

HALTBARKEIT

Bei Raumtemperatur gelagert 1–2 Tage.

Schritt für Schritt

ERGIBT 8 KÜCHLEIN

BRIOCHETEIG

245 g glutenreiches Weizenmehl T45 (*farine de gruau*; Type 405)
3 Eier
5 g Salz
8 g frische Backhefe
40 g Zucker
120 g raumtemperierte Butter

EISTREICHE

1 Ei
3 g Milch
1 Prise Salz

GARNITUR

80 g Butter
65 g Zucker (oder brauner Zucker)

1 Einen Briocheteig zubereiten (Seite 66). Den Teig mit einem Teigabstecher in acht Portionen zu je 70 g teilen. Die Teigstücke rundlich vorformen (Seite 38).

2 Die Teiglinge mit Frischhaltefolie bedecken und mindestens 30 Minuten im Kühlschrank ruhen lassen.

3 Arbeitsfläche und Teiglinge mit etwas Mehl bestauben und mit dem Wellholz zu etwa 5 mm dünnen runden Fladen (Durchmesser etwa 15 cm) ausrollen.

4 Die Teigfladen auf ein mit Pergamentpapier bedecktes Blech legen, mit einem Tuch bedecken und 2½ Stunden bei 25–28 °C gehen lassen (Stückgare).

5 Den Backofen auf 180 °C vorheizen. Die Eistreiche anrühren und die Küchlein mit einem Pinsel abglänzen (Seite 48).

6 Mit dem Finger jeweils fünf kleine Mulden in die Küchlein drücken, je 2 g Butter hineingeben und mit Zucker bestreuen (etwa 8 g pro Küchlein).

7 Die Zuckerküchlein 5–7 Minuten backen.

BRIOCHE
MIT KANDIERTEN FRÜCHTEN (BRIOCHE BORDELAISE)

Schon gewusst?

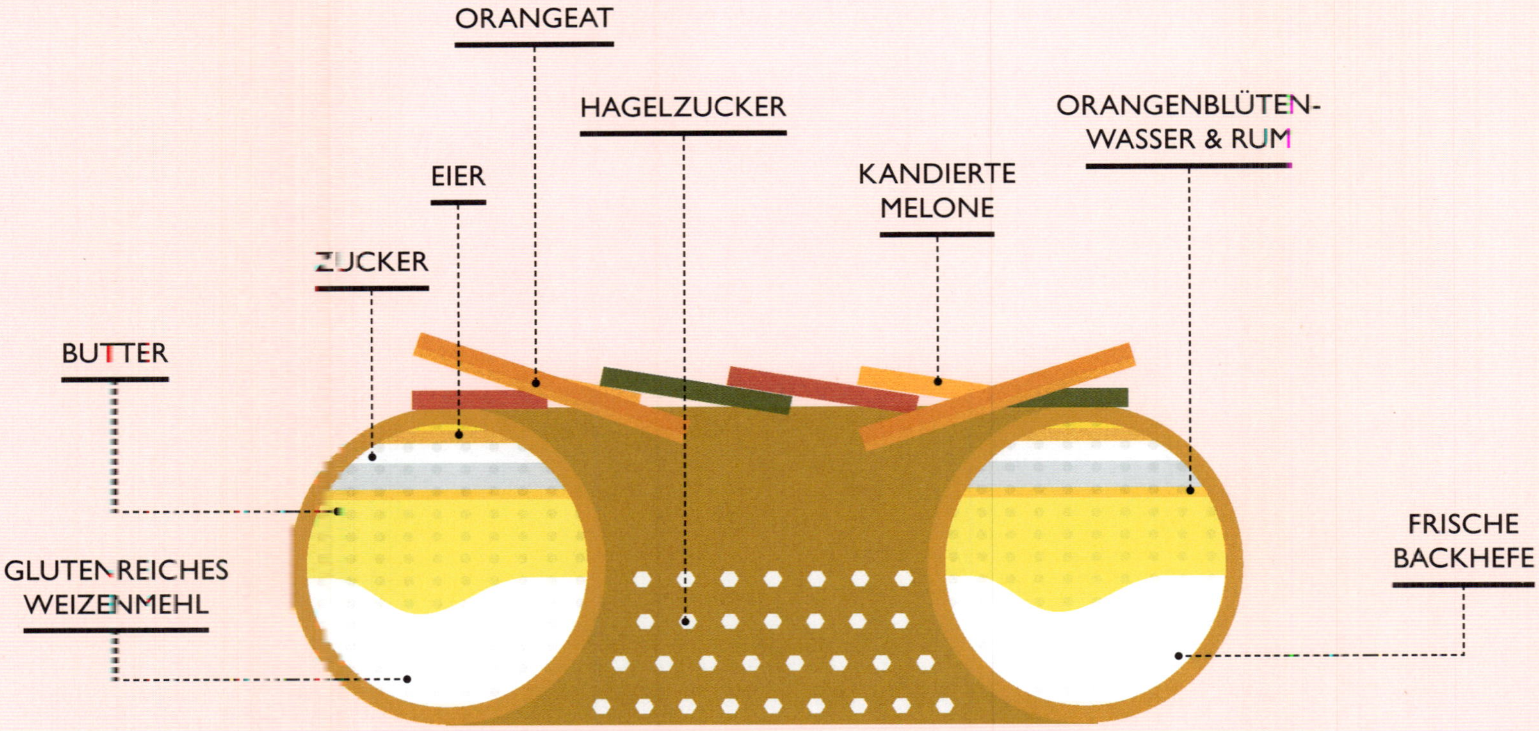

KURZ UND KNAPP ERKLÄRT

Briocheteig, der mit Orangenblütenwasser aromatisiert, mit kandierten Früchten angereichert, zu einem Kranz geformt und mit Hagelzucker und kandierten Früchten garniert wird.

MERKMALE

Gewicht: 500 g
Größe: 25 cm Durchmesser
Krume: feinporig, weich

DAUER DER ZUBEREITUNG

Vorbereitung: 10 Minuten
Gare (Gehzeit): etwa 14 Stunden (Stockgare über Nacht, 30 Minuten Teigruhe im Kühlschrank, 1½ Stunden Stückgare)
Backzeit: 30 Minuten

ARBEITSMATERIAL

Küchenmaschine mit Flachrührer und Knethaken
Sieb
Pinsel

SCHWIERIGKEIT

Die Butter so in den Teig einzuarbeiten, dass sie nicht schmilzt.

TECHNIKEN

Mischen & Kneten (Seite 32)
Falten (Seite 37)
Vorformen (Rundwirken; Seite 38)
Kranz formen (Seite 46)
Abglänzen (Seite 48)

GESCHAFFT

Sobald die Brioche goldbraun gebacken und dekoriert ist.

HALTBARKEIT

Bei Raumtemperatur gelagert 2 Tage.

Schritt für Schritt

ERGIBT 1 BRIOCHE

BRIOCHETEIG

200 g glutenreiches Weizenmehl T45 (*farine de gruau*; Type 405)
2 Eier
4 g Salz
15 g Zucker
6 g frische Backhefe
120 g Butter
20 g Orangenblütenwasser
10 g Rum
45 g Orangeat, fein gehackt (alternativ Orangenzesten, bio)
5 g Zitronenzesten (bio)

EISTREICHE

1 Ei
3 g Milch
1 Prise Salz

GARNITUR

50 g Hagelzucker
20 g Orangeat und kandierte Melone

1 Sämtliche Zutaten zuvor über Nacht in den Kühlschrank stellen. Am Vortag einen Briocheteig zubereiten (Seite 66) und mit dem Mehl das Orangenblütenwasser und den Rum einarbeiten. Das Orangeat und die Zitronenzesten dazugeben und kurz unterkneten. Den Teig 30 Minuten gehen lassen und anschließend falten (Seite 37). In Frischhaltefolie wickeln und über Nacht in den Kühlschrank legen.

2 Den Teig rundlich vorformen (Rundwirken, Seite 38) und 30 Minuten im Kühlschrank ruhen lassen. Den Zeigefinger in Mehl tauchen und ein Loch in die Mitte des Teiglings bohren, bis Sie auf die Arbeitsfläche stoßen.

3 Den Teig zu einem Kranz mit einem inneren Durchmesser von etwa 8 cm formen (Seite 46).

4 Den Kranz auf einen Bogen Pergamentpapier setzen. Die Eistreiche anrühren und den Kranz mit einem Pinsel abglänzen (Seite 48). Bei 25–28 °C weitere 1½ Stunden gehen lassen (Stückgare).

5 Den Kranz erneut mit Eistreiche abglänzen, rundherum mit Hagelzucker bestreuen und mit den kandierten Früchten dekorieren. Den Backofen und ein Blech auf 260 °C vorheizen. Die Brioche samt Pergamentpapier auf das heiße Blech ziehen und 30 Minuten backen.

TROPÉZIENNE

Schon gewusst?

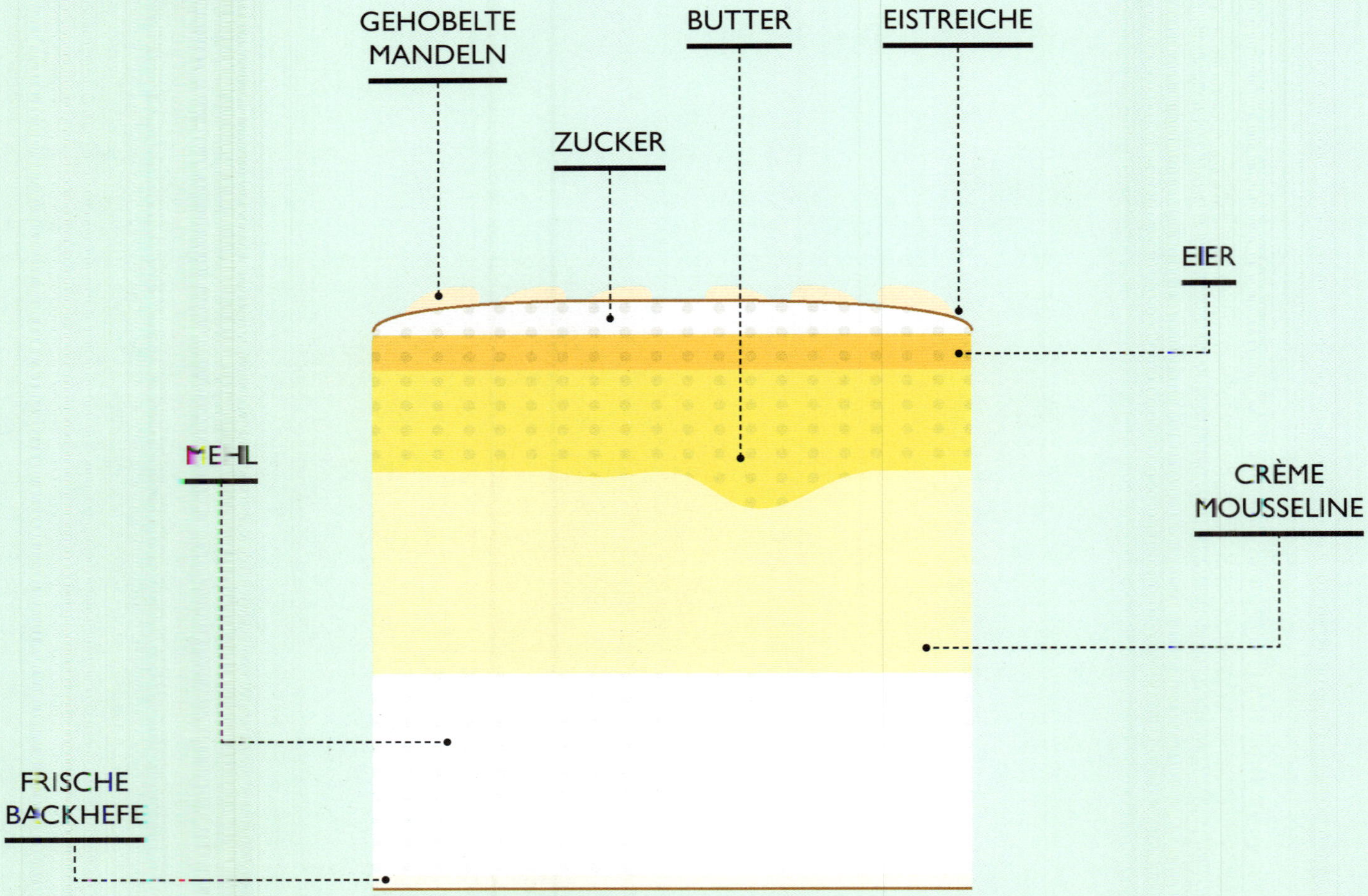

KURZ UND KNAPP ERKLÄRT

Tarte aus Briocheteig, gefüllt mit einer Crème Mousseline, die mit Orangenblütenwasser und Vanille aromatisiert und mit gehobelten Mandeln bestreut wird.

MERKMALE

Gewicht: 800 g
Größe: 24 cm im Durchmesser
Krume: feinporig, weich

DAUER DER ZUBEREITUNG

Vorbereitung: 25 Minuten
Gare (Gehzeit): etwa 14 Stunden (Stockgare über Nacht, 30 Minuten Teigruhe, 1 ½ Stunden Stückgare)
Backzeit: 35 Minuten

ARBEITSMATERIAL

Küchenmaschine mit Flachrührer und Knethaken (optional)
Wellholz
Tartering von 24 cm Durchmesser
Pinsel
Palette

TECHNIKEN

Mischen & Kneten (Seite 32)
Falten (Seite 37)
Rundwirken (Seite 42)
Abglänzen (Seite 48)
Eier & Zucker schaumig schlagen (Seite 284)

GESCHAFFT

Wenn der Briocheteig goldbraun und die Crème Mousseline cremig und hellgelb ist.

HALTBARKEIT

Im Kühlschrank 2–3 Tage.

Tropézienne backen

1

3

4

ERGIBT 8 STÜCKE

1 BRIOCHETEIG (500 G)

220 g glutenreiches Weizenmehl T45 (*farine de gruau*; Type 405)
3 Eier
4 g Salz
35 g Zucker
7 g frische Backhefe
110 g *beurre pommade* (Seite 284)

2 EISTREICHE

1 Ei
3 g Milch
1 Prise Salz

3 CRÈME MOUSSELINE

1 Ei
80 g Zucker
25 g Maisstärke
10 g Orangenblütenwasser
250 g Milch
½ Vanilleschote
125 g Butter

4 AUSSERDEM

10 g *beurre pommade* (Seite 284)
10 g gehobelte Mandeln

Schritt für Schritt

1 Einen Briocheteig zubereiten (Seite 66) und über Nacht in den Kühlschrank stellen. Den Teig rundwirken (Seite 42), 30 Minuten ruhen lassen und anschließend in der Größe des Tarterings rund ausrollen. Den Tartering mit der *beurre pommade* fetten, auf ein mit Pergamentpapier bedecktes Blech platzieren und den Teig einsetzen. Die Eistreiche anrühren und den Briocheteig mit einem Pinsel abglänzen.

2 Den Teig an einem 25–28 °C warmen Ort 1½ Stunden gehen lassen (Stückgare). Inzwischen den Ofen auf 160 °C vorheizen.

3 Den Teig erneut abglänzen, mit den gehobelten Mandeln bestreuen und 35 Minuten backen. Abkühlen lassen.

4 Die Crème Mousseline zubereiten: In einer Schüssel das Ei, den Zucker, die Maisstärke und das Orangenblütenwasser verrühren.

5 In einem Topf die Milch und das ausgekratzte Vanillemark bei geringer Temperatur langsam zum Kochen bringen. Zu den anderen Zutaten in die Schüssel gießen, verrühren, alles zurück in den Topf geben und 2 Minuten unter ständigem Schlagen aufkochen, bis die Creme dick wird (das geht relativ schnell); anschließend vom Herd nehmen.

6 Die Hälfte der Butter unter die heiße Creme rühren.

7 Die Creme in eine saubere Schüssel umfüllen, direkt auf der Oberfläche mit Frischhaltefolie bedecken (Seite 285), damit sich keine Haut bildet, und bei Raumtemperatur abkühlen lassen.

8 In der Küchenmaschine die restliche Butter mit dem Flachrührer in die Creme einarbeiten und die Creme leicht aufschlagen (Seite 284).

9 Den Briocheteig waagerecht halbieren. Mit einer Palette die Creme Mousseline auf den Boden auftragen und den mit Mandeln bestreuten Teigdeckel auflegen.

GUGELHUPF

Schon gewusst?

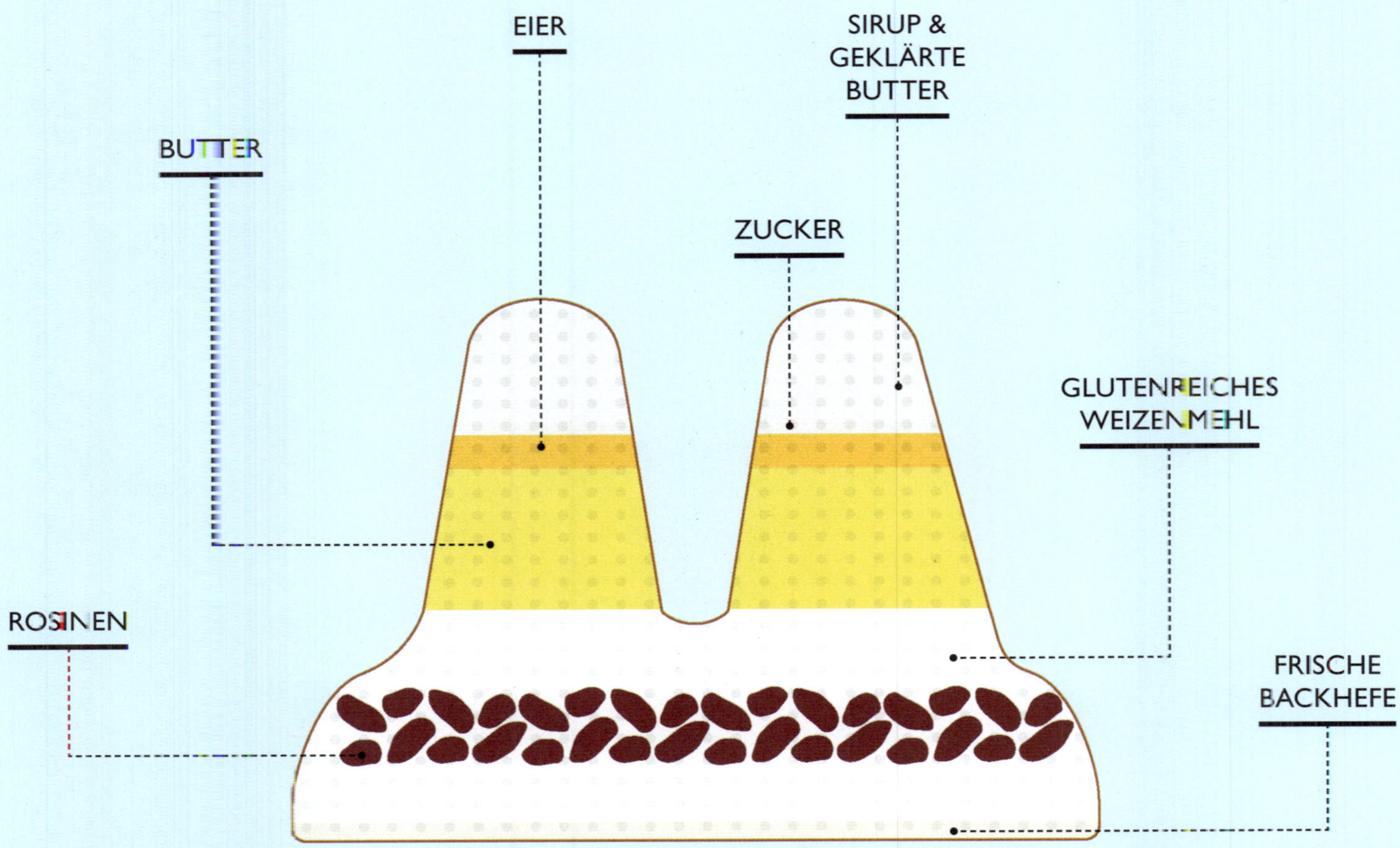

KURZ UND KNAPP ERKLÄRT

Rosinenkuchen aus Briocheteig, der in einer Gugelhupfform gebacken, mit Sirup und geklärter Butter getränkt und mit Puderzucker bestäubt wird.

MERKMALE

Gewicht: 300 g
Größe: 15 cm im Durchmesser
Krume: feinporig

DAUER DER ZUBEREITUNG

Vorbereitung: 1 Stunde
Gare (Gehzeit): etwa 15 Stunden (Stockgare über Nacht, 30 Minuten Teigruhe im Kühlschrank, 2½ Stunden Stückgare)
Backzeit: 30 Minuten

ARBEITSMATERIAL

Küchenmaschine mit Flachrührer und Knethaken (optional)
Pinsel
Gugelhupfform von 15 cm Durchmesser

TECHNIKEN

Mischen & Kneten (Seite 32)
Falten (Seite 37)
Rundwirken (Seite 42)

GESCHAFFT

Sobald der Gugelhupf leicht gebräunt ist.

HALTBARKEIT

Mit Frischhaltefolie bedeckt 2–3 Tage.

WARUM WIRD DER GUGELHUPF IN SIRUP UND GEKLÄRTER BUTTER GETRÄNKT?

Beides verleiht dem Kuchen zusätzlich Geschmack und eine saftige, zartschmelzende Konsistenz. Das Tränken erfolgt in zwei Phasen, da sich der Zucker in dem Butterfett nicht auflöst. Bei einem Gemisch aus Butter und Zucker würde der Teig den Zucker nicht richtig aufnehmen und beim Genießen zu einem unangenehm körnigen Mundgefühl führen.

Gugelhupf backen

1

2

3

ERGIBT 1 GUGELHUPF VON 300 G

1 GUGELHUPFTEIG

30 g Rosinen
140 g glutenreiches Weizenmehl T45
(*farine de gruau*; Type 405)
2 Eier
20 g Zucker
3 g Salz
4 g frische Backhefe
70 g Butter

2 SIRUP

50 g Zucker
50 g Wasser

3 AUSSERDEM

20 g Butter
10 g Puderzucker

4 FÜR DIE FORM

10 g *beurre pommade* (Seite 284)

Schritt für Schritt

2

4

5

6

9

10

TAG 1

1 Die Rosinen 1–2 Stunden in lauwarmem Wasser einweichen. Die restlichen Teigzutaten in der Zwischenzeit (oder bereits am Vortag) in den Kühlschrank stellen.

2 Einen Briocheteig zubereiten (Seite 66). Zuletzt die abgetropften Rosinen einarbeiten. Den Teig auf der bemehlten Arbeitsfläche, mit einem Tuch bedeckt, 30 Minuten gehen lassen.

3 Den Teig falten (Seite 37). In eine Schüssel legen, direkt auf der Oberfläche mit Frischhaltefolie bedecken (Seite 285) und über Nacht in den Kühlschrank stellen.

TAG 2

4 Den Teig zusammenfalten und rundwirken (Seite 42). Zurück in die Schüssel legen, direkt auf der Oberfläche mit Folie bedecken und 30 Minuten kalt stellen.

5 Eine Gugelhupfform mithilfe eines Pinsels mit der *beurre pommade* einfetten. In der Mitte der Teigkugel mit beiden Daumen ein Loch hineindrücken. Den Teig umdrehen, in die vorbereitete Form einsetzen und fest hineindrücken, sodass er die Form vollständig ausfüllt.

6 Mit einem Tuch bedecken und 2½ Stunden bei 25–28 °C gehen lassen (Stückgare).

7 Den Backofen auf 160 °C Umluft vorheizen und den Gugelhupf 30 Minuten backen. Aus der Form herauslösen und auf einem Gitter abkühlen lassen.

8 Die Butter klären (Seite 234).

9 Aus dem Wasser und dem Zucker einen Sirup kochen, den Gugelhupf kurz hineinsetzen und darin umwenden.

10 Anschließend den Gugelhupf rasch in der geklärten Butter wenden.

11 Den Gugelhupf auf einem Gitter 5–10 Minuten ruhen lassen, bis sich die Butter verfestigt hat. Zuletzt mit Puderzucker bestauben.

PANETTONE

Schon gewusst?

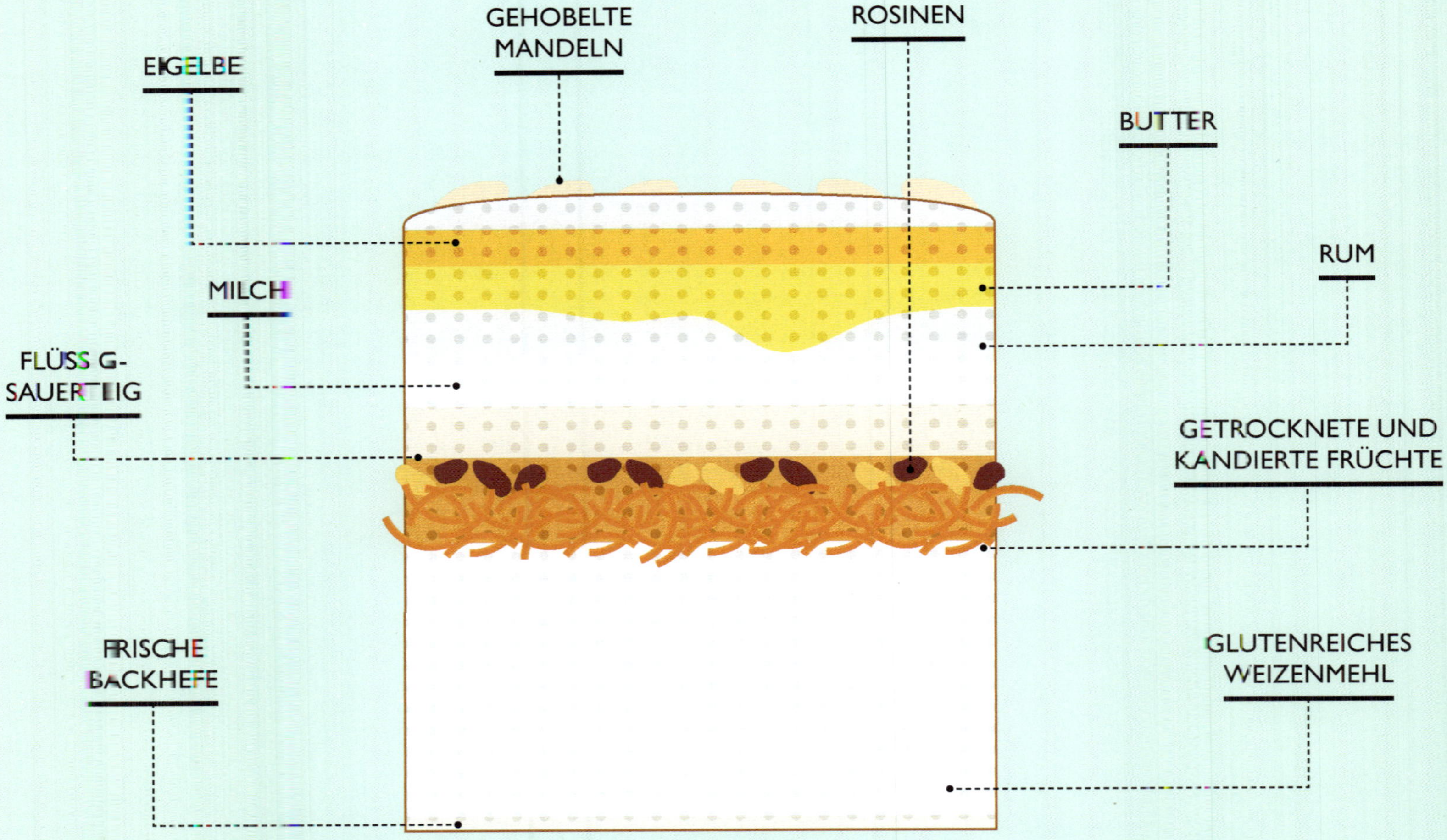

KURZ UND KNAPP ERKLÄRT

Italienische Brioche mit kandierten Früchten, Rosinen und Rum.

MERKMALE

Gewicht: 500 g
Größe: 20–25 cm im Durchmesser
Krume: feinporig, weich

DAUER DER ZUBEREITUNG

Vorbereitung: 45 Minuten
Einweichen: 1 Nacht (für die Rosinen und das Orangeat)
Gare (Gehzeit): 16 Stunden (1 Stunde Stockgare plus Stückgare über Nacht, 3 Stunden Stückgare)
Backzeit: 45 Minuten

ARBEITSMATERIAL

Küchenmaschine mit Knethaken
Große Panettone-Form (600 g Fassungsvermögen)
Spritzbeutel

TECHNIKEN

Mischen & Kneten (Seite 32)
Falten (Seite 37)
Rundwirken (Seite 42)

ABWANDLUNG

Kleine Panettone: rund geformte Teiglinge von etwa 80 g, die 25 Minuten Backzeit benötigen.

ALTERNATIVE OHNE SAUERTEIG

Für eine Zubereitung ohne Sauerteig gibt man zusätzlich 5 g frische Hefe und 20 g Wasser hinzu.

TIPP

Wenn die Früchte den Rum nicht vollständig aufnehmen, diese vor dem Untermischen kurz abtropfen lassen.

GESCHAFFT

Wenn der Panettone kräftig Farbe angenommen hat.

HALTBARKEIT

Sorgfältig in Frischhaltefolie verpackt 1 Woche.

Panettone backen

1

2

3

4

ERGIBT 1 PANETTONE

1 TEIG

180 g glutenreiches Weizenmehl T45 (*farine de gruau*; Type 405)
50 g Milch
40 g Zucker
3 g Salz
5 g frische Backhefe
50 g Flüssigsauerteig (Seite 20)
3 Eigelb
60 g Butter

2 FRÜCHTE

35 g Rosinen
70 g Orangeat
15 g Rum

3 GLASUR

90 g Zucker
25 g Krokant, fein gehackt
15 g Mehl
1 Eiweiß

4 GARNITUR

30 g gehobelte Mandeln

Schritt für Schritt

TAG 1

1 Die Rosinen und das Orangeat in den Rum einlegen und über Nacht einweichen.

TAG 2

2 Alle Zutaten für den Teig (außer der Butter) in der Küchenmaschine 6 Minuten auf mittlerer Stufe verkneten (Seite 32). Die gewürfelte Butter dazugeben und auf gleicher Stufe unter den Teig kneten, bis sich dieser vom Schüsselrand löst.

3 Die in Rum eingelegten Früchte hinzufügen und auf Stufe 1 gleichmäßig in den Teig einarbeiten.

4 Den Teig in eine Schüssel legen, mit Frischhaltefolie bedecken und 1 Stunde bei 25–28 °C gehen lassen.

5 Den Teig falten (Seite 37), zurück in die Schüssel legen, direkt auf der Oberfläche mit Folie bedecken (Seite 285) und über Nacht in den Kühlschrank stellen.

TAG 3

6 Den Teig rundwirken (Seite 42) und in die Panettone-Form einsetzen.

7 Mit einem Tuch bedecken und bei 25–28 °C noch einmal 3 Stunden gehen lassen (Stückgare).

8 Den Backofen auf 180 °C vorheizen. Für die Glasur Zucker, Krokant und Mehl in einer Schüssel vermengen. Das Eiweiß dazugeben und umrühren, bis die Masse homogen ist.

9 Die Glasur mit einem Löffel auf den Panettone auftragen, mit den gehobelten Mandeln bestreuen und 25 Minuten backen.

PISTAZIEN-APRIKOSEN-TARTE

Schon gewusst?

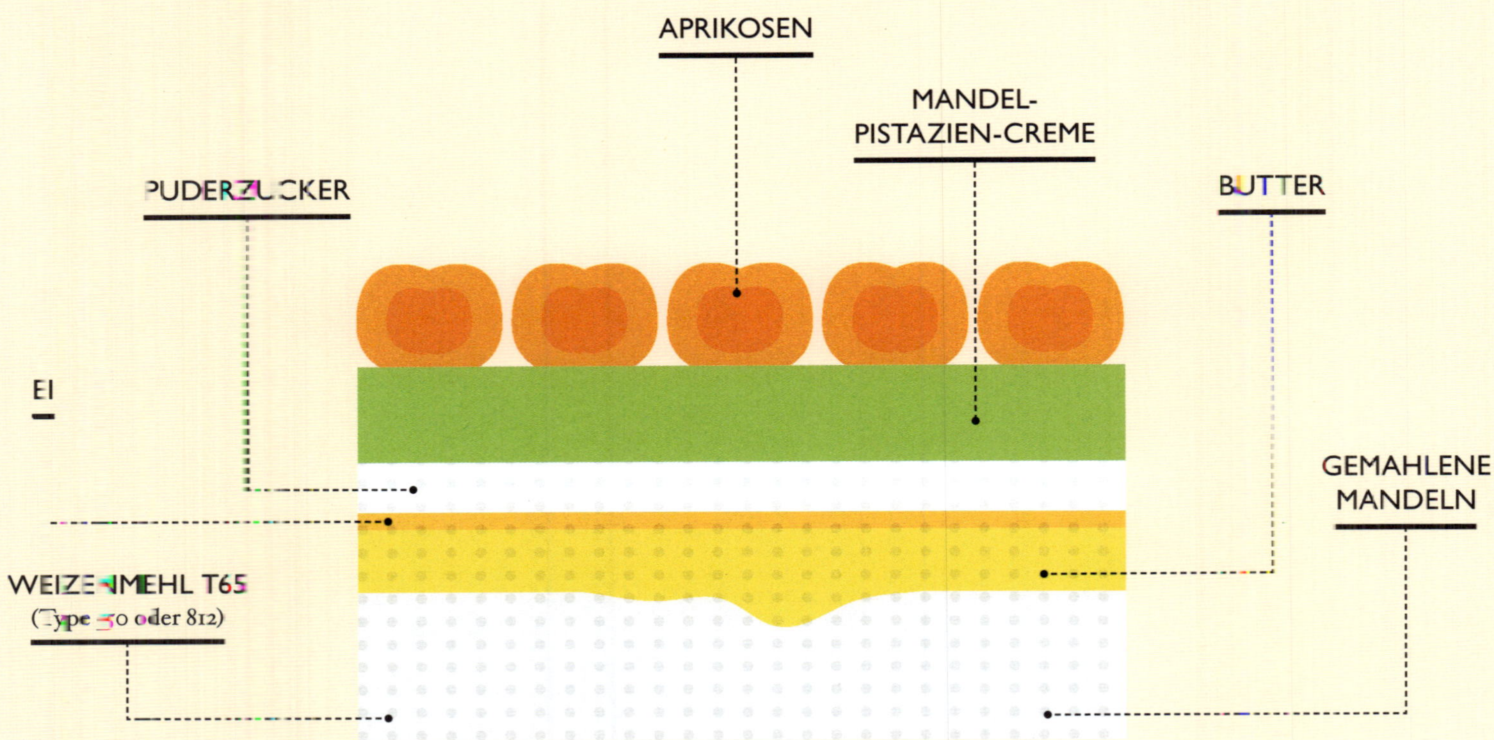

KURZ UND KNAPP ERKLÄRT

Tarteboden aus süßem Mürbeteig (Zuckerteig), der mit Mandel-Pistazien-Creme gefüllt und mit geviertelten Aprikosen belegt wird.

DAUER DER ZUBEREITUNG

Vorbereitung: 1 Stunde
Ruhen: 4 Stunden
Backzeit: 35–40 Minuten

ARBEITSMATERIAL

Küchenmaschine mit Flachrührer und Knethaken (optional)
Schneebesen, Wellholz
Backring von 20 cm Durchmesser
Spritzbeutel

SCHWIERIGKEITEN

Das Auskleiden des Backrings mit dem Teig und das Backen.

TECHNIKEN

Mischen & Kneten (Seite 32)
Eier und Zucker schaumig schlagen (Seite 284)
Backring auskleiden (Seite 283)

TIPP

Bei Verwendung von in Sirup konservierten Aprikosen die Früchte gut abtropfen lassen.

GESCHAFFT

Wenn der Teig Farbe angenommen hat und die Aprikosen stellenweise goldbraun karamellisiert sind.

HALTBARKEIT

Im Kühlschrank 2–3 Tage.

WIE WIRD DIE MANDELCREME DICK UND CREMIG?

Das Eiweiß gerinnt, die Stärke verkleistert und lässt die Creme sämig eindicken.

Schritt für Schritt

ERGIBT 6 STÜCKE

ZUCKERTEIG (PÂTE SUCRÉE)

260 g Weizenmehl T65 (Type 550 oder 812)
1 Ei
155 g Butter
100 g Puderzucker
30 g gemahlene Mandeln
1 g Salz

MANDEL-PISTAZIEN-CREME

50 g Butter
50 g gemahlene Mandeln
50 g Zucker
1 Ei
5 g Maisstärke
20 g Pistazienpaste

BELAG

10 frische Aprikosen oder
20 Aprikosenhälften aus der Dose

1 Einen Zuckerteig zubereiten (Seite 74) und 2 Stunden kalt stellen.

2 Eine Mandelcreme zubereiten (Seite 78). Die Pistazienpaste unterrühren und die Creme 2 Stunden kalt stellen.

3 Die Aprikosen vorbereiten – ganze Früchte vierteln, Fruchthälften aus der Dose einmal durchschneiden.

4 Den Zuckerteig 3 mm dünn ausrollen. Den Backring auf ein mit Pergamentpapier bedecktes Blech setzen und mit dem Teig auskleiden (Seite 283). Den Backofen auf 190 °C vorheizen.

5 Mit einem Spritzbeutel die Mandel-Pistazien-Creme 1 cm dick auf den Teigboden auftragen.

6 Die Tarte in konzentrischen Kreisen mit den Aprikosenvierteln belegen.

7 Die Tarte im vorgeheizten Ofen 35–40 Minuten backen.

FLAN
MIT PUDDINGCREME

Schon gewusst?

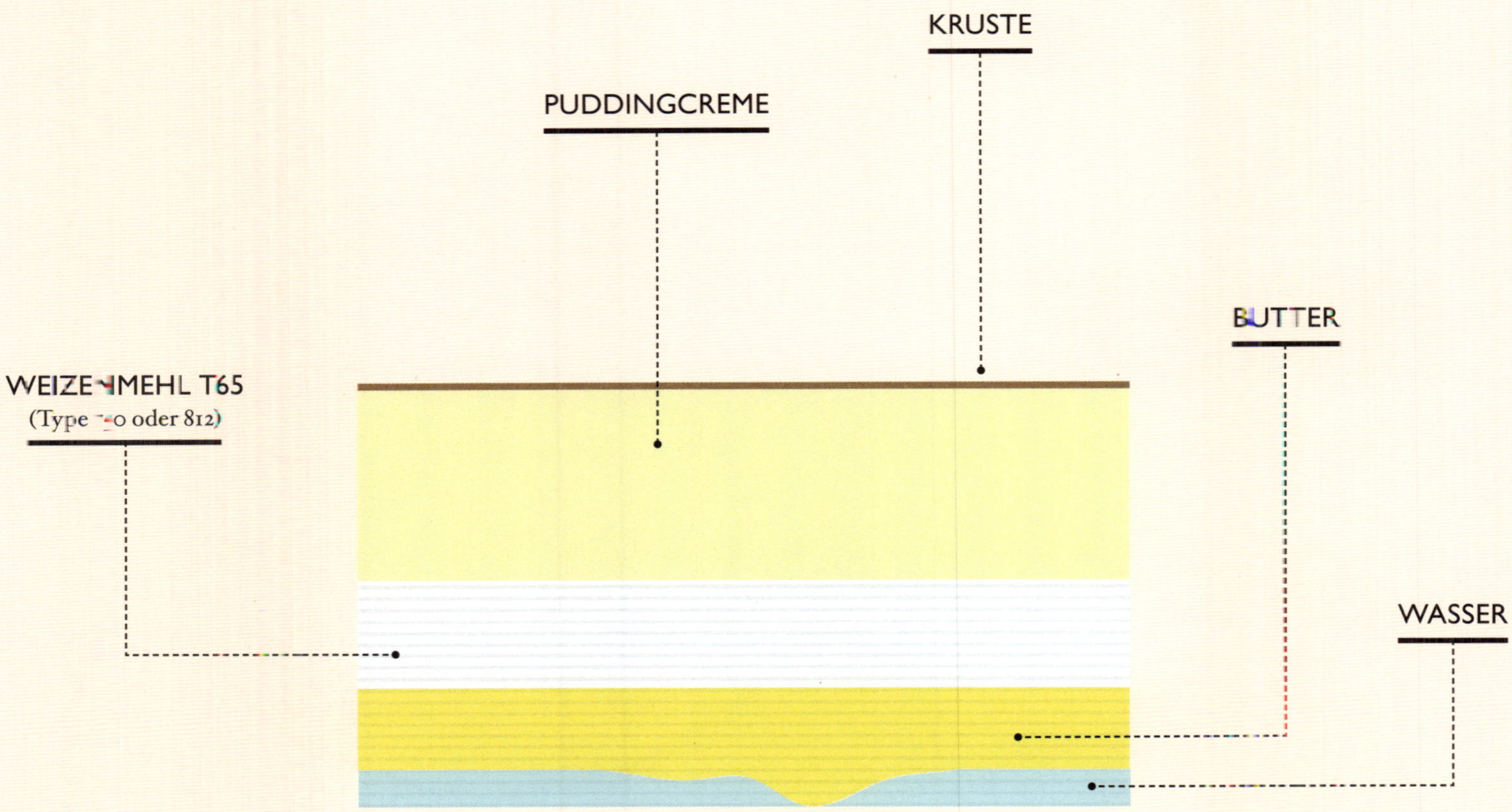

KURZ UND KNAPP ERKLÄRT

Boden aus umgekehrtem Blätterteig, der mit einer stärkegebundenen Creme aus Eiern und Milch gefüllt wird.

DAUER DER ZUBEREITUNG

Vorbereitung: 1 Stunde
Teigruhe: 12 Stunden im Kühlschrank
Abkühlen: etwa 3 Stunden
(für die Creme bzw. den Flan)
Backzeit: 35–40 Minuten

ARBEITSMATERIAL

Küchenmaschine mit Flachrührer
Tartering von 26 cm Durchmesser und 2,5 cm Höhe
Pinsel
Wellholz

ABWANDLUNGEN

Kokos-Flan: 200 g Kokosraspel hinzugeben.
Aprikosen-Flan: Den Teigboden mit Aprikosen aus der Dose belegen und dann mit der Creme übergießen.

SCHWIERIGKEIT

Die Zubereitung der Creme.

TECHNIKEN

Mischen & Kneten (Seite 32)
Tartering auskleiden (Seite 283)
Eier und Zucker schaumig schlagen (Seite 284)

TIPP

Vor dem Backen des Flans die Creme vollständig abkühlen lassen, damit sich eine makellos goldbraune Kruste ohne Risse bildet.

GESCHAFFT

Sobald der Flan kräftig Farbe angenommen hat und die Kruste stellenweise dunkelbraun ist.

HALTBARKEIT

Im Kühlschrank 2 Tage.

Schritt für Schritt

ERGIBT 10 STÜCKE

UMGEKEHRTER BLÄTTERTEIG (300 G)

Mehlbutter
100 g weiche gewürfelte Butter
40 g Weizenmehl T65 (Type 550 oder 812)

Grundteig
90 g Weizenmehl T65 (Type 550 oder 812)
30 g *beurre pommade* (Seite 284)
5 g Salz
40 g kaltes Wasser
1 g weißer Essig

PUDDINGCREME

3 Eier
200 g Zucker
80 g Maisstärke
1 l Milch

FÜR DEN TARTERING

10 g *beurre pommade* (Seite 284)

1 Einen umgekehrten Blätterteig zubereiten (Seite 68) und 2 mm dünn ausrollen.

2 Den Tartering mithilfe eines Pinsels mit der *beurre pommade* einfetten. Den Ring auf ein mit Pergamentpapier bedecktes Blech setzen, mit dem Teig auskleiden (Seite 283) und kalt stellen, bis die Creme zubereitet ist.

3 Für die Creme die Eier und den Zucker mit dem Schneebesen hellgelb und schaumig schlagen. Die Maisstärke unterrühren.

4 Die Milch zum Kochen bringen. Ein Drittel der heißen Milch unter den Eierschaum rühren und die Mischung anschließend zurück in den Topf gießen.

5 Die Creme auf dem Herd 1 Minute aufschlagen und aufkochen.

6 Die Creme in den Teigboden einfüllen und vollständig abkühlen lassen. Den Backofen auf 170 °C Umluft vorheizen und den Flan 35–40 Minuten backen. Vor dem Anschneiden 1½ Stunden abkühlen lassen.

HONIGKUCHEN

Schon gewusst?

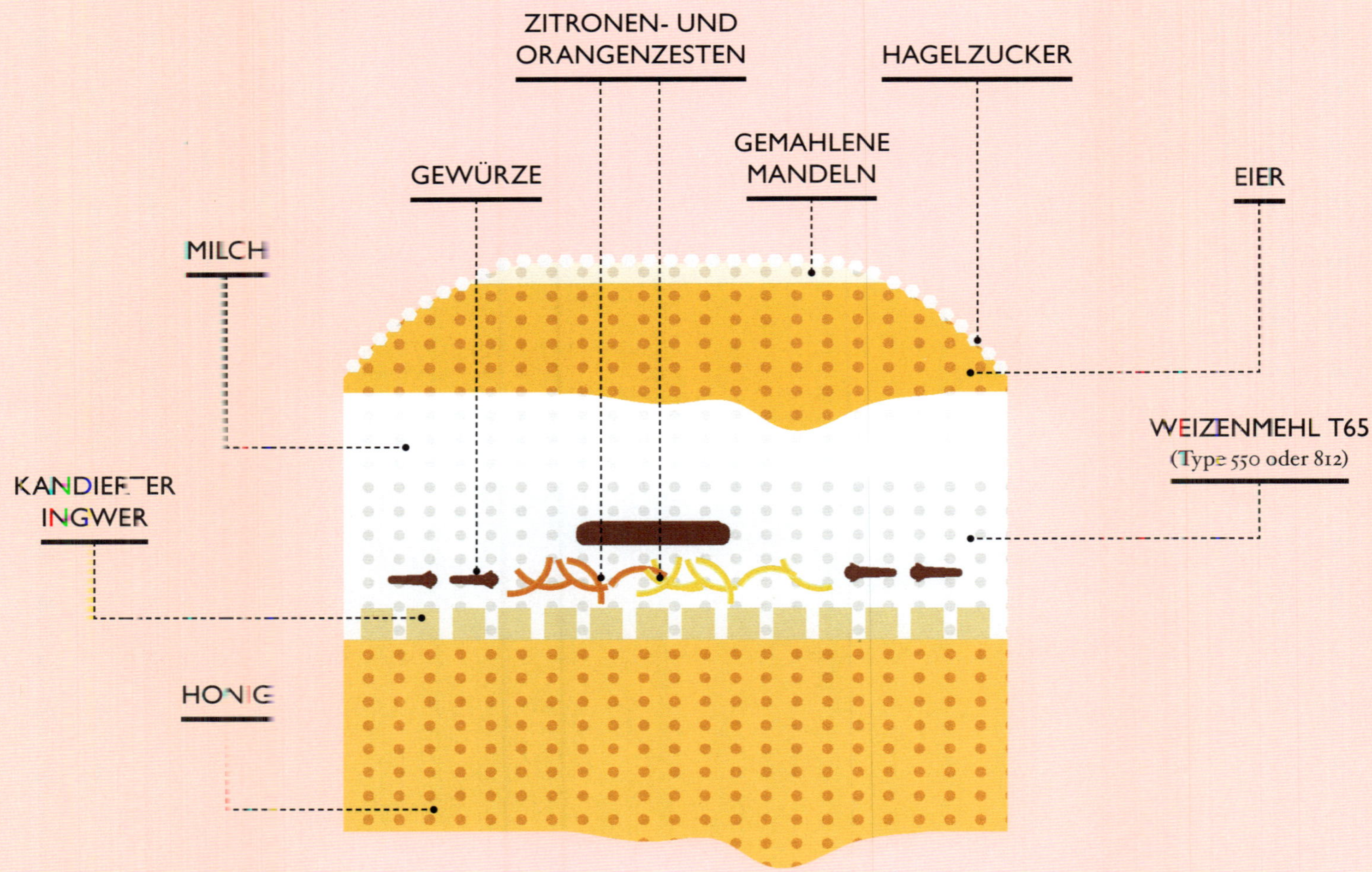

KURZ UND KNAPP ERKLÄRT

In einer Kastenform gebackener gehaltvoller Kuchenteig mit viel Honig, Gewürzen und Zitrusschalen.

DAUER DER ZUBEREITUNG

Vorbereitung: 30 Minuten
Backzeit: 45 Minuten

ARBEITSMATERIAL

Kastenform von 20 cm Länge
Fester Rührlöffel
Sieb
Pinsel

SCHWIERIGKEIT

Die Milch-Honig-Mischung darf nicht aufkochen. Sobald sich kleine Bläschen an der Oberfläche zeigen, den Topf sofort vom Herd nehmen.

TIPPS

Wickeln Sie den Honigkuchen nach dem Herauslösen aus der Form gleich in Frischhaltefolie ein, damit er saftig bleibt. Kühlt sich die Milch bis zur Zugabe in den Teig auf unter 60 °C ab, diese bei niedriger Temperatur wieder erwärmen.

GESCHAFFT

Wenn man den Kuchen mit einem spitzen Messer einsticht und beim Herausziehen keine Teigreste mehr an der Klinge haften.

HALTBARKEIT

In Frischhaltefolie gewickelt 1 Woche.

WARUM DARF DIE MILCH NICHT KOCHEN?

Damit die Gewürze nicht zu stark erhitzt werden, andernfalls entwickeln sie unerwünschte Geschmacksnoten.

Schritt für Schritt

ERGIBT 1 HONIGKUCHEN

TEIG

170 g Honig
80 g Milch
140 g Weizenmehl T65 (Type 550 oder 812)
15 g gemahlene Mandeln
5 g Backnatron
2 Eier
1 g Salz

GEWÜRZMISCHUNG

1 g gemahlener Ingwer
1 g gemahlener Zimt
1 g Gewürznelken
3 g abgeriebene Orangenschale (bio)
3 g abgeriebene Zitronenschale (bio)
28 g gewürfelter kandierter Ingwer

GARNITUR

100 g Hagelzucker

1 In einem Topf den Honig und die Milch bei niedriger Temperatur erhitzen und kurz vor dem Aufkochen vom Herd nehmen. Die gemahlenen Gewürze und die Gewürznelken dazugeben und 15 Minuten ziehen lassen.

2 Die gewürzte Mischung durch ein Sieb passieren (Seite 285) und abkühlen lassen. Die Nelken wegwerfen.

3 Den Backofen auf 150 °C vorheizen. Mehl, gemahlene Mandeln und Backnatron in eine Schüssel sieben (Seite 285). Die Eier, das Salz sowie die Orangen- und Zitronenschale dazugeben und mit einem Rührlöffel einarbeiten.

4 Unter ständigem Rühren vorsichtig die gewürzte Milch dazugießen und gleichmäßig untermengen, bis der Teig homogen ist. Zuletzt den kandierten Ingwer unterziehen.

5 Die Kastenform mit Pergamentpapier auskleiden und die Hälfte des Hagelzuckers darin verstreuen.

6 Den Teig einfüllen, mit dem restlichen Hagelzucker bestreuen und im Ofen 45 Minuten backen. Den Honigkuchen vor dem Herauslösen etwas abkühlen lassen.

FRÜCHTEKUCHEN

Schon gewusst?

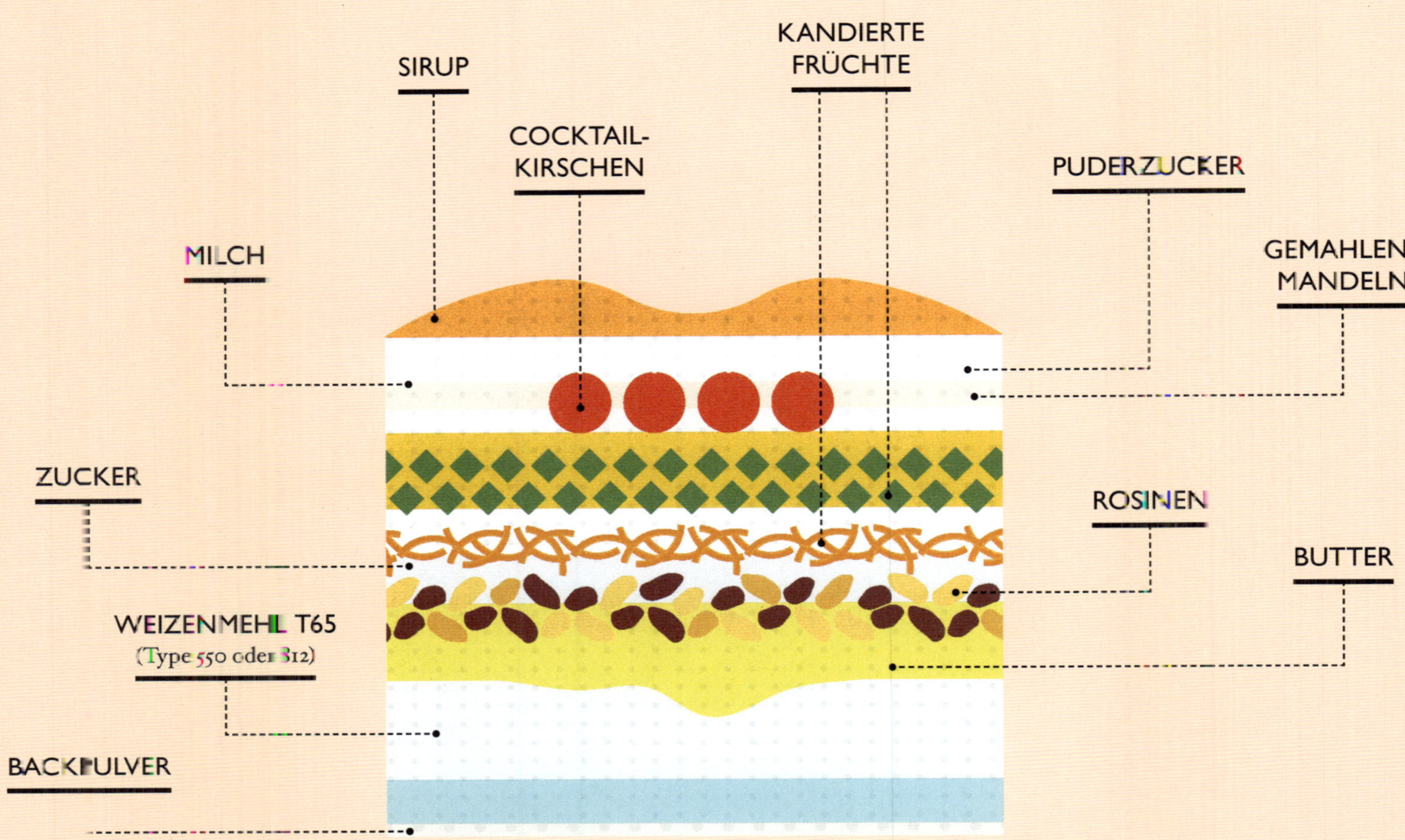

KURZ UND KNAPP ERKLÄRT

Mit Rosinen und kandierten Früchten angereicherter Kuchenteig, der nach dem Backen mit Sirup getränkt wird.

DAUER DER ZUBEREITUNG

Vorbereitung: 30 Minuten
Backzeit: 45 Minuten

ARBEITSMATERIAL

Kastenform von 20 cm Länge
Fester Rührlöffel
Mehlsieb
Pinsel

SCHWIERIGKEIT

Die kandierten Früchte und Rosinen dürfen nicht auf den Boden der Form sinken.

TECHNIKEN

Butter und Zucker schaumig schlagen (Seite 284)

TIPP

Den Kuchen nach dem Herauslösen aus der Form in Frischhaltefolie wickeln, damit er saftig bleibt.

GESCHAFFT

Wenn man den Kuchen mit einem spitzen Messer einsticht und beim Herausziehen keine Teigreste mehr an der Klinge haften.

HALTBARKEIT

In Frischhaltefolie gewickelt 1 Woche.

WARUM MÜSSEN DIE ROSINEN VOR DEM BACKEN EINGEWEICHT WERDEN?

Damit sie nicht das im Teig enthaltene Wasser binden, das die Stärke während des Backvorgangs zum Verkleistern benötigt.

Früchtekuchen backen

1

2

3

ERGIBT 1 KUCHEN

1 TEIG

80 g *beurre pommade* (Seite 284)
50 g Zucker
50 g Puderzucker
2 Eier
15 g Milch
90 g Weizenmehl T65 (Type 550 oder 812)
20 g gemahlene Mandeln
5 g Backpulver

2 EINLAGE

65 g Rosinen
50 g gewürfelte kandierte Früchte
10 g Cocktailkirschen
15 g Orangeat

3 SIRUP

50 g Zucker
40 g Wasser
40 g brauner Rum

4 FÜR DIE FORM

10 g *beurre pommade* (Seite 284)

Schritt für Schritt

1

2

3

4

5

7

8

1 Die Rosinen in einem Topf mit Wasser bedecken und kurz aufkochen. Vom Herd nehmen und einige Minuten ziehen lassen, damit sie einweichen und aufquellen. Anschließend auf Küchenpapier abtropfen und abkühlen lassen.

2 Die *beurre pommade*, Zucker und Puderzucker in einer Schüssel mit einem Rührlöffel oder in der Küchenmaschine mit dem Flachrührer schaumig rühren (Seite 284).

3 Die Eier dazugeben und einarbeiten, bis die Masse homogen ist. Anschließend die Milch unterrühren.

4 Mehl, gemahlene Mandeln und Backpulver in eine Schüssel sieben (Seite 285) und zwei Drittel der Mischung in die Butter-Zucker-Masse einarbeiten.

5 Die kandierten Früchte und die gut abgetropften und abgekühlten Rosinen in eine weitere Schüssel geben, den Rest der gesiebten Mehlmischung hinzufügen und alles sorgfältig vermengen, bis die Früchte rundherum gleichmäßig bedeckt sind. Die Früchte-Mehl-Mischung behutsam unter den Teig ziehen.

6 Den Backofen auf 150 °C vorheizen. Eine Kastenform mithilfe eines Pinsels mit der *beurre pommade* einfetten.

7 Den Teig in die Form füllen und den Kuchen im vorgeheizten Ofen 45 Minuten backen. Aus der Form lösen und vollständig abkühlen lassen.

8 Für den Sirup das Wasser mit dem Zucker zum Kochen bringen. Sofort vom Herd nehmen, den Rum unterrühren und lauwarm abkühlen lassen. Den Sirup mit einem Pinsel auf den Früchtekuchen auftragen.

GENUESER MANDELKUCHEN

Schon gewusst?

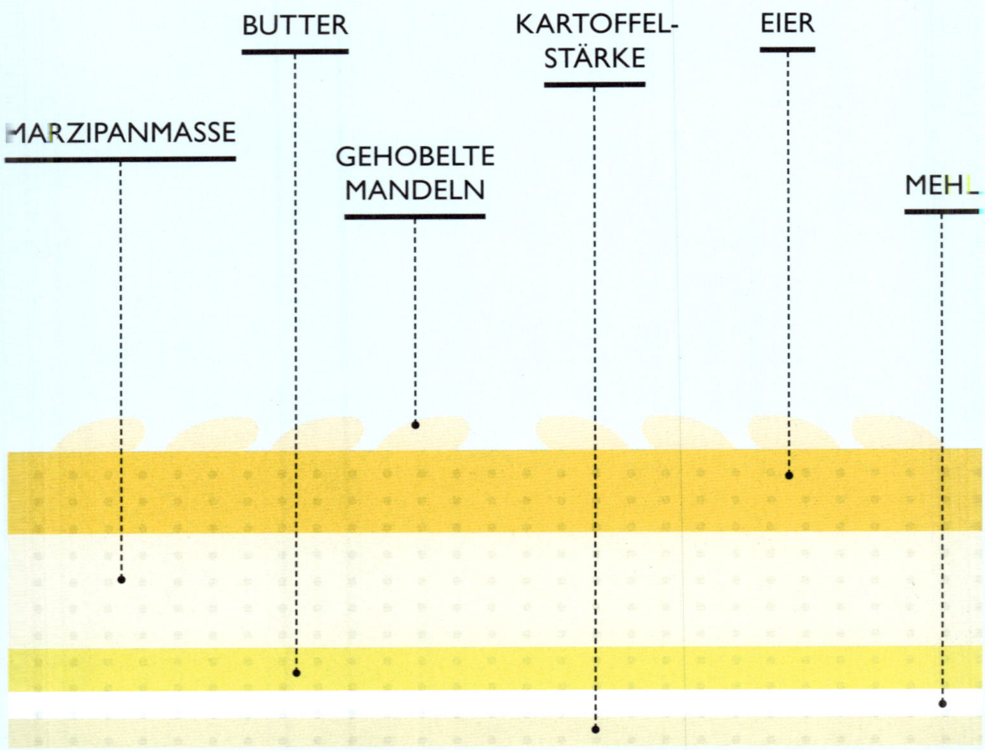

KURZ UND KNAPP ERKLÄRT

Sehr zarter, saftiger Kuchen mit gemahlenen Mandeln und Marzipan.

DAUER DER ZUBEREITUNG

Vorbereitung: 25 Minuten
Backzeit: 25 Minuten

ARBEITSMATERIAL

Runde Kuchenform von 14 cm Durchmesser und 5 cm Höhe
Küchenmaschine mit Flachrührer und Schlagbesen
Mehlsieb
Fester Rührlöffel
Pinsel

KLASSISCHE VERWENDUNG

Teigboden für verschiedene Süßspeisen

SCHWIERIGKEIT

Das richtige Timing beim Backen. Wird er zu lange gebacken, verliert der Kuchen seine saftig-zarte Konsistenz.

TIPP

Verwenden Sie *beurre pommade* (Seite 284) zum Fixieren der Mandeln in der Form.

GESCHAFFT

Wenn der Kuchen goldbraun gebacken ist.

HALTBARKEIT

2–3 Tage

LÄSST SICH DIE MARZIPANMASSE DURCH GEMAHLENE MANDELN ERSETZEN?

Mit gemahlenen Mandeln statt Marzipanmasse reduziert sich der Zuckeranteil im Kuchen (Marzipanmasse ist sehr zuckerreich). Das Klebergerüst bildet sich leichter aus und sorgt für eine grobporige Krume, die untypisch für einen Kuchen und etwas trocken ist.

Mandelkuchen backen

1

2

ERGIBT 1 KUCHEN

1 TEIG

60 g Butter
200 g Marzipanrohmasse (50 % Mandelanteil)
3 Eier
20 g Mehl
20 g Kartoffelstärke

2 FÜR DIE FORM

10 g *beurre pommade* (Seite 284)
10 g gehobelte Mandeln

Schritt für Schritt

1 Die Butter in einem Topf bei niedriger Temperatur zerlassen und abkühlen lassen.

2 Die Marzipanmasse in die Schüssel der Küchenmaschine geben und mit dem Flachrührer auf mittlerer Stufe nacheinander 2 Eier einarbeiten. Die Masse sollte anschließend geschmeidig und homogen sein. Das dritte Ei hineingeben und den Flachrührer durch den Schlagbesen ersetzen.

3 Die Masse etwa 5 Minuten schlagen, bis sie glatt ist und bandartig vom Schlagbesen fließt, wenn man ihn anhebt.

4 Mehl und Kartoffelstärke in die Masse sieben und mit einem Rührlöffel behutsam unterziehen.

5 Die abgekühlte zerlassene Butter dazugeben und ebenfalls unterheben.

6 Den Backofen auf 150 °C vorheizen. Die Form mithilfe eines Pinsels mit der *beurre pommade* einfetten, mit gehobelten Mandeln ausstreuen und diese sanft andrücken, sodass sie an der Butter haften bleiben. Die überschüssigen Mandeln entfernen; dazu die Form umdrehen und leicht gegen den Formboden klopfen.

7 Den Teig einfüllen, im vorgeheizten Ofen 25 Minuten backen und 10 Minuten nach dem Herausnehmen aus der Form stürzen.

SANDGEBÄCK

Schon gewusst?

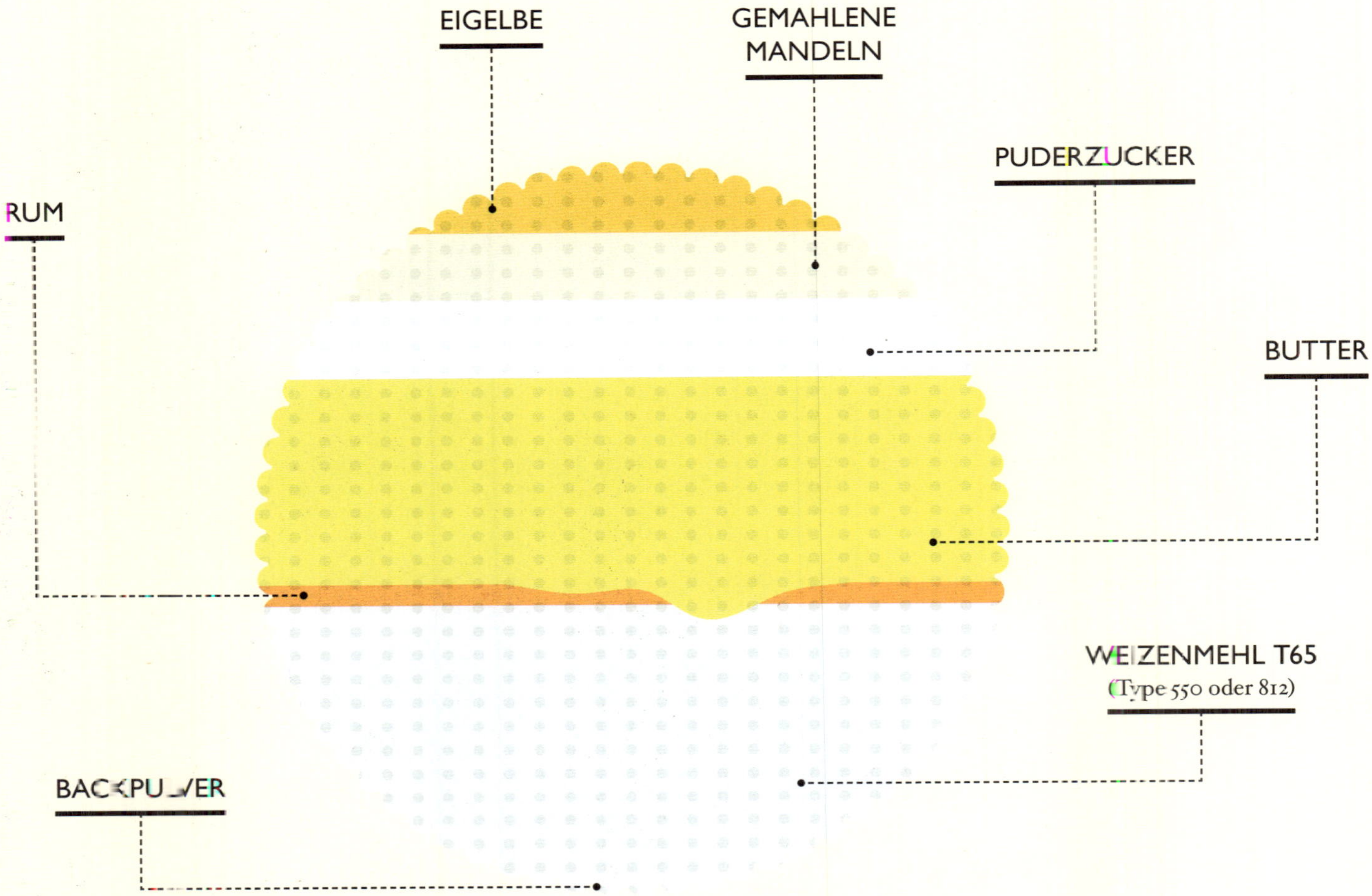

KURZ UND KNAPP ERKLÄRT

Mürbes Buttergebäck.

DAUER DER ZUBEREITUNG

Vorbereitung: 20 Minuten
Teigruhe: 1 Stunde im Kühlschrank
Backzeit: 20 Minuten

ARBEITSMATERIAL

Küchenmaschine mit Flachrührer (optional)
Wellholz
Geriffelter Ausstechring von 13 cm Durchmesser
Sieb
Pinsel

ABWANDLUNGEN

Schokoladentröpfchen, gehobelte Mandeln

SCHWIERIGKEIT

Das Eigelb nicht zu stark garen.

TECHNIKEN

Abglänzen (Seite 48)
Einschneiden (Rauten, Seite 50–51)

TIPP

Beim Herausnehmen sollte das Gebäck noch weich sein, erst beim Abkühlen verfestigt es sich.

GESCHAFFT

Wenn die Plätzchen goldbraun gebacken sind.

HALTBARKEIT

In einem Behälter luftdicht verschlossen 2–3 Tage.

WARUM WIRD DAS EIGELB ZUNÄCHST GEGART?

Damit das Sandgebäck seine charakteristische mürbe Konsistenz entwickelt. Im Mikrowellengerät gerinnen bestimmte Proteine des Eigelbs. So wird im Teig die Bildung des Klebergerüsts gehemmt, und je weniger dicht es ist, desto mürber und krümeliger wird das Gebäck. Je dichter das Klebernetz gespannt ist, desto kompakter und fester wird das Gebäck.

Schritt für Schritt

ERGIBT 4 RIESENPLÄTZCHEN

TEIG

40 g Eigelb (2 Eigelb)
225 g Weizenmehl T65 (Type 550 oder 812)
210 g Butter
75 g Puderzucker
40 g gemahlene Mandeln
11 g Rum
1 g Salzblüte
1 g Backpulver

EISTREICHE

1 Ei
3 g Milch
1 Prise Salz

1 Die Eigelbe im Mikrowellengerät 1 Minute garen und anschließend durch ein Sieb streichen.

2 Sämtliche Zutaten für den Teig in der Küchenmaschine mit dem Flachrührer 5 Minuten auf Stufe 1 vermengen. (Oder die Zutaten in der Schüssel mit einem Rührlöffel mischen.)

3 Den Teig zu einem Kloß formen, abflachen, in Frischhaltefolie wickeln und 1 Stunde in den Kühlschrank legen.

4 Den Backofen auf 180 °C vorheizen. Den Teig 4 mm dick ausrollen und mit einem geriffelten Ausstecher vier Kreise von 13 cm Durchmesser ausstechen.

5 Die Teigkreise auf ein mit Pergamentpapier bedecktes Blech platzieren. Die Eistreiche anrühren und die Plätzchen mit einem Pinsel abglänzen (Seite 48). Mit den Zinken einer Gabel ein Rautenmuster einritzen (Seite 51).

6 Die Plätzchen im vorgeheizten Ofen 20 Minuten backen.

SCHWEINSOHREN

Schon gewusst?

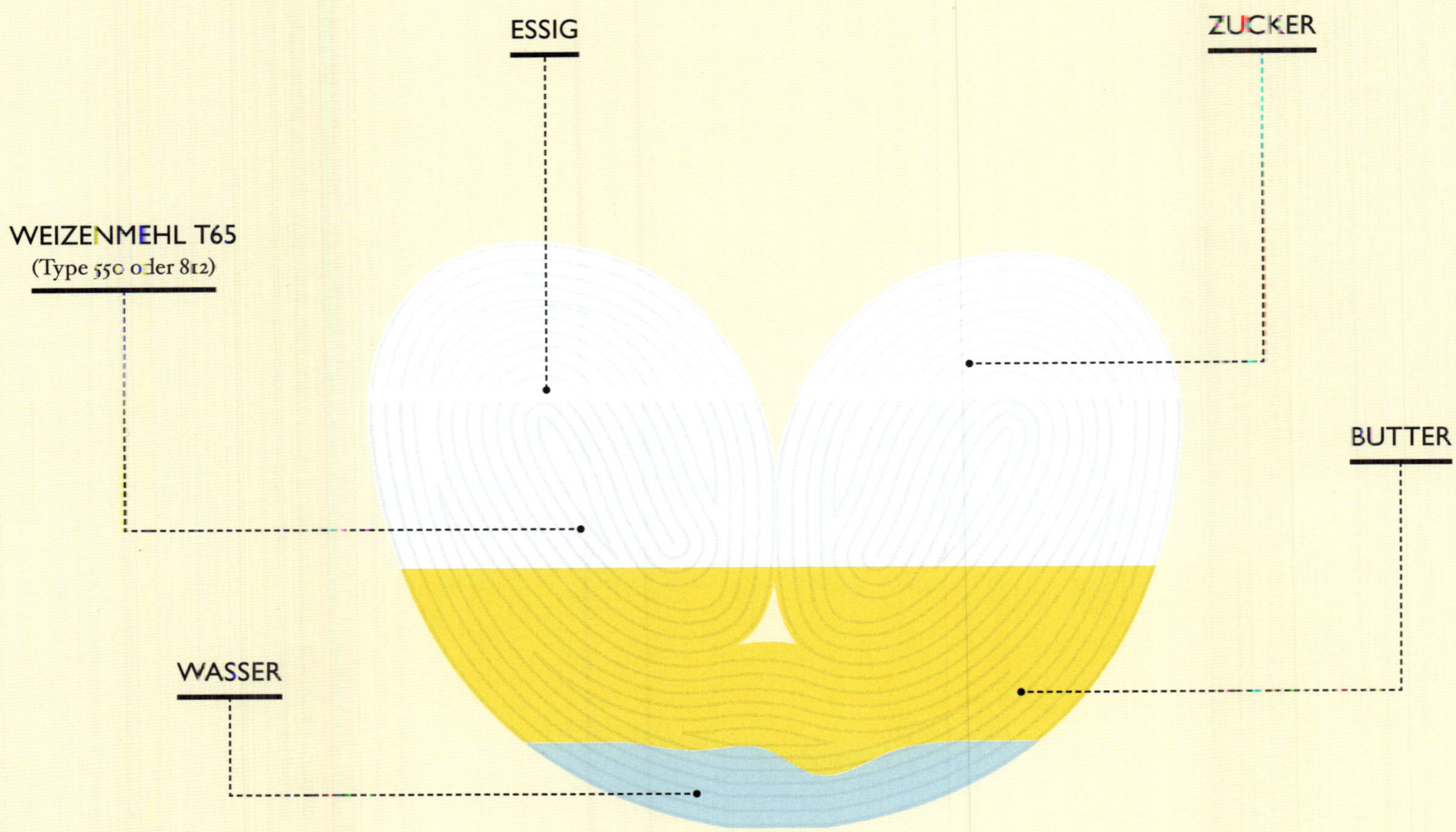

KURZ UND KNAPP ERKLÄRT

Blätterteig, der mit Zucker von zwei Seiten aufgerollt, in Scheiben geschnitten und im Ofen gebacken wird.

DAUER DER ZUBEREITUNG

Vorbereitung: 45 Minuten
Teigruhe: 12 Stunden im Kühlschrank, 15 Minuten im Gefrierschrank
Backzeit: 15–20 Minuten

ARBEITSMATERIAL

Küchenmaschine mit Flachrührer
Wellholz

SCHWIERIGKEITEN

Der Teig darf nicht zu fest ausgerollt werden, damit sich die verschiedenen Schichten aus Butter und Teig nicht vermischen.
Das Falten des Teiges: Darauf achten, dass keine Luft zwischen den Teigschichten eingeschlossen bleibt.

TECHNIKEN

Mischen & Kneten (Seite 32)
Ausrollen (Seite 283)

TIPP

Die Arbeitsfläche beim Ausrollen mit Puderzucker statt mit Mehl bestauben. Der Zucker karamellisiert beim Backen.

GESCHAFFT

Sobald die Schweinsohren goldbraun sind und der Zucker karamellisiert ist.

HALTBARKEIT

In einem fest verschlossenen Behälter einige Tage.

WARUM DEN TEIG BEI JEDER TOUR MIT ZUCKER BESTREUEN?

Beim Backen schmilzt der Zucker und karamellisiert. Er fungiert als Klebstoff zwischen den Teigschichten und verleiht den Schweinsohren Festigkeit.

Schritt für Schritt

ERGIBT 15 SCHWEINSOHREN

UMGEKEHRTER BLÄTTERTEIG (600 G)

Mehlbutter
200 g weiche gewürfelte Butter
80 g Weizenmehl T65 (Type 550 oder 812)

Grundteig
180 g Weizenmehl T65 (Type 550 oder 812)
60 g *beurre pommade* (Seite 284)
10 g Salz
80 g kaltes Wasser
2 g weißer Essig

ZUM BESTREUEN

200 g Zucker

1 Einen umgekehrten Blätterteig zubereiten (Seite 68).

2 Einfache Tour: Den Teig zu einem 60 × 20 cm großen Rechteck ausrollen. Das obere Drittel zur Mitte falten und dann das untere darüberschlagen. In Frischhaltefolie wickeln und 2 Stunden kalt stellen.

3 Doppelte Tour: Den Teig erneut zu einem Rechteck ausrollen (60 × 20 cm). Das obere und untere Viertel zur Mitte schlagen und den Teig in der Mitte zusammenfalten. In Folie wickeln und weitere 2 Stunden kalt stellen.

4 Dem Teig erneut eine doppelte Tour geben und dabei vor dem Falten mit 100 g Zucker bestreuen. In Folie gewickelt weitere 2 Stunden in den Kühlschrank legen.

5 Dem Teig noch eine einfache Tour geben und vor dem Falten mit weiteren 50 g Zucker bestreuen. In Frischhaltefolie einschlagen und mindestens 2 weitere Stunden kalt stellen.

6 Den Blätterteig zu einem 96 cm langen und 15 cm breiten Rechteck ausrollen. An beiden Enden ein jeweils 16 cm breites Stück nach innen falten.

7 Die Enden noch einmal zur Mitte umwenden und dann den Teig in der Mitte zusammenfalten.

8 Den restlichen Zucker in eine flache Schale streuen und das Teigpaket darin von beiden Seiten wenden. In Frischhaltefolie wickeln und für 15 Minuten in den Gefrierschrank legen.

9 Den Backofen auf 160 °C vorheizen. Den Teig in 1 cm dicke Scheiben schneiden, auf ein mit Pergamentpapier bedecktes Blech legen und im Ofen 15–20 Minuten backen.

BLÄTTERTEIGGEBÄCK
MIT HIMBEEREN

Schon gewusst?

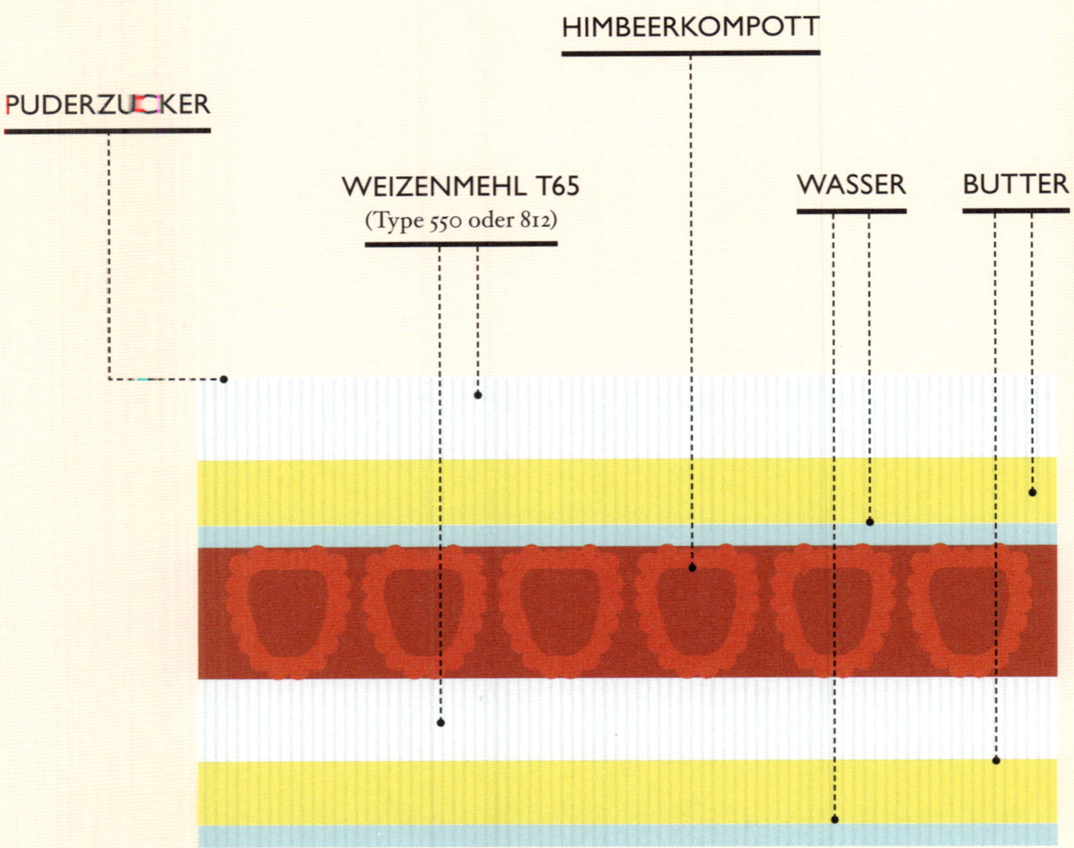

KURZ UND KNAPP ERKLÄRT
Mit Himbeerkompott gefülltes, geschichtetes Blätterteiggebäck.

DAUER DER ZUBEREITUNG
Vorbereitung: 25 Minuten
Teigruhe: 12 Stunden im Kühlschrank
Backzeit: 20 Minuten

ARBEITSMATERIAL
Küchenmaschine mit Flachrührer
Wellholz
Schneebesen
Pinsel
Palette

SCHWIERIGKEIT
Gleichmäßig karamellisierte Blätterteigschichten.

TECHNIKEN
Mischen & Kneten (Seite 32)
Ausrollen (Seite 283)

GESCHAFFT
Wenn der Blätterteig goldbraun gebacken ist.

HALTBARKEIT
2–3 Tage

Blätterteig mit Himbeerkompott backen

1

2

3

ERGIBT 5 GEBÄCKSTÜCKE

1 UMGEKEHRTER BLÄTTERTEIG (300 G)

Mehlbutter
100 g weiche gewürfelte Butter
40 g Weizenmehl T65 (Type 550 oder 812)

Grundteig
90 g Weizenmehl T65 (Type 550 oder 812)
30 g *beurre pommade* (Seite 284)
5 g Salz
40 g kaltes Wasser
1 g weißer Essig

2 HIMBEERKOMPOTT

60 g Zucker
1,5 g Pektin
125 g Himbeeren

3 ZUM BESTAUBEN

Puderzucker

Schritt für Schritt

1 Einen umgekehrten Blätterteig zubereiten (Seite 68).

2 Für das Himbeerkompott 10 g des Zuckers mit dem Pektin vermengen. Die Himbeeren in einem Topf mit den restlichen 90 g Zucker vermengen und bei niedriger Temperatur garen, bis die Früchte ihren Saft abgeben.

3 Die Zucker-Pektin-Mischung unterrühren und unter regelmäßigem Rühren mit dem Schneebesen einige weitere Minuten garen. In ein anderes Gefäß umfüllen und abkühlen lassen.

4 Den Backofen auf 180 °C vorheizen. Den Teig zu einem 50 × 20 cm großen Rechteck ausrollen (Seite 283) und in zehn Quadrate von 10 cm Kantenlänge schneiden.

5 Die Teigquadrate mithilfe eines Pinsels mit etwas Wasser benetzen und jeweils fünf Quadrate übereinanderlegen, sodass sich zwei Stapel à fünf Quadrate ergeben.

6 Die geschichteten Quadrate in 2 cm breite Streifen schneiden und seitlich auf ein mit Pergamentpapier bedecktes Blech legen.

7 Die Teigstreifen etwa 20 Minuten backen und abkühlen lassen.

8 Einen Blätterteigboden mithilfe einer Palette mit Himbeerkompott bestreichen und einen zweiten Boden auflegen. Die restlichen Teigböden in gleicher Weise füllen und schichten. Zuletzt mit Puderzucker bestauben.

FINANCIERS

Schon gewusst?

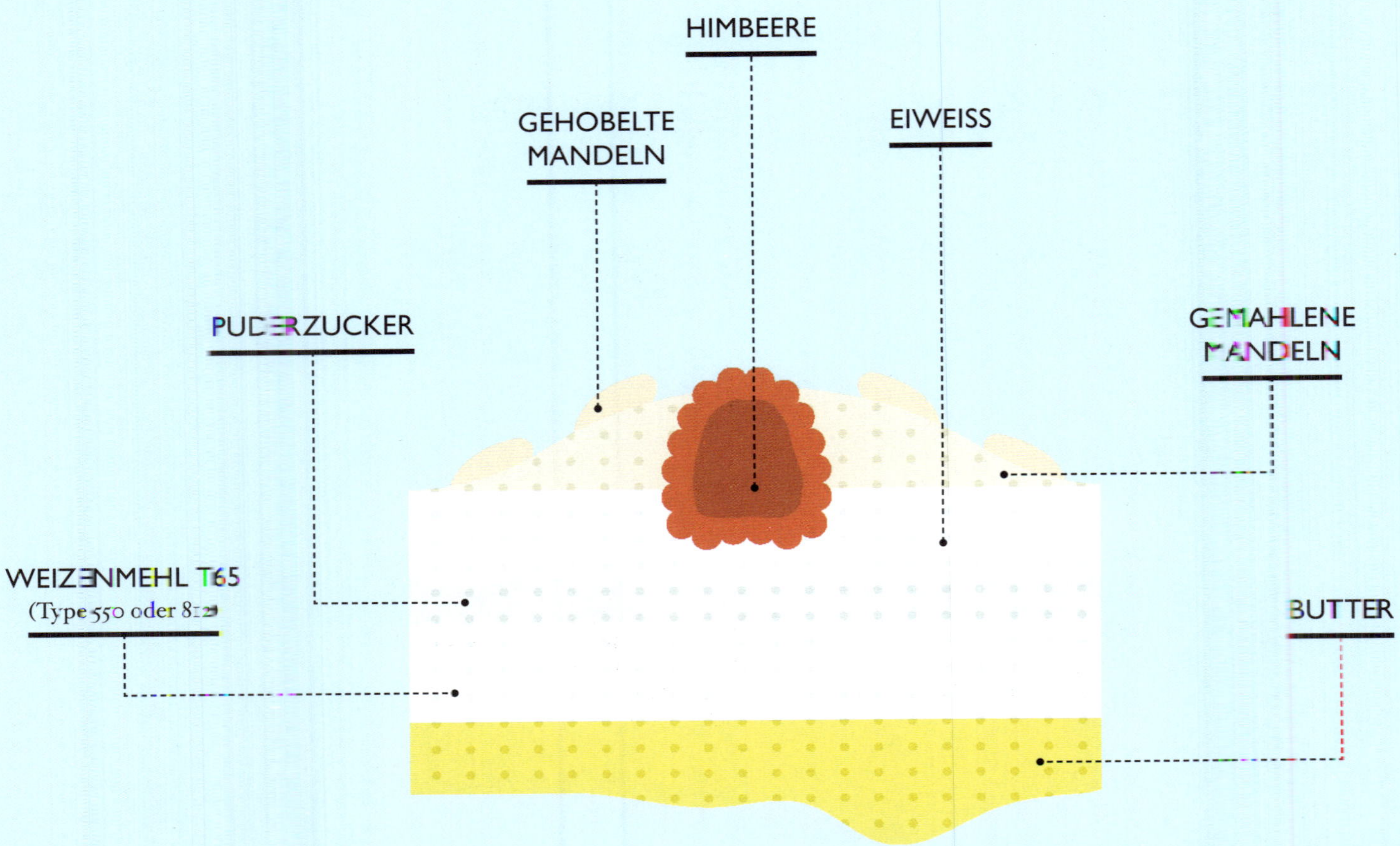

KURZ UND KNAPP ERKLÄRT

Kleine weiche Mandelküchlein aus gemahlenen Mandeln und Eiweiß.

DAUER DER ZUBEREITUNG

Vorbereitung: 15 Minuten
Teigruhe: mindestens 2 Stunden (oder über Nacht) im Kühlschrank
Backzeit: 20–25 Minuten

ARBEITSMATERIAL

Financier-Form mit 8 Vertiefungen (oder 8 einzelne Formen)
Mehlsieb
Spitzsieb
Spritzbeutel (optional)

SCHWIERIGKEIT

Nussbutter zubereiten.

TECHNIK

Mit dem Spritzbeutel arbeiten (Seite 285)

GESCHAFFT

Wenn die Financiers leicht Farbe angenommen haben.

HALTBARKEIT

In Frischhaltefolie gewickelt 2–3 Tage.

WARUM LÄSST MAN DEN TEIG IM KÜHLSCHRANK GEHEN?

Durch Schlagen wird Luft in die Masse eingearbeitet, die dank der in den Eiern enthaltenen Proteine fixiert und eingeschlossen wird. Die anschließend hinzugefügte zerlassene Butter überzieht dieses Gefüge wie ein dünner Film, der sich beim Kühlen verfestigt und die luftige Struktur des Teiggerüsts versiegelt. Das Gebäck gerät gleichmäßiger.

Schritt für Schritt

ERGIBT 8 FINANCIERS

FINANCIER-TEIG

25 g gemahlene Mandeln
65 g Puderzucker
30 g Weizenmehl T65 (Type 550 oder 812)
2 raumtemperierte Eiweiß (60 g)
45 g Butter

FÜR DIE FORM

5 g *beurre pommade* (Seite 284)

GARNITUR

8 Himbeeren
10 g gehobelte Mandeln

1 Gemahlene Mandeln, Puderzucker und Mehl in eine Schüssel sieben (Seite 285). Die Eiweiße dazugeben und die Zutaten gründlich verschlagen.

2 Für die braune Butter die Butter in einem Topf bei mittlerer Temperatur zerlassen und erhitzen, bis sie eine goldbraune Farbe angenommen hat und nicht mehr schäumt. Durch ein Sieb passieren.

3 Die braune Butter heiß in den Teig gießen und dabei so lange weiterschlagen, bis die Masse ganz homogen ist.

4 Die Masse direkt auf der Oberfläche mit Frischhaltefolie bedecken (Seite 285) und mindestens 2 Stunden oder über Nacht in den Kühlschrank stellen.

5 Den Backofen auf 150 °C Umluft vorheizen. Die Financier-Formen mithilfe eines Pinsels mit der *beurre pommade* einfetten und mit einem Löffel oder einem Spritzbeutel den Teig einfüllen.

6 Jeweils 1 Himbeere in die Mitte der Küchlein setzen, rundherum einige gehobelte Mandeln verteilen und 20–25 Minuten backen.

MADELEINES

Schon gewusst?

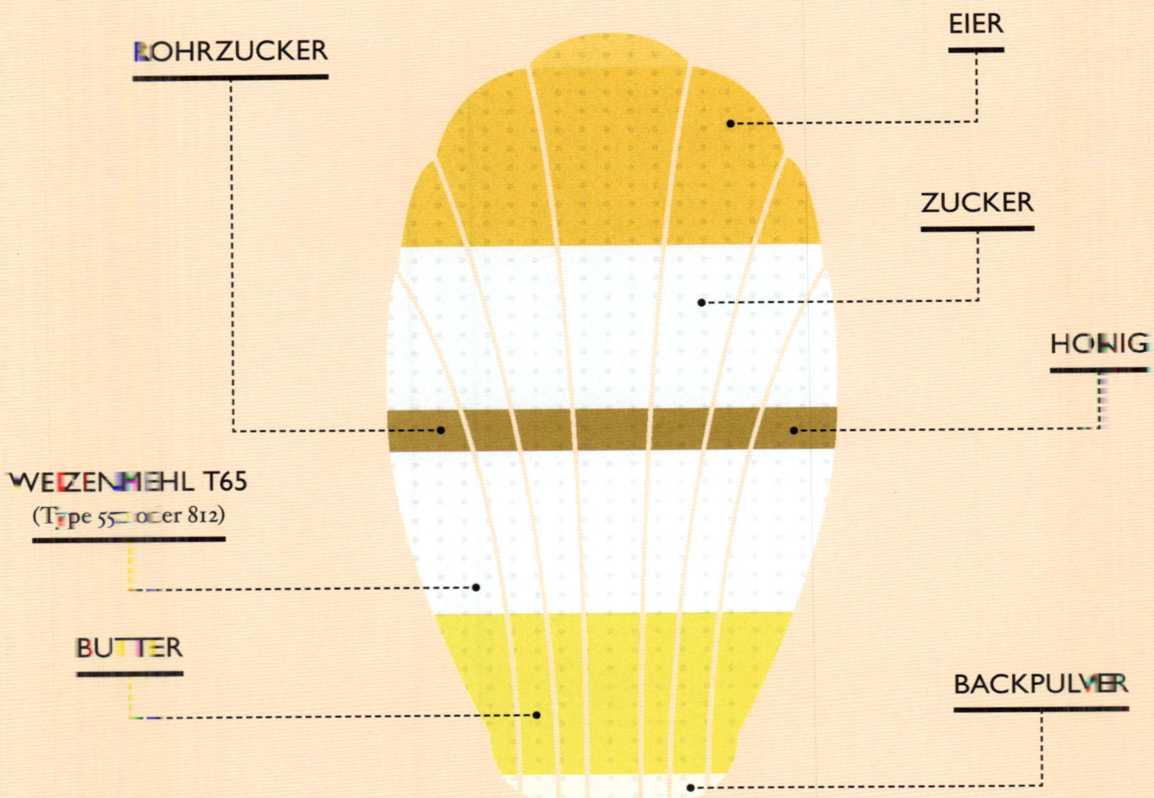

KURZ UND KNAPP ERKLÄRT

Kleine Küchlein aus Sandteig in Muschelform.

DAUER DER ZUBEREITUNG

Vorbereitung: 20 Minuten
Kühlen: 24 Stunden
Backzeit: 8–10 Minuten

ARBEITSMATERIAL

Madeleine-Blech mit 20 Vertiefungen
Mehlsieb
Spritzbeutel (optional)
Pinsel

SCHWIERIGKEIT

Der Teig benötigt ausreichend Ruhezeit.

TECHNIK

Mit dem Spritzbeutel arbeiten (Seite 285)

GESCHAFFT

Wenn die Madeleines goldbraun sind und sich der typische Höcker gebildet hat.

HALTBARKEIT

In einem fest verschlossenen Behälter einige Tage.

WODURCH FORMT SICH DER HÖCKER?

Begünstigt wird die Höckerbildung, indem man den Teig kalt (direkt aus dem Kühlschrank) in die Formen füllt und im gut vorgeheizten Ofen backt:

- *Im kalten Zustand ist der Teig zähflüssiger und neigt weniger dazu, sich in der Form auszubreiten, stattdessen geht er auf.*
- *Die hohe Ofentemperatur bewirkt die rasche Bildung von Wasserdampf, der das Gebäck gut aufgehen lässt.*

Schritt für Schritt

ERGIBT 20 MADELEINES

SANDTEIG

190 g *beurre pommade* (Seite 284)
150 g Zucker
20 g brauner Rohrzucker
4 g Salz
4 Eier
30 g Honig
1 Vanilleschote
190 g Weizenmehl T65 (Type 550 oder 812)
7 g Backpulver

FÜR DIE FORM

5 g *beurre pommade* (Seite 284)

TAG 1

1 *Beurre pommade*, Zucker, Rohrzucker und Salz in einer Schüssel verrühren. Die Eier und den Honig verschlagen, dazugeben und gleichmäßig einarbeiten, bis die Masse homogen ist.

2 Die Vanilleschote mit einem Messerrücken glätten, der Länge nach spalten und das Mark herauskratzen. Das Mark unter die Madeleine-Masse rühren.

3 Das Mehl und das Backpulver in die Masse sieben und unterrühren.

4 Sobald sie ganz glatt ist, die Madeleine-Masse direkt auf der Oberfläche mit Frischhaltefolie bedecken (Seite 285) und mindestens 24 Stunden in den Kühlschrank stellen.

TAG 2

5 Den Backofen auf 210 °C vorheizen. Das Madeleine-Blech mithilfe eines Pinsels mit der *beurre pommade* einfetten. Mit einem Spritzbeutel (Seite 285) oder einem großen Löffel die Masse in die Vertiefungen einfüllen, sodass sie etwa zu drei Viertel gefüllt sind.

6 Die Madeleines im Ofen 8–10 Minuten backen.

MANDEL-TUILES

Schon gewusst?

KURZ UND KNAPP ERKLÄRT

Feine knusprige Mandelplätzchen.

DAUER DER ZUBEREITUNG

Vorbereitung: 20 Minuten
Teigruhe: mindestens 2 Stunden (oder über Nacht) im Kühlschrank
Backzeit: 8 Minuten

ARBEITSMATERIAL

Wellholz
Palette

ABWANDLUNG
Haselnuss-Tuiles

SCHWIERIGKEIT
Die Tuiles nach dem Backen in ihre typische Dachziegelform bringen.

TIPP
Backen Sie die Tuiles portionsweise, sie sollten nämlich rasch geformt werden, solange sie noch warm sind. Beim Abkühlen verfestigen sie sich.

GESCHAFFT
Sobald die Ränder der Plätzchen leicht gebräunt sind.

HALTBARKEIT
In einem fest verschlossenen Gefäß einige Tage.

WARUM MUSS DER TEIG 2 STUNDEN RUHEN?

Während der Ruhephase löst sich der Zucker in dem Wasser des Eiweißes auf. Das verhindert, dass der Zucker beim Backen wieder auskristallisiert und ein körniges Mundgefühl erzeugt.

Schritt für Schritt

ERGIBT 24 TUILES

1 Vanilleschote
250 g Zucker
4 Eier
2 g abgeriebene Zitronenschale (bio)
2 g abgeriebene Orangenschale (bio)
250 g gehobelte Mandeln

1 Die Vanilleschote mit einem Messerrücken glattstreichen und der Länge nach spalten. Das Mark herauskratzen und in eine Schüssel geben. Zucker, Eier und Zitrusschalen hinzufügen und verschlagen, bis die Masse glatt ist.

2 Die gehobelten Mandeln dazugeben und behutsam unterheben. Die Masse direkt auf der Oberfläche mit Frischhaltefolie bedecken (Seite 285) und mindestens 2 Stunden oder über Nacht in den Kühlschrank stellen.

3 Den Backofen auf 170 °C vorheizen. Ein Blech mit Pergamentpapier oder einer Silikon-Backmatte bedecken und mit einem Teelöffel acht kleine Teighäufchen (ein Drittel der Teigmasse) daraufsetzen. Ausreichend Platz zwischen den Tuiles lassen, da der Teig noch ausgebreitet wird.

4 Den Rücken einer Gabel in Wasser tauchen und die Teighäufchen mit dem Gabelrücken durch kreisende Bewegungen von innen nach außen in eine rundliche Form bringen.

5 Die Tuiles etwa 8 Minuten backen, bis sie rundherum am Rand goldbraun sind.

6 Die Tuiles mit einer Palette rasch vom Pergamentpapier oder von der Backmatte lösen, mit der Hand um ein Wellholz (oder einen anderen geeigneten Gegenstand) schmiegen, sodass sie die typische Dachziegelform erhalten, und abkühlen lassen. Den restlichen Teig in zwei Etappen in gleicher Weise verbacken und zu Tuiles formen.

CHOUQUETTES
(WINDBEUTELCHEN)

Schon gewusst?

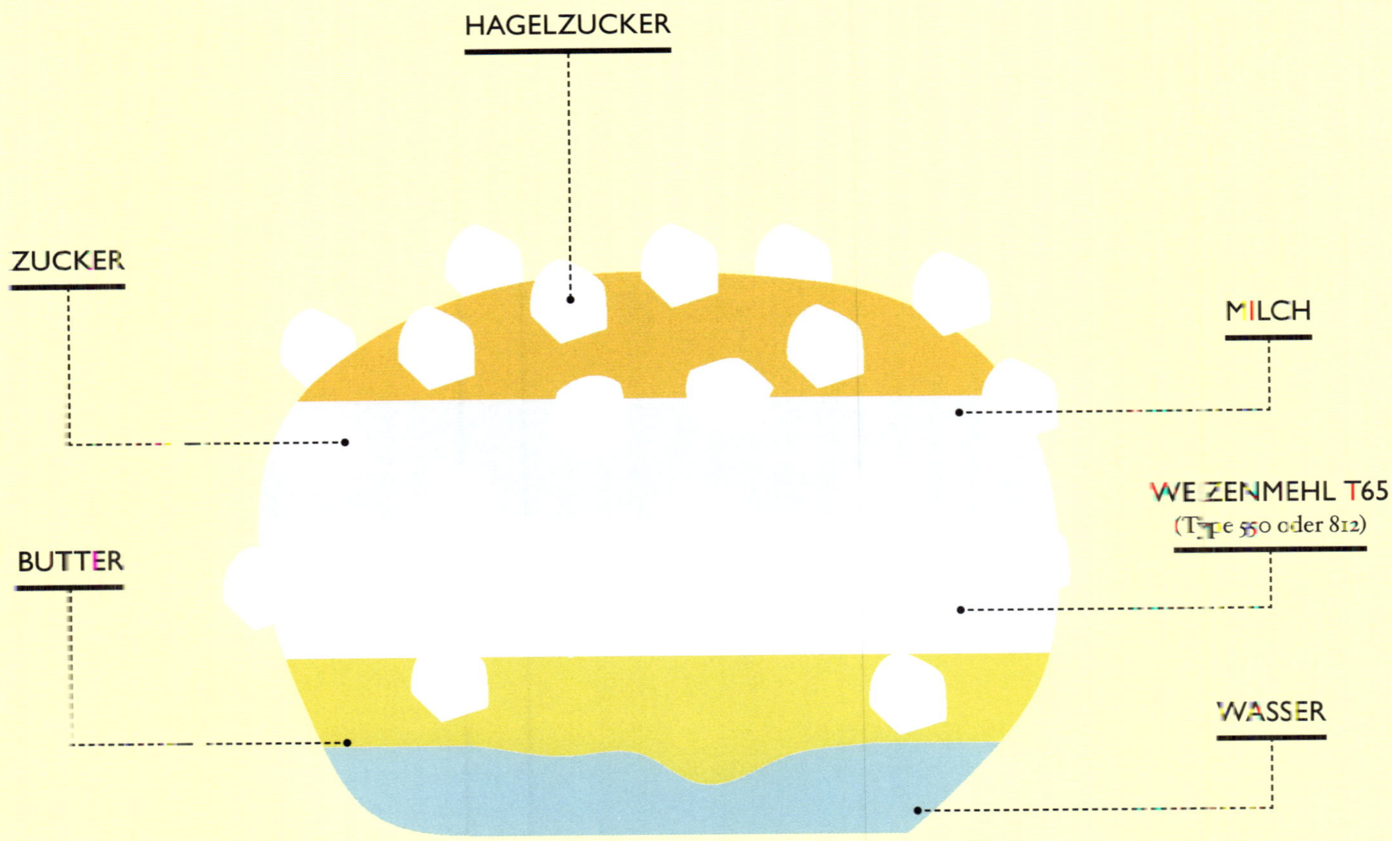

KURZ UND KNAPP ERKLÄRT

Kleine, nicht gefüllte Windbeutelchen mit Hagelzucker.

DAUER DER ZUBEREITUNG

Vorbereitung: 15 Minuten
Backzeit: 20 Minuten

ARBEITSMATERIAL

Küchenmaschine mit Flachrührer (optional)
Fester Rührlöffel
Teigkarte
Spritzbeutel
Lochtülle (10 mm)

SCHWIERIGKEITEN

Die Brandmasse sorgfältig abzubrennen, ohne sie zu verbrennen.
Das Backen der Windbeutel.

TIPP

Damit die Windbeutel nicht wieder zusammensinken, die Ofentür während des Backens nicht öffnen, solange die Kruste noch nicht gänzlich trocken ist.

GESCHAFFT

Wenn die Windbeutel goldbraun und aufgegangen sind und der Hagelzucker leicht zu karamellisieren beginnt.

HALTBARKEIT

Sollten rasch verzehrt werden.

WARUM LÖST SICH DER ZUCKER BEIM BACKEN NICHT AUF?

Bei Hagelzucker handelt es sich wie bei gewöhnlichem Haushaltszucker um Saccharose, die bei einer Temperatur von 160 °C zu schmelzen beginnt. Die Windbeutel werden jedoch bei nur 150 °C gebacken, darum bewahrt der Zucker seine Kristallform.

Schritt für Schritt

ERGIBT 50 WINDBEUTELCHEN

BRANDTEIG (BRANDMASSE)

150 g Weizenmehl T65 (Type 550 oder 812)
165 g Milch
90 g Wasser
110 g Butter
4 Eier
2 g Salz
2 g Zucker

ZUM BESTREUEN

200 g Hagelzucker

1 Den Brandteig zubereiten (Seite 72).

2 Den Backofen auf 150 °C Umluft vorheizen. Die Brandmasse in einen Spritzbeutel mit Lochtülle (10 mm) füllen und die Hälfte des Teiges in Form von 25 runden Häufchen (2,5 cm Durchmesser) auf ein mit Pergamentpapier bedecktes Blech spritzen. Dabei die Tülle senkrecht halten und dicht an das Blech heranführen.

3 Die Windbeutelchen großzügig mit Hagelzucker bestreuen.

4 Die Chouquettes 20 Minuten backen. Anschließend weitere 25 Windbeutelchen auf das Blech dressieren, mit Hagelzucker bestreuen und backen.

KAPITEL 3
DAS GLOSSAR

ARBEITSMATERIAL

TEIGE

BUTTER & EIER

GRUNDTECHNIKEN

ARBEITSMATERIAL

1

4/5

8

2

6

9

3

7

1 TEIGABSTECHER

Hilfsmittel aus Kunststoff oder Metall zum sauberen Abstechen und Portionieren von Teigen.

2 TEIGKARTE

Vielseitig einsetzbare Kunststoffkarte, die vor allem zum rückstandslosen Auskratzen einer Schüssel und zum Umfüllen von Zubereitungen dient.

3 BÄCKERMESSER

Eine leicht gebogene scharfe Klinge zum Einschneiden der Teiglinge; die Einschnitte dienen beim Backen als Risslinien für den sogenannten Ausbund.

4 SCHERE

Sie wird für bestimmte Schnittformen verwendet, beispielsweise für Zacken oder »Ähren«.

5 SÄGEMESSER

Messer mit grob gezahnter Klinge zum Schneiden gebackener Brote.

6 THERMOMETER

Mit einem Sondenthermometer lässt sich die exakte Temperatur des Teiges nach dem Kneten messen. Für eine optimale Gare (Gehphase) sollte sie zwischen 22 und 24 °C liegen.

7 WAAGE

Unerlässlich zum präzisen Abmessen von Zutaten.

8 EDELSTAHLSCHÜSSEL, TUCH

Schüssel aus Edelstahl zum Mischen von Zutaten und zum Gehen von Brotteigen. Um zu verhindern, dass sich eine Haut auf dem Teig bildet, wird sie mit einem Tuch bedeckt.

9 KÜCHENMASCHINE

Sie ist insbesondere beim Mischen und Kneten von Brotteigen nützlich, was in Handarbeit etwas beschwerlich und ermüdend wäre. Außerdem bekommen maschinell gemischte Teige eine kräftigere Struktur, da sie intensiver geknetet werden. Das Kneten erfolgt mit dem Knethaken, der Flachrührer dient zum Mischen weicher oder halbflüssiger Teige und Massen. Der Schlagbesen kommt zur Volumengebung zum Einsatz, etwa beim Schlagen von Sahne oder Eischnee.

ARBEITSMATERIAL

1

2

3

4

5

6

7

8

9/10

1 KASTENFORM

Mit einem Deckel ausgestattete Form zum Backen kastenförmiger Brote wie Toastbrot; erhältlich im Fachgeschäft für Küchen- und Bäckereibedarf.

2 BRIOCHE-FORM

Runde gewellte Form aus Metall zum Backen von Pariser Brioche, zu finden im Küchenfachgeschäft.

3 GUGELHUPF-FORM

Spezialform, traditionell aus Steingut, zum Backen von Gugelhupf. Es gibt auch Ausführungen aus Metall.

4 PANETTONE-FORM

Backform aus Papier für Panettone. Auch entsprechende Springformen aus Metall sind im Handel erhältlich.

5 MADELEINE-FORM

Backform für Madeleines mit mehreren Vertiefungen. Metallformen funktionieren besser als Silikon.

6 FINANCIER-FORM

Es gibt sie als Blech mit Vertiefungen oder als Einzelformen. Metallformen funktionieren besser als Silikon.

7 BACKBLECH

Metallblech zum Backen von Broten und Gebäck. Sofern es nicht beschichtet ist, legt man das Blech mit Pergamentpapier (Backpapier) aus. Das antihaftbeschichtete Papier gibt es in Braun oder Weiß.

8 SPRITZBEUTEL & TÜLLEN

In der Konditorei kommt der Spritzbeutel vor allem für dekorative Zwecke zum Einsatz, etwa zum Dressieren von Cremerosetten. In der Bäckerei dient er hauptsächlich als Hilfsmittel zum Füllen von Gebäck (Krapfen, Croissants u.v.m.), zum gleichmäßigen Auftragen von Cremes (z. B. Dreikönigskuchen), zum Befüllen der Formen für Kleingebäck wie Financiers und Madeleines sowie zum Auftragen von Brandmasse, etwa für Windbeutel. Darum kommen vor allem einfache Lochtüllen mit einem Durchmesser von 8–10 mm zum Einsatz. Sehr praktisch und hygienisch ist die Verwendung von Einmalspritztüten.

9 WELLHOLZ

Herkömmliches oder französisches Wellholz (wie hier im Bild). Letzteres ist länger, dünner und Teige bleiben weniger daran haften. Unentbehrlich zum Ausrollen von Teigen. Damit das Ergebnis möglichst gleichmäßig gerät, wird der Teig nach jedem Rollen um eine Vierteldrehung gedreht.

10 PINSEL

Pinsel zum Bestreichen und Abglänzen von Gebäck.

TEIGE

1

2

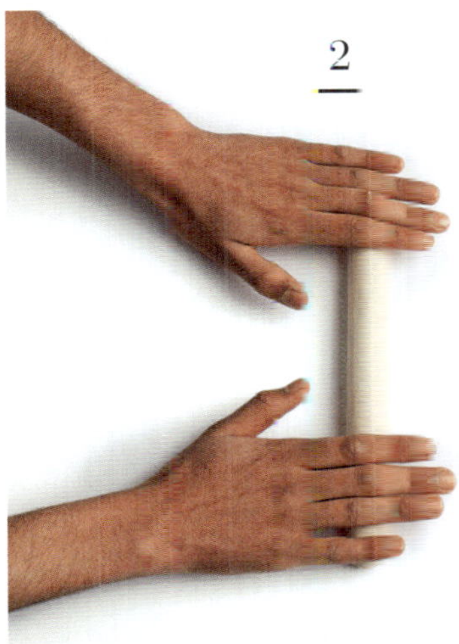

3

4

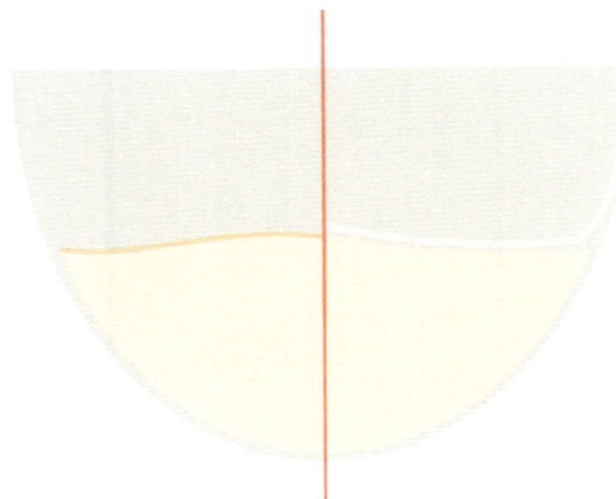

5

6

7

8

1 ZUGUSS (FRZ. *BASSINAGE*)

Mit *bassinage* bezeichnet der französische Bäcker den Zuguss von Extrawasser, das im Anschluss an die Knetphase zusätzlich eingearbeitet wird, um die Hydratation des Teiges zu erhöhen, wenn er zu fest ist.

2 LANGWIRKEN

Einen Teig länglich vorformen. Dazu platziert man die Handflächen auf den Teigling und rollt ihn mit sanftem Druck auf der Arbeitsfläche, bis er die gewünschte Länge erreicht hat.

3 ABSCHLAGEN (AUSSTOSSEN)

Einen Teig mehrfach mit der Faust abschlagen oder durchkneten, um Gärgase auszustoßen. Dadurch verteilen sich beim Gehen die Luftbläschen besser im Teig, was zu einer gleichmäßigeren Porung führt.

4 *CROÛTER*

Französischer Fachbegriff, der die Hautbildung an der Oberfläche von Teigen und Cremes infolge von Austrocknung durch Luftkontakt bezeichnet.

5 ARBEITEN MIT DER TEIGKARTE

Mit der an einer Seite abgerundeten Teigkarte lassen sich Teige und Massen mühelos einem Gefäß entnehmen oder umfüllen.

6 TEIGSCHLUSS

Nahtstelle, die beim Formen eines Teiglings entsteht. Brote werden in der Mehrzahl mit dem Schluss nach unten gebacken. Bei manchen Broten liegt der Schluss jedoch oben und bildet beim Backen den Ausbund, sodass das Einschneiden entfällt.

7 RUNDWIRKEN

Um Teiglinge in eine kugelrunde Form zu bringen, wird der Teig auf der bemehlten Arbeitsfläche leicht abgeflacht und der Rand rundherum zur Mitte gefaltet und fest angedrückt, damit er haftet. Anschließend wird der Teigling umgedreht, sodass der Schluss unten liegt, und die Teigoberfläche mit den Handflächen gestrafft und geglättet.

8 MISCHEN

In der Brotbäckerei bedeutet »Mischen« das Anmischen der Zutaten vor der Knetphase. In der Konditorei und Feinbäckerei bezeichnet es eine Technik, bei der die Teigzutaten (Sand-, Mürbe- und Zuckerteig) auf der Arbeitsfläche mit den Fingern und Handflächen ineinander gerieben werden, um sie ohne zu Kneten gleichmäßig zu vermengen.

TEIGE

11

14

12

15

13

9 DEHNFÄHIGE TEIGE

Formbeständige Teige, die sich leicht strecken und ausrollen lassen.

10 ELASTISCHE TEIGE

Sie sind eher schwierig auszurollen, da sie die Tendenz haben, sich wieder zusammenzuziehen.

11 TEIG AUSROLLEN

Teige wie Blätter-, Sand-, Mürbe- oder Pizzateig mit einem Wellholz ausrollen. Dazu werden die Arbeitsfläche, das Wellholz und auch der Teig selbst mit Mehl bestaubt.

12 FORMEN AUSKLEIDEN

Den ausgerollten Teig in eine Form oder einen Backring einpassen. Um den Teig nicht zu beschädigen, nimmt man ein Wellholz zu Hilfe: Den ausgerollten Teig mit dem bemehlten Wellholz aufnehmen, am Rand der Form beginnend, wieder abrollen und in die Form einpassen.

13 TEIGRAND EINKERBEN

Den Rand des Teiges mit einem kleinen Messer rundherum in regelmäßigen Abständen leicht einschneiden. Das dient nicht nur einer ansprechenden Erscheinung, sondern lässt den Teig beim Backen auch besser aufgehen. Die Schnitte werden von außen nach innen und etwa 5 mm tief geführt.

14 TOURIEREN: EINFACHE TOUR

Form des Zusammenlegens beim »Tourieren« von Blätterteig. Für eine einfache Tour wird der Teig dreifach gefaltet: Den Teig (mit dem Schluss als Vertikale) zu einem Rechteck ausrollen, das dreimal so lang wie breit ist. Das Rechteck gedanklich dritteln, das untere Drittel über das mittlere falten und anschließend das obere Drittel darüberschlagen. In Frischhaltefolie wickeln und in den Kühlschrank legen.

15 TOURIEREN: DOPPELTE TOUR

Für eine »doppelte Tour« wird der Blätterteig vierfach gefaltet. Den Teig mit dem Schluss als Vertikale dreimal so lang wie breit ausrollen. Jeweils das obere und untere Viertel zur Mitte legen und anschließend in der Mitte zusammenfalten. In Fischhaltefolie wickeln und kalt stellen.

BUTTER & EIER

1

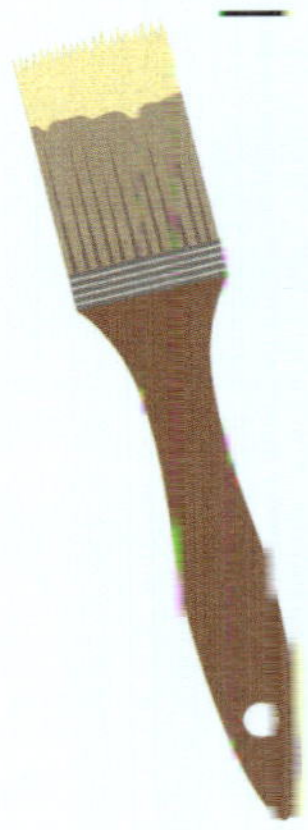

4

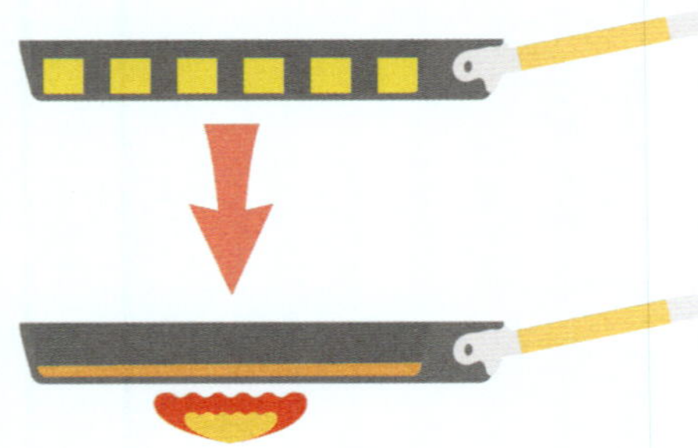

6

2

5

7

3

8

1 FORMEN EINFETTEN

Backformen mithilfe eines Pinsels mit *beurre pommade* (siehe unten) einfetten. Das erleichtert das Herauslösen des Gebäcks nach dem Backen.

2 *BEURRE POMMADE*

Sehr weiche (jedoch nicht flüssige) Butter, die kräftig durchgerührt wird, bis sie ganz geschmeidig und von salbenähnlicher Konsistenz ist. Dazu die Butter würfeln, 1–2 Stunden bei Raumtemperatur weich werden lassen und anschließend mit einem Rührlöffel oder in der Küchenmaschine mit dem Flachrührer energisch durcharbeiten.

3 BUTTER UND ZUCKER SCHAUMIG SCHLAGEN (KÜCHENMASCHINE)

Weiche Butter und Zucker in der Küchenmaschine mit dem Flachrührer zu einer hellgelben, leicht schaumigen Creme aufschlagen.

4 NUSSBUTTER (BRAUNE BUTTER)

Butter, die erhitzt wird, bis sie eine braune Farbe und ein leicht »nussiges« Aroma angenommen hat.

5 GEKLÄRTE BUTTER

Butter, die durch sanftes Erhitzen von Molke, Milcheiweiß und sonstigen Bestandteilen befreit wird, sodass nur das reine (klare) Butterfett zurückbleibt. Dazu die Butter zunächst bei niedriger Temperatur zerlassen. Sobald sie vollständig geschmolzen ist, mit einem Löffel sorgfältig abschäumen und das klare, flüssige Butterfett in eine Schale abgießen, sodass nur der milchige Satz (die Molke) am Topfboden verbleibt.

6 EIER TRENNEN

Das Eigelb vom Eiweiß trennen. Das Ei am Schüsselrand behutsam aufschlagen, sodass es in zwei Hälften zerbricht. Nun das Eigelb abwechselnd von einer Schalenhälfte in die andere gleiten lassen und dabei das Eiweiß in die Schüssel abtropfen lassen.

7 EIER UND ZUCKER SCHAUMIG SCHLAGEN

Die Masse aufschlagen, bis sie glatt und schaumig ist. Sie sollte bandartig vom Schneebesen fließen und sich dabei in Falten legen.

8 EIGELB ODER BUTTER MIT ZUCKER SCHAUMIG SCHLAGEN (SCHNEEBESEN)

Eigelb oder weiche Butter und Zucker mit dem Schneebesen kräftig verschlagen, bis die Masse hellgelb und schaumig ist.

GRUNDTECHNIKEN

1

4

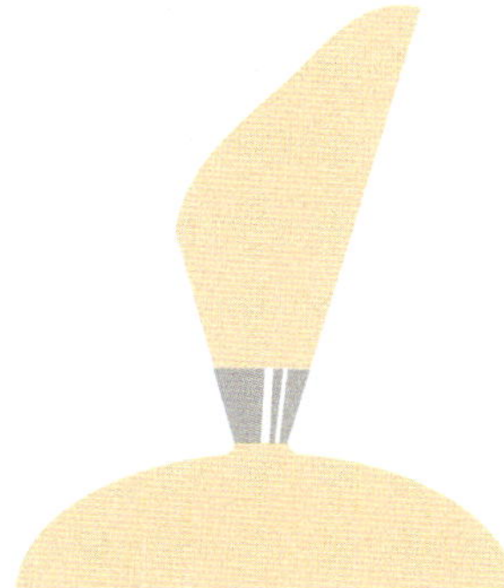

5

2

6

8

3

7

9

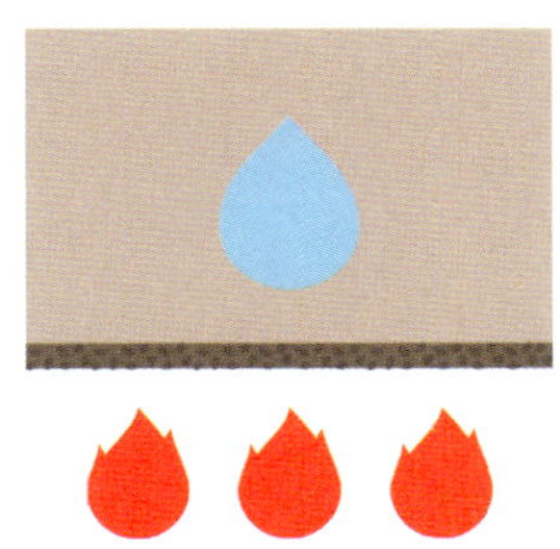

1 TROCKENE ZUTATEN SIEBEN

Mehl oder andere pulverisierte Zutaten (z. B. Puderzucker) durch ein feines Sieb streichen, um Klümpchen und etwaige Rückstände zu entfernen.

2 FLÜSSIGKEITEN SIEBEN

Flüssigkeiten durch ein Sieb passieren, um sie von festen Bestandteilen oder unerwünschten Rückständen zu befreien.

3 NÜSSE UND SAMEN RÖSTEN

Das Rösten dient der Intensivierung der Aromen. Die Nüsse oder Samen auf einem Blech verteilen und im Ofen etwa 10 Minuten bei 180 °C rösten. Alternativ ohne Fettzugabe in der Pfanne rösten: Dabei die Pfanne regelmäßig rütteln und achtgeben, dass die Nüsse oder Samen nicht verbrennen.

4 MIT DEM SPRITZBEUTEL ARBEITEN

Er kommt mit oder ohne Tülle zum Einsatz, um Teige formgebend (Kreise, Kuppeln, Eclairs, Windbeutel) aufzutragen, Gebäck zu füllen und Zubereitungen zu verzieren, beispielsweise mit Schlagsahne.

5 VOR LUFT GESCHÜTZT ABDECKEN

Zubereitungen mit Frischhaltefolie im direkten Kontakt zur Oberfläche bedecken, damit sie vor der Umgebungsluft geschützt sind und nicht austrocknen oder eine Haut bilden.

6 TRADITIONELLER OFEN (OBER-/UNTERHITZE)

Bei dieser traditionellen Betriebsart wird die Hitze von zwei im oberen und unteren Teil des Ofens befindlichen Heizspiralen abgestrahlt; sie verteilt sich relativ langsam. In diesem Modus ist es nicht ratsam, mehrere Bleche gleichzeitig zu backen. Sofern nicht anders angegeben, wird bei den Rezepten in diesem Buch Ober-/Unterhitze verwendet.

7 UMLUFTOFEN

Im Umluftofen wird die von den Heizspiralen erzeugte Hitze durch einen Ventilator schnell und gleichmäßig im gesamten Ofen verteilt.

8 BEDAMPFEN (SCHWADEN)

In den Ofen eingebrachter Wasserdampf (mittels einer Schale Wasser auf dem Ofenboden, einer einfachen Sprühflasche oder einer entsprechenden Dampffunktion im Gerät selbst), der während des Backens für die nötige Feuchtigkeit sorgt. Das Bedampfen verleiht dem Backwerk Glanz und eine appetitliche Kruste, fördert die Bildung des Ausbunds und verhindert die Austrocknung der Krume (das Brot ist länger haltbar).

9 MAILLARD-REAKTION

Chemische Reaktion zwischen Proteinen und Zuckern, die eintritt, sobald sämtliche Wassermoleküle an der Oberfläche verschwunden sind (in der letzten Backphase des Brotes). Sie führt zur Bräunung des Backwerks und zur Entwicklung röstig-karamelliger Aromanoten.

REGISTER

DIE GRUNDLAGEN

DIE REZEPTE

DAS GLOSSAR

REGISTER NACH ZUTATEN

DANKSAGUNG RODOLPHE

Danke an sämtliche Teams im Maison Landemaine, die Tag für Tag ihre Arbeit verrichten.

DANKSAGUNG ANNE

Danke an alle, die an der Verwirklichung dieses Buches mitgewirkt haben.

DANKSAGUNG YANNIS

Danke an die Mehle T65 und T75, die mir ein herrliches Wochenende beschert haben.
Auch an dich, glutenfreies Brötchen, das mir eine ganz neue, voll im Trend liegende Welt eröffnet hat.
Und schließlich einen großen Dank an meine Lieblingswindbeutel, die mich bei jedem Bissen mit Freude erfüllt haben.

IMPRESSUM

Verantwortlich: Susanne Caesar
Lektorat: Monika Judä, München
Satz: Akademischer Verlagsservice Gunnar Musan
Übersetzung aus dem Französischen: Helmut Ertl
Umschlagadaption: Nina Andritzky, Anna Katavic
Korrektorat: Asta Machat, München
Herstellung: Anna Katavic

Gesamtherstellung: GeraNova Bruckmann Verlagshaus GmbH

★ ★ ★ ★ ★

Sind Sie mit diesem Titel zufrieden? Dann würden wir uns über Ihre Weiterempfehlung freuen. Erzählen Sie es im Freundeskreis, berichten Sie Ihrem Buchhändler oder bewerten Sie bei Onlinekauf. Und wenn Sie Kritik, Korrekturen, Aktualisierungen haben, freuen wir uns über Ihre Nachricht an: Christian Verlag, Postfach 400209, D-80702 München oder per E-Mail an lektorat@verlagshaus.de

Unser komplettes Programm finden Sie unter:

www.christian-verlag.de

Alle Angaben dieses Werkes wurden vom Autor sorgfältig recherchiert und auf den neuesten Stand gebracht sowie vom Verlag geprüft. Für die Richtigkeit der Angaben kann jedoch keine Haftung übernommen werden, weshalb die Nutzung auf eigene Gefahr erfolgt. Sollte dieses Werk Links auf Webseiten Dritter enthalten, so machen wir uns die Inhalte nicht zu eigen und übernehmen für die Inhalte keine Haftung.

In diesem Buch wird aus Gründen der besseren Lesbarkeit das generische Maskulinum verwendet. Weibliche und anderweitige Geschlechteridentitäten werden dabei ausdrücklich mitgemeint, soweit es für die Aussage erforderlich ist.

Die Deutsche Nationalbibliothek verzeichnet diese Publikation in der Deutschen Nationalbibliografie; detaillierte bibliografische Daten sind im Internet über http://dnb.de abrufbar.

Die französische Originalausgabe mit dem Titel *Le grand manuel du boulanger* erschien erstmals 2016 bei Hachette Livre (Marabout), Paris, Frankreich.

Text: Rodolphe Landemain
Fotografie: Joerg Lehmann
Grafische Gestaltung und Illustrationen:
Yannis Varoutsikos, www.lacourtoisiecreative.com
Styling: Orathay Souksisavanh

ISBN 978-3-95961-401-6